SIGRID WAGNER

DAS PROBLEM SIND DIE LEHRER

EINE BILANZ

ROWOHLT POLARIS

Alle Namen in diesem Buch sowie Details zu den erzählten
Geschichten wurden anonymisiert.

Originalausgabe
Veröffentlicht im Rowohlt Taschenbuch Verlag,
Reinbek bei Hamburg, September 2018
Copyright © 2018 by Rowohlt Verlag GmbH, Reinbek bei Hamburg
Umschlaggestaltung ZERO Media GmbH, München
Umschlagabbildung Sabrina Adeline Nagel
Satz aus der Dante
Gesamtherstellung CPI books GmbH, Leck, Germany
ISBN 978 3 499 63301 0

Ich widme dieses Buch meinen wunderbaren Kindern
Hans Christian, Bernhard, Tobias, Nils und Natalie

INHALT

IM LEHRERZIMMER

IN DER AUS- UND WEITERBILDUNG

IN DER ZUKUNFT

IN DER SCHULE – EINFÜHRUNG

«Mumien, Monstren, Mutationen», so buhlte in meiner Kindheit der Animateur der Geisterbahn auf dem Jahrmarkt um seine Besucher. Für den Schauder und das Gruseln musste ich bezahlen. Mit der Schulpflicht bekam ich den Horror umsonst.

Massen von Kindern fluteten damals, Anfang der Sechziger, die engen Schulflure – keine Seltenheit in der Generation «Baby-Boomer», der ich angehöre. Wir wurden angebrüllt, geschubst, zusammengestaucht und: geschlagen. Es waren immer dieselben drei Jungs, die, wenn sie sich mal wieder in der Pause geprügelt hatten, im Anschluss im Unterricht vorgeführt wurden – in jeder einzelnen der vier Klassen. Sie mussten sich bäuchlings übers Pult legen, um dann mit dem «apfelgelben Dietrich», so nannte ein Lehrer euphemistischerweise seinen dünnen, gelb angemalten Stock, nach Strich und Faden verprügelt zu werden. Diese Tortur ging minutenlang, und die Schreie der Kinder höre ich noch heute. Wir anderen wurden von unseren Lehrern nach diesem «Schauspiel» gewarnt, dass uns ein ähnliches Schicksal blühen würde wie diesen drei Jungs, falls wir uns nicht benehmen würden.

Ich war damals sieben Jahre alt, und noch heute weiß ich ihre Namen – was zeigt, wie nah mir diese Ereignisse gegangen sind.

Nicht vergessen habe ich auch, dass ich bis zur vierten Klasse nie einen Lehrer gehabt habe, der herzlich gelacht hätte. Die meisten Lehrerinnen wirkten verbittert oder einfach nur böse, schrien uns Kinder regelmäßig an. Aus Angst, etwas falsch zu machen und ihren Zorn auf mich zu ziehen, lernte ich wie eine Wahnsinnige.

Trotz meiner Erfahrungen – oder gerade deswegen – hatte ich schon als Kind den Wunsch zu unterrichten; ich wollte es besser machen als meine Lehrer. Wenn ich mittags aus der Schule nach Hause kam, spielte ich mit Puppen und Teddybären Schule nach, so, wie ich sie mir vorstellte. Ein alter Schuhschrank diente als Tafel, und mein Umgangston mit meinen «Schülern» war freundlich und zugewandt.

Wenn ich eines aus meiner eigenen Schulzeit gelernt habe, dann, dass man Kindern in einer Atmosphäre von Zwang und Angst nichts beibringen kann. Ich überstand die Schulzeit glücklicherweise unbeschadet, doch viele meiner Mitschüler habe ich an Schule und Lehrern zerbrechen sehen.

Nun mag man einwenden, dass das Jahre her ist. Aber: Noch heute wissen die meisten Menschen zahlreiche Gruselgeschichten von strengen, berechnenden, furchteinflößenden Pädagogen zu erzählen. Lehrer haben, allen Initiativen für mehr Anerkennung zum Trotz, keinen guten Ruf: Sie gelten als rechthaberisch, humorlos, kleinlich, selbstherrlich, launisch, wehleidig, geizig, faul und ungerecht. So charakterisieren erstaunlicherweise auch die meisten meiner lieben Kollegen die Angehörigen ihres eigenen Berufsstands – nur sie selbst sind eine rühmliche Ausnahme.

Ich habe mich oft genug dabei ertappt, dass ich, nach meinem Beruf gefragt, nur leise, fast entschuldigend, Auskunft gab. Die Reaktionen waren zu frustrierend: «Ach du meine Güte, das hätte ich jetzt gar nicht gedacht, Sie wirken so sympathisch ...» Oder: «Was, Sie sind Lehrerin? Das ist doch kein

Beruf, das ist eine Diagnose.» Manchen Menschen merkt man das Unwohlsein in Gegenwart eines Lehrers sogar durch körperliche Reaktionen an: In dem Moment, da sie den Beruf erfahren, weichen sie automatisch einen Schritt zurück, die Schultern gehen hoch, sie wirken angespannt.

Woran liegt es, dass Menschen Lehrern so skeptisch, ja abwehrend gegenübertreten? Warum haben sie derart schlechte Erinnerungen an ihre Schulzeit? Sind das Einzelfälle, Vorurteile, die sich verselbständigt haben, sodass es heute quasi zum guten Ton gehört, auf Lehrer zu schimpfen? Schließlich empfindet sich jeder durch seine eigene Schulzeit als Experte. Aber sind nicht eigentlich die Lehrer die Opfer des Bildungssystems, Spielball der ständigen Reformen?

Ich bin überzeugt: Hier geht es nicht um Vorurteile oder Einzelfälle oder Gefangene des Systems (wobei das die kritisierten Verhaltensweisen befördert, aber dazu später mehr). In fast fünfundzwanzig Jahren als Vertretungslehrerin habe ich mehr Schulen gesehen als festangestellte Lehrer und außerdem Schulsysteme in unterschiedlichen Bundesländern kennengelernt, in Hamburg, Nordrhein-Westfalen und Rheinland-Pfalz. Dies und die Erziehung unserer eigenen fünf Kinder haben mir eines klargemacht: Das Problem steht vor der Klasse. Es ist Zeit, dass wir über Lehrer reden.

Der Schulalltag Hunderttausender Kinder wird geprägt von Frauen und Männern, die langweiligen Unterricht machen, die ihre Schüler traktieren, die träge sind. Dabei gibt es auch die anderen: motiviert, begeisternd, zugewandt, idealistisch, neugierig. Meiner Erfahrung nach ist es aber leider nicht die Regel, dass unsere Kinder von solchen Prachtexemplaren durch die Schuljahre begleitet werden. Öfter sind sie Pädagogen ausgeliefert, denen man im Alltag kein zweites Mal begegnen möchte.

Es sind jene Mitmenschen, die auch im Privatleben stets ihre eigene Befindlichkeit in den Vordergrund stellen, beim Amt lamentieren, an der Supermarktkasse überheblich den Kopf schütteln, wenn die Kassiererin einen Fehler macht, die im Wartezimmer beim Arzt drängeln. Sucht der Ehemann einer Lehrerin eine Wohnung, bekommt er vom Makler schon mal den guten Rat: «Sagen Sie bloß nicht, dass Ihre Frau Lehrerin ist. Lehrer sind dafür bekannt, dass sie ständig nörgeln und böse Briefe schreiben.»

Die Kinder werden in der Schule häufig kleingemacht. Lehrer lassen ihren Frust an ihnen aus, und so wird die Schule für viele zu einem Ort der Demütigung. Diese Demütigungen hängen ihnen länger nach, als man denkt – auch das wird Thema dieses Buches sein.

Die Frage, warum Lehrer frustriert sind, hängt mit der Frage zusammen, wer überhaupt Lehrer wird. Häufig sind Lehrer, so meine These, Menschen, die im Grunde genommen Angst vor dem Leben haben. Was irritiert dann mehr als eine Meute lachender, überschwänglicher Kinder? Achten Sie mal auf die Körpersprache vieler Lehrer: Nur wenige stehen geerdet vor ihrer Klasse. Dabei brauchen wir körperlich wie seelisch gesunde Lehrer, die dem Leben zugewandt sind, die den Schülern vermitteln können, dass das Beste im Leben noch kommt und sich nicht bereits in der Zeit vor der Einschulung abgespielt hat. Stattdessen studieren meiner Erfahrung nach viele deshalb Lehramt, weil sie nicht wissen, was sie sonst anfangen sollen. Es ist ja auch so ein schön sicherer Job. Das große Ziel der meisten Junglehrer ist die Verbeamtung – und wer kann es ihnen mit Blick auf den Arbeitsmarkt verdenken? Die Verbeamtung ist allerdings das schlechteste Motiv, Lehrer werden zu wollen.

Viele Aspiranten glauben aber auch, dass der Arbeitstag nach dem letzten Schrillen der Schulklingel erledigt ist, nicht wissend, dass er dann eigentlich erst losgeht.

Und dann, das will ich nicht verhehlen, kommt der Druck dazu: durch PISA, den Lehrplan, eine zunehmende Anzahl verhaltens- und lerngestörter Kinder, fordernde Eltern. Nirgends wird so viel geheult wie in Lehrerzimmern. Lehrer sind überfordert, weil sie an der Vielzahl der neuen Anforderungen und einem Mangel an Unterstützung (Stichwort: Inklusion) schier verzweifeln oder sogar zerbrechen. Die Rehakliniken sind voll mit burnoutgeschädigten Lehrern. Nur einer von zehn Lehrern erreicht das normale Rentenalter.

Unsäglicher Frust prägt also den Alltag der Lehrer: weil a) die falschen Menschen Lehrer werden, sie es b) aus den falschen Gründen heraus tun und c) selbst gute Lehrer mit besten Absichten an den vorhandenen Strukturen und den damit im Zusammenhang stehenden Herausforderungen scheitern. Die Folge ist ein Schulklima, das alle Beteiligten in eine negative Grundstimmung versetzt. Vom Hausmeister bis zum Schulleiter: Alle jammern und klagen.

Hinzu kommen die Kämpfe und Gehässigkeiten in den Lehrerzimmern. Hast du nicht das richtige Parteibuch, das die Schule fordert, kannst du gleich wieder gehen. Mobbing, Korruption, Sexismus, Machtspiele und Intrigen nehmen den Platz ein, der für das Wesentliche da sein sollte: die Bildung unserer Kinder. Unsere Söhne und Töchter erwartet eine sich rasant ändernde Welt, mit Herausforderungen, wie sie noch keine Schülergeneration vor ihnen meistern musste. Schüler wie Lehrer müssten sich eigentlich gehörig auf den Hosenboden setzen, um den veralteten Apparat, die «SBI», die «School Before Internet», abzulösen durch etwas Neues.

Stattdessen vermitteln viele Lehrer ihren Schülern, dass Schule Angst, Ungerechtigkeit und Demütigungen bedeutet, mit denen man nun mal zurechtkommen muss – und damit ersticken sie jegliche Wissbegierde, Phantasie und Kreativität im Keim.

Ich behaupte, dass zu viele Lehrer unsere Kinder benutzen, um ihrer eigenen Unzufriedenheit ein Ventil zu verschaffen, getreu dem Motto: «Ich zeige dir mal, wer hier das Sagen hat.» Ein perfides Spiel, das der Schüler nicht gewinnen kann und das ich viele Jahre selbst erlebt habe; im Lehrerzimmer, auf dem Schulhof, bei Konferenzen, bei meinen eigenen Kindern. Ich sage es klar und deutlich: Diese Frauen und Männer haben an unseren Schulen nichts verloren.

Natürlich kann man nicht alle Lehrer über einen Kamm scheren – wer das tut, dem empfehle ich, mal eine Woche in einer Brennpunktschule in Berlin zu unterrichten und sich anzuschauen, was das Gros des Kollegiums dort leistet. Dennoch werde ich in diesem Buch immer wieder zuspitzen; ich will wachrütteln und aufmerksam machen, und dazu muss man manchmal auch polemisch werden.

Das Verharmlosen und Bagatellisieren von Missständen und menschlichem Versagen von Lehrkräften in unseren Schulen war für mich schon immer ein unerträglicher Zustand. Wir haben uns über die Jahre und Jahrzehnte viel zu sehr daran gewöhnt, dass schlechte Lehrer die Lebenswege von Kindern und Jugendlichen maßgeblich negativ beeinflussen können – und das auch tun. Wir nehmen es mit einem Anflug von Ergebenheit in ein scheinbar unausweichliches Schicksal hin, als stünden keine Menschen dahinter, die die Schuld für lebenslange Versagensängste oder falsch geleitete Lebensläufe der ihnen anvertrauten Kinder tragen würden.

Damit möchte ich aufräumen, und dazu muss ich sie manchmal doch über einen Kamm scheren, die Lehrer – wenn der «Kamm» dabei hilft zu sehen, wie sich gute Lehrer von den schlechten trennen, dann möge man es mir an dieser Stelle verzeihen.

Tatsache ist: Es gibt zu viele Lehrer, die unmotiviert sind. Und ich bin nicht mehr bereit, den Grund dafür einzig in den schwierigen Arbeitsbedingungen zu suchen.

Die entscheidende Frage muss doch sein: Was wollen wir als Lehrer erreichen – und wie? Unser Job ist es, so viel wie möglich aus den jungen Menschen herauszuholen. Ihnen Perspektiven aufzuzeigen. Nicht zu sagen: Wenn ihr die Schule absolviert habt, dann seht zu, wer euch einstellt. Sondern zu fragen: Welches Unternehmen möchtet ihr später mal führen?

Es muss ein radikales Umdenken geben, was die Persönlichkeit und Funktion des Lehrers anbelangt – das habe ich auch in einem Artikel im Magazin «Der Spiegel» deutlich gemacht, der Ende 2016 erschienen ist. Und wie nicht anders zu erwarten, musste ich mir daraufhin den Vorwurf der «Nestbeschmutzung» gefallen lassen. Doch glauben Sie mir, die «Nester», die auf den Dächern unserer Schulen zusammengeschustert wurden, könnten dreckiger nicht sein.

Welche abstrusen Vorstellungen über Schule und die richtige Form von Bildung geistern durch die Nation! Jeder Bildungspolitiker oder vermeintliche Bildungsspezialist meint, seinen Senf dazugeben zu müssen: «Unser Schulsystem soll dreigliedrig bleiben, nein, wir brauchen nur noch Gesamtschulen, wir brauchen mehr Durchlässigkeit zwischen den Schulformen, nur noch G8 für Gymnasien, nein, G9 war besser, stellen wir doch G8 oder G9 zur Wahl ...»

Immer wieder wird in den Medien die Erfindung eines neuen bildungspolitischen Rads verkündet. Es sind verzweifelte Versuche, eine Struktur in unsere Schullandschaft zu bringen, die allerdings zum Scheitern verurteilt sind, weil sie einen zentralen Aspekt außer Acht lassen. Im Jahre 2018 führen wir immer noch hauptsächlich Diskussionen über Inhalte, Methoden und Ziele, debattieren wir kontrovers, wie man Schule den Anforderungen der sich ständig und rasant verändernden Welt anpassen kann – und vergessen dabei völlig die Person und die Persönlichkeit des Lehrers.

Denn was nützt es, um mal ein anderes Bild zu bemühen, wenn ich ein Restaurant eröffne, es wunderbar einrichte, gute und gesunde Lebensmittel einkaufe, in der Speisekarte durchdachte und raffinierte Gerichte anbiete und dann Köche einstelle, die gerade mal Schinkennudeln auf den Tisch bringen können?

Um eine neue Kultur des Unterrichtens zu kreieren, bedarf es eines neuen Lehrertypus und gleichzeitig der gezielten und effektiven Unterstützung guter Lehrer, die die Zeichen der Zeit erkannt haben, die mit beiden Beinen im Leben stehen und Schule nicht als isolierten «Sperrbezirk» in Sachen Bildung ansehen.

Deshalb schreibe ich dieses Buch, in dem ich von meinen eigenen Erfahrungen als Lehrerin und Mutter von fünf Kindern berichte, aber auch aus Augenzeugenberichten und Unterlagen zitiere, die mir zugespielt worden sind, von Schulleitern, Kollegen, Eltern und Journalisten.

Es wird nicht immer angenehm sein, manches wird unglaublich klingen – aber wir müssen den Tatsachen ins Gesicht gucken, damit sich etwas ändert.

Und dafür wird es höchste Zeit.

IM KLASSENZIMMER

Die Forderung nach einem neuen Lehrertypus bedeutet Veränderung, in vielerlei Hinsicht – in Bezug auf die Ausbildung, aber auch in Bezug auf das Verhalten des Lehrers. Die Crux: Nichts verängstigt und irritiert Menschen, und damit auch Lehrer, mehr als Veränderung. Sie hängen am Althergebrachten, befürchten, mit Unbekanntem nicht zurechtzukommen, haben Angst vor Versagen, Angst, in den Augen von Kollegen oder Vorgesetzten schlecht dazustehen. Darum ist der Lehrer froh, nach dem Betreten des Klassenraumes die Tür hinter sich schließen zu können, um dort ungestört sein Süppchen zu kochen. Wollen wir ihm doch die Suppe etwas versalzen und werfen einen Blick hinter die Tür, in sein Heiligstes: das Klassenzimmer.

Die Szenen, die ich im Folgenden beschreibe, habe ich selbst erlebt, einige sind mir auch zugetragen worden. Es sind Geschichten über Lehrerkollegen, die von der ersten Schulstunde an die Schwächsten identifizieren und stigmatisieren, und solche, die an den harmlosesten Konflikten im Klassenzimmer scheitern.

Ich urteile, also bin ich

Der erwachsene Betrachter wird sich wundern, wie wenig sich seit seiner eigenen Schulzeit im typisch deutschen Klassenzimmer verändert hat: Mehr oder weniger intaktes, auf jeden Fall aber zu kleines Mobiliar, eine alte, zerkratzte Tafel, mit Glück sogar ein fortschrittliches «Whiteboard», dessen Handhabung jedoch den wenigsten Lehrern geläufig ist. Schüler sitzen in Reihen oder in Tischgruppen.

Ein neuer Klassenlehrer tritt zum ersten Mal vor jene Schüler, mit denen er künftig einen Großteil seiner Arbeitszeit verbringen wird. Schon der Einstieg spricht Bände in Bezug auf seine Persönlichkeit. In der Regel stellt er sich vor, schreibt seinen Namen an die Tafel und geht dann nach wenig Informativem zu seiner Person schnell zur Tagesordnung über: die Überprüfung der Anwesenheit der Schüler und die Verteilung der verschiedenen Ämter wie Klassenbuchführung, Blumengießen, Tafeldienst etc. Ist dies erledigt, lässt er die Schüler wissen, welche Materialien für sein Unterrichtsfach angeschafft werden müssen, und beauftragt die Schüler, zur nächsten Stunde zehn Euro für Kopien mitzubringen. Abschließend fordert er die Klasse auf, sich für das nächste Mal Gedanken über mögliche Kandidaten zur Wahl des Klassensprechers und dessen Stellvertreters zu machen. So weit, so gut. Kein spektakulärer Einstieg, aber je nach Freundlichkeit und Zugewandtheit des Lehrers annehmbar.

Doch es gibt auch solche Einstiege, von denen mir Schüler einer neunten Klasse berichtet haben: Die neue Lehrerin, eine Frau mit resolutem Auftreten, betritt den Klassenraum. Sie begrüßt die Schüler, schreibt ihren Namen an die Tafel und stellt dann eine Frage, die auch den letzten noch quatschenden

Schüler in Schockstarre versetzt: «Nun mal ganz ehrlich: Wer bei euch ist das Opfer? Jede Klasse hat doch so ein typisches Opfer ...?!»

Da die Klasse fatalerweise wirklich einen Mitschüler hatte, der Mobbingopfer geworden war und aufgrund seiner isolierten Stellung im Klassenverband schon mehrmals Hassbotschaften in Richtung Mitschüler auf Facebook gepostet hatte, bekam diese Frage eine explosive Brisanz. Alle schwiegen, besagter Schüler saß starr vor Schreck und mit hochrotem Kopf versteinert an seinem Tisch. Um die Situation etwas zu entkrampfen, fragte ein Schüler: «Was soll denn bitte das Ziel Ihrer Frage sein?» – «So, du antwortest mit einer Gegenfrage. Jetzt weiß ich zwar noch nicht, wer das Opfer bei euch ist, aber immerhin kenne ich nun den Dummschwätzer der Klasse. Dein Name?!»

Lehrer sind oft sehr vorschnell in ihren Schülereinschätzungen. Anhand gewisser Parameter, sprich: Beruf und Bildungsniveau der Eltern, sozialer oder Migrationshintergrund, männlich oder weiblich, machen sie sich ein vorurteilsbeladenes Bild der Schülerin oder des Schülers, noch bevor dieser überhaupt das erste Wort zum Unterricht beigetragen hat. In einer Hospitationsstunde in einer Realschulklasse habe ich es erlebt, dass eine Lehrerin einen Schüler konstant als «Penner» oder «Langweiler» betitelte, weil er im Unterricht häufig einzuschlafen drohte. Es war so auffällig, dass ich den Schüler nach einer Weile fragte, was denn los sei und wann er abends ins Bett ginge. Er blieb wortkarg und wimmelte mich mit fadenscheinigen Ausreden ab. Die Klassenlehrerin sagte später zu mir, dass ich unnötige Energie in den Jungen stecken würde, der käme aus «asozialen Verhältnissen»: Die Eltern hielten es nicht mal für nötig, zum Elternsprechtag in die Schule zu kommen. Meine

Nachforschungen ergaben, dass Vater und Mutter des Jungen blind waren und er nach der Schule den gesamten Haushalt schmiss, seine Eltern versorgte, die Einkäufe tätigte und den Hund ausführte. Er war schlicht und ergreifend erschöpft. Die Eltern suchten keinen Kontakt zur Schule, da sie fürchteten, ihren Sohn an eine Pflegefamilie zu verlieren, wenn ein Lehrer auf die Idee gekommen wäre, dass es dem Jungen zu Hause an Fürsorge mangelte.

Obwohl anderen Lehrern und dem Schulleiter die familiären Verhältnisse bekannt waren, war die schwierige Situation des Jungen nie thematisiert worden. Man überließ ihn einfach seinem Schicksal und stempelte ihn als «Penner» ab. Als ich mich der Sache annahm, kam Bewegung in die Angelegenheit. Schließlich konnte der Junge bei seinen Eltern bleiben, weil sich der Schulleiter um eine Lösung bemühte und die Familie zusätzliche pflegerische Unterstützung und eine Haushaltshilfe erhielt. Von der Klassenleiterin bekam ich allerdings einen gehörigen Anpfiff: Ich solle mich doch bitte um meinen eigenen Kram kümmern, sonst würde mir mein eigenständiges Handeln noch irgendwann zum Verhängnis werden …

Oft genug machen sich Lehrer sogar auf Kosten der Schüler, die vermeintliche Makel haben, lustig. Die Beweggründe sind wohl vielschichtig: Ich kenne Lehrer, die damit verdeutlichen wollen, wer am längeren Hebel sitzt. Manche meinen wiederum, damit beim Rest der Schülerschaft punkten zu können: «Dunkelhaarige Frauen haben ja leider das Pech, dass man einen Damenbart schneller sieht. Nicht wahr, Saskia? Zum Glück gibt es ja auch gute Rasierer für Frauen.» Mit den dadurch erhofften Lachern bei der Klasse (während Saskia mit hochrotem Kopf beschämt vor sich auf dem Tisch starrt) wollen diese Lehrer gute Stimmung machen. Ein fataler Irrglaube, dass solche Anbiederungsversuche gelingen.

Auch die folgende Szene, von der mir meine Kinder berichteten, zeugt nicht gerade von sozialer Kompetenz des Lehrers: Er forderte eine sehr klein geratene Schülerin auf, an die Tafel zu kommen, grinste schon hämisch, als sie aufstand, und kommentierte dann: «Na, wird das die nächste halbe Stunde noch was mit den kurzen Beinchen? Wenn du dann mal angekommen bist, bitte ganz links oben an die Tafel schreiben, ha, ha, ha.»

Beispiele für eine solchen, freundlich ausgedrückt, Mangel an Sensibilität gibt es viele: Einer unserer Söhne musste bedingt durch eine Sehschwäche ein Abklebepflaster auf dem gesunden Auge tragen, um das geschwächte Auge anzuregen. Da auch das «gesunde» Auge nicht über die hundertprozentige Sehkraft verfügte, trug er eine Brille, die das Auge stark vergrößerte. Eine seiner Lehrerinnen, die dafür bekannt war, die Schüler zu demütigen, ließ auch in seinem Fall keine Gelegenheit dazu aus: «Schaut euch mal euren Mitschüler an, fällt euch an dem etwas auf?» Die Kinder meldeten sich und sagten: «Der hat ein Pflaster auf dem Auge, da ist ein bunter Aufkleber drauf, sein anderes Auge ist ganz groß.» Das war der Satz, auf den sie wartete: «Genau», lobte sie, «dieser Junge hier nimmt nämlich Drogen, das sieht man ganz genau an seiner vergrößerten Pupille, und wenn er so weitermacht, dann wird er höchstens mal Bäcker.»

Selbstverständlich stellte ich diese Lehrerin am nächsten Tag zur Rede. Was ihr einfiele, meinen zehnjährigen Sohn als Drogenabhängigen zu bezeichnen? Wollte sie witzig sein? Wollte sie ihre Macht ausspielen? Brauchte sie einfach nur einen Blitzableiter? Sie versuchte mich zu belehren, dass aufmerksame Eltern doch wissen müssten, dass erweiterte Pupillen ein deutliches Zeichen für Drogenkonsum seien. Der Versuch, ihr zu erklären, dass dieser Umstand dem Brillenglas geschuldet sei, scheiterte. Sie blieb hartnäckig bei ihrer Einschätzung, eine Entschuldigung oder Richtigstellung kam für sie nicht in Frage.

Es folgte eine Dienstaufsichtsbeschwerde meinerseits gegen diese Lehrerin, wie auch gesondert von unserem Kinderarzt. Ihn hatte ich konsultiert, um den medizinischen Nachweis für die Schule zu erbringen, dass mein Sohn keinerlei Drogen nahm. Während ich das schreibe, kann ich selbst die Absurdität der Situation kaum glauben. Sprachlos war ich auch, als ich erfuhr, dass der Kinderarzt bereits sieben weitere Schüler betreute, die unter hanebüchenen Unterstellungen dieser Frau litten. Was genau sie mit den anderen Kindern gemacht hatte, konnte er mir aufgrund der Schweigepflicht natürlich nicht sagen. Immerhin wurde die Bewerbung der Lehrerin als Oberstudienrätin für ein Jahr ausgesetzt. Aber wie jemand, der offensichtlich keinerlei Sympathie (geschweige denn Empathie) für Schüler aufbringen kann, ausgerechnet in den Schuldienst geht, wird mir ein Rätsel bleiben.

Es gibt zahlreiche weitere Beispiele für demotivierendes, bisweilen schlichtweg unverschämtes Verhalten von Lehrern. Dabei sticht immer wieder ins Auge, dass viele Lehrer eine negative Grundeinstellung ihren Schülern gegenüber haben: Sie sehen das Glas eher halbleer als halbvoll. Dabei wäre es wichtig, stärker auf das Potenzial von Schülern zu achten, als sich auf ihre Schwierigkeiten zu fokussieren. Eine positive Haltung bringt erfahrungsgemäß eine Vielzahl von Erleichterungen, gerade im Umgang mit verhaltensauffälligen Schülern, die auf Konfrontationskurs gehen oder die sich schwertun, dem Unterrichtsgeschehen zu folgen.

Ein Beispiel: An einer meiner Wirkungsstätten sollte ich eine junge Kollegin, nennen wir sie Frau K., während des Mutterschutzes und in der anschließenden Elternzeit vertreten. Ihre Klasse bestand nur aus zehn Schülern, was ich als ausgesprochenen Luxus empfand. Frau K. hatte angeboten, mir im Rahmen von Hospitationsstunden selbst ein Bild von der Klasse machen zu können, bis ich sie dann eigenverantwortlich führen sollte.

Und es gefiel mir gar nicht, was ich sah: Im Unterricht saßen die Schüler wie Roboter, denen man die Batterie ausgeschaltet hatte. Sie trugen nichts selbständig zum Unterricht bei, sie wagten keine Kritik und ließen die Monologe der Lehrerin über sich ergehen. Da ein Lachen oder eine spaßige Bemerkung unmittelbar bestraft wurde, hatte Frau K. keinerlei Disziplinprobleme – außer mit Jens, der ab und zu wagte, mehr oder weniger leise, gegen sie aufzubegehren. Als Tipp gab sie mir deshalb mit auf den Weg, ein besonderes Auge auf diesen lernbehinderten Schüler zu werfen. Ich solle mich nicht wundern, er wäre ein absoluter «Macho» und «Kotzbrocken». Außerdem habe er eine Menge frauenfeindlicher Sprüche auf Lager, die man mit aller Härte sanktionieren müsse. Deshalb habe sie ein Heft mit seinen Verfehlungen angelegt, das ich bitte akribisch weiterführen solle. Dieses Heft lag für alle Kollegen und Schüler sichtbar auf dem Pult.

Ich war doch einigermaßen irritiert angesichts dieser drakonischen Maßnahme, sagte aber zunächst nichts dazu – ich hatte Jens bisher zwar eher als unwilligen Schüler erlebt, wollte mir aber selbst ein genaueres Bild machen.

Am folgenden Montagmorgen begrüßte ich meine Schüler: «Ich möchte, dass wir uns kennenlernen, außerdem möchte ich wissen, welche Erwartungen ihr an unseren gemeinsamen Unterricht habt.» Es war Jens, der sich daraufhin meldete: «Also, wir sind jetzt doch enttäuscht. Wir hatten nämlich gehofft, dass wir eine junge, hübsche, blonde, sportliche Vertretungslehrerin bekommen, so mit den Maßen 90/90/60.» Sein Nachbar stieß ihn in die Rippen: «Du Idiot, das heißt 90/60/90.» Die Klasse wartete gespannt grinsend auf meine Reaktion. Ich erwiderte: «Hm, mit Jugend kann ich nicht dienen, sportlich bin ich für mein Alter, blond bin ich auch, bis auf ein paar graue Strähnen, und selbst deine gewünschten Maße von 90/90/60 bringe ich mit, also, was willst du mehr?» Jens und seine Mitschüler lachten verschämt. Ich versprach ihm, diese Anekdote in der Abschiedsrede beim Schulabschluss zum Besten zu geben, damit müsse er dann eben leben.

Die Klasse bekam von mir an dieser Stelle mehrere Botschaften: Erstens ist da jemand, der sie wirklich kennenlernen möchte, und zweitens, dieser Jemand hat Humor. Die allerwichtigste Botschaft gab es allerdings für Jens. Mit der Androhung, ich würde seinen lustigen Versprecher in der Abschlussrede unterbringen, machte ich ihm klar, dass ich selbstverständlich davon ausging, dass er den angestrebten Hauptschulabschluss schaffen würde.

Die Arbeit mit Jens war alles andere als einfach, nicht zuletzt deshalb, weil er sich über die Jahre mit seiner speziellen Rolle als Aufwiegler und Störenfried der Klasse nicht nur abgefunden hatte, sondern sich inzwischen vollends mit ihr identifizierte. Er beobachtete mich sehr kritisch, testete mich ständig: von unverschämtem, beleidigendem Verhalten bis hin zum höflichen Türaufhalten oder Taschetragen war alles dabei.

Bei jedem Fehlverhalten von Jens forderte mich die Klasse auf, es in besagtem Heft festzuhalten. Ich weigerte mich und erklärte, dass ich allen eine Chance auf einen Neuanfang einräumte. Außerdem gab ich Jens mit einem Augenzwinkern zu verstehen, dass ich als Maßnahme bei schlechtem Verhalten bedeutend unangenehmere Dinge draufhätte als einen Hefteintrag. Ich ahndete es, wenn es denn wirklich einmal vonnöten war, gerne mit einer «Schüler gegen Lehrerin»-Competition in einer Sportstunde. Da ich in vielen Sportarten fitter war als die meisten meiner Schüler, war es für mich nicht schwer, mir auszumalen, in welchen Disziplinen ich sie besiegen konnte. Hatte sich jemand schlecht benommen, stand eine Competition unter Aufsicht der Klasse an. Es gab keinen Schüler, dem es nicht extrem peinlich war, gegen die Lehrerin zu verlieren. Zumal es keinen Ausweg aus der Misere gab: Kneifen war blöd und verlieren noch blöder. Also wusste jeder meiner Schüler bald genau, an welcher Stelle es galt, sich besser zusammenzureißen ... Diese eher lustige Maßnahme griff natürlich eher bei harmlosen Verfehlungen.

In anderen Fällen war mit Witz und Zuwendung nicht viel zu erreichen: Eines Tages sprach ich empört einen mir fremden Schüler auf dem leeren Schulhof an (er war wegen Randalierens aus dem Unterricht geworfen worden), der gerade einen Mülleimer aus Frust über den Rauswurf von der Hauswand abgerissen hatte. Ansatzlos, ohne ein Wort zu sagen, gab er mir einen gezielten Aufwärtsschwinger gegen das Kinn. Ich ging zu Boden, konnte mich aber berappeln, während er weiter auf mich einschlug und versuchte, gegen meinen Kopf zu treten. Instinktiv zog ich ihm die Beine weg und warf mich auf ihn, drehte ihn bäuchlings, hielt seine Arme fest und drückte ihm mein Knie in den Rücken. Die durch sein Geschrei herbeigeeilte Hauswirtschaftslehrerin hatte tatsächlich nichts Besseres zu tun, als mich zu ermahnen: «Du weißt doch, wir dürfen keine Schüler anfassen ...»

In diesem Fall habe ich diesen Schüler wegen Körperverletzung angezeigt. Ein Teil des Kollegiums verurteilte meine Anzeige, doch als ich erfuhr, dass dieser Junge wegen gewalttätiger Übergriffe schon von drei Schulen geflogen war, hielt ich meine Entscheidung für absolut richtig. Interessant in dem Zusammenhang war die Äußerung meines Schulleiters, als ich ihm den Vorfall im Detail schilderte: «Wie gut, dass es dich erwischt hat und nicht unsere zartbesaitete Kollegin B.»

Aber kommen wir zurück zu Jens, der zwar anstrengend sein konnte, aber nicht gewalttätig war. Vor allem das Verfehlungsheft war mir ein Dorn im Auge. Es war das für alle sichtbare Symbol für Jens = Fehlverhalten. Solange er das Heft auf dem Pult liegen sah, so lange schien er sich schier «verpflichtet» zu fühlen, es mit Inhalt auszufüllen. Was anderes erwartete man ja nicht von ihm. Der Fokus auf das Negative entsprach einer sich selbst erfüllenden Prophezeiung. Das musste aufhören.

Jens' Eltern zählten, wie es so schön heißt, zur bildungsfernen Gesellschaftsschicht, was in vielerlei Hinsicht nachteilig für ihn war. Er hatte sowieso schon einen schwierigen Schuleinstieg durch seine Sprachbeeinträchtigung, und von zu Hause wurde wenig getan, z. B. vorgelesen, um seine Sprachkompetenz zu verbessern, die ihm das Schulleben erleichtert hätte. Bemerkt ein solcher Schüler, dass er im direkten Vergleich mit Klassenkameraden Defizite aufweist, entsteht oft ein Teufelskreis: Unglücklich über das eigene Nichtkönnen oder Versagen in Klassenarbeiten und Unterricht, reihen sich Störungen wie Dazwischenreden, den Nachbarn ablenken, sich über den Lehrer lustig machen bis hin zu Rangeleien und Prügeleien mit den Mitschülern meist nahtlos aneinander. So versucht er, ein Gefühl von Mangel zu kompensieren und die Aufmerksamkeit zu erhalten, die er sonst nicht bekommt.

Die Situation wird umso prekärer, wenn jemand wie Jens an eine Lehrkraft wie Frau K. gerät, die nicht imstande ist, die zugrunde liegende Problematik zu erkennen, und stattdessen durch einen eklatanten Mangel an Selbstdistanz das Verhalten des Schülers persönlich nimmt und das ohnehin schon kleine Ego des Schülers systematisch weiter in Einzelteile zerlegt. Immer wieder führte sie ihn vor der Klasse vor: «Na, von dir war ja mal wieder nichts anderes zu erwarten», oder: «Seht ihr, der Jens hat noch ein viel schlimmeres Problem als ihr, er ist halt in allem hinterher.»

Ich sollte allerdings bald feststellen, dass Jens keineswegs lernbehindert war. Frau K. hatte den Jungen ohne die vorgeschriebenen Tests im Alleingang als lernbehindert eingestuft! Ich vermute, weil sie ihn nicht leiden konnte, weil er ihr es schwermachte, ständig gegen sie aufbegehrte und sie mit seinen frauenfeindlichen Kommentaren persönlich traf. Warum sonst das «Schwarzbuch» als demütigende Maßnahme? Frau K. hatte mir gegenüber jedenfalls sehr deutlich gemacht, dass sie sein Verhalten als Anmaßung und zutiefst verwerflich empfand. Statt Ursachenforschung zu betreiben, hat sie sich meiner Ansicht nach von persönlichen Animositäten leiten lassen. Ihr Verhalten erfüllt für mich den Tatbestand der Ermessenswillkür – solche Lehrer gehören schlichtweg nicht vor eine Klasse. Gott sei Dank suchte Frau K. schließlich selbst nach einer neuen Herausforderung außerhalb des Schuldienstes.

Jens hat schließlich ohne große Probleme seinen Hauptschulabschluss gemacht. Letztes Jahr schrieb er mir, dass er seinen Realschulabschluss anstrebe.

Und Jens ist kein Einzelfall: Man stelle sich vor, wie es ist, Tag für Tag, Woche für Woche, Monat um Monat, teilweise bis zu drei Jahre lang solch einem Klassenlehrer ausgeliefert zu sein, der alles daransetzt, einen kleinzuhalten. Schüler erzählten mir von Kommentaren wie «Für dich ist der Bildungszug eh längst abgefahren» oder «Kannst du deinen Sprachfehler jetzt mal in den Griff kriegen, wir haben keine Zeit für dein Gestotter».

Eine Lehrerin, die sowieso für ihren zynischen Umgangston bekannt war, kommentierte die Klassenarbeit eines Fünferkandidaten, der eine Vier geschrieben hatte, damit, dass ja auch ein blindes Huhn mal ein Korn fände. Als er, für die Lehrerin überraschenderweise, ein Gedicht gut vortrug, «lobte» sie ihn mit den Worten: «Na ja, unter den Blinden ist halt der Einäugige König.»

Auch aus anderen Schulen höre ich immer wieder von den Schülern, dass gewisse Lehrer sie runtermachen: «Falls ihr G8 übersteht, seid ihr hinterher sowieso alle Psychowracks.» Ein Schüler, der pubertätsbedingt zu schnell fettendem Haar neigte, wurde alle paar Tage vor der Klasse von seinem Lehrer aufgefordert, doch mal wieder einen «Ölwechsel» vorzunehmen.

Umgekehrt erwarten viele Lehrer zuvorkommendes, ja geradezu schmeichlerisches Verhalten von ihren Schülern. Während meiner Schullaufbahn konnte ich immer wieder beobachten, dass speziell Kolleginnen sehr empfänglich waren für Komplimente, und wenn sie nicht kamen, entsprechend nachteilig für den Schüler reagierten.

«Ihr Sohn könnte mir ruhig mal ein Kompliment machen, Christine sagt mir jeden Morgen etwas Nettes ...» Mit diesen Worten kritisierte eine Lehrerin meinen Sohn beim Elternsprechtag. Er sei immer so «trocken» und würde selten über ihre Scherze lachen. Mein Sohn erklärte mit der Ehrlichkeit eines Zwölfjährigen, dass er ihre Witze eben nicht lustig fände. Beleidigt beendete die Lehrerin das zehnminütige Elterngespräch, ohne uns ihre Einschätzung seiner Leistungen mitgeteilt zu haben – der eigentliche Grund unseres Kommens.

In einem anderen Fall forderte eine Lehrerin beinahe jede Unterrichtsstunde mehr oder weniger offen Komplimente von den Schülern ein. Ich weiß, das klingt unglaublich. Aber es ist genau so geschehen. Den Jungen war dieses Fishing for Compliments verständlicherweise extrem peinlich, und schließlich fasste sich einer von ihnen ein Herz und bat sie, das doch zu lassen. Beleidigt nahm sie ihn die nächsten vier Wochen nicht mehr im Unterricht dran, selbst wenn er der Einzige war, der sich meldete. Als einige Schüler sie darauf ansprachen, wischte sie den Einwand einfach beiseite: «Ach, von dem kommt doch sowieso weiter nichts als ‹Ich habe mein Buch vergessen› …»

Mobbing von Lehrern hat viele perfide Gesichter. Manchmal braucht es eben gar keine Worte: Da werden Wortmeldungen ignoriert, Fragen nicht beantwortet, und wenn es unvermeidlich ist, einen Schüler dranzunehmen, wird durch Mimik und Gestik gedemütigt: Dann macht der Lehrer jedes Mal ein wahlweise angewidertes, zynisches oder spöttisches Gesicht à la: «Mal gucken, was da jetzt schon wieder für Müll aus deinem Mund kommt.»

Ein Bekannter von mir benutzte kürzlich den Begriff «gebonsait» für Menschen, die in ihrer Persönlichkeit und ihren Fähigkeiten immer wieder zurechtgestutzt und kleingehalten werden, sei es im Privaten, in der Schule oder im Berufsleben allgemein. Ich bin der Ansicht, dass unsere Kinder und Jugendlichen allzu oft von ihren Lehrern gebonsait werden.

Das haben Lehrer schon immer gemacht, das ist nun mal so, lautet die resignierte Antwort, wenn sich Schüler oder Eltern über solches Lehrerverhalten beschweren. So als wäre es in dem Beruf unausweichlich, sich ausgrenzend und demütigend zu verhalten. Mein Großvater hat gehumpelt, mein Vater hat gehumpelt, ich tue es auch, und meine Kinder werden bestimmt auch mal humpeln ... Doch ist Resignation angesichts von Ungerechtigkeiten und Demütigungen wirklich das, was wir unseren Kindern vermitteln wollen?

Es darf nicht sein, dass Stigmatisierungen und Vorverurteilungen in vielen Schulen an der Tagesordnung sind. Schüler fragen sich dann: «Warum mag der Lehrer mich nicht, passe ich nicht in seine Vorstellung von ‹Idealschüler›, warum geht er mit mir so fies um?» Sie mühen sich, Vorurteile wieder loszuwerden, die ihnen schon aus den Schülerbögen der Grundschule anhaften wie Kletten: einmal Störenfried, immer Störenfried, einmal «Asi», immer «Asi». Es ist so schön einfach für den Lehrer, ein festgezurrtes Kompaktpaket in Sachen Schülereinschätzung zu übernehmen.

Und hier kommen wir zu einem weiteren Problem: Der in meinen Augen falschen Nutzung des sogenannten Schullaufbahnbogens, auch bekannt als Schülerbogen. Er geht auf die Zeit vor dem Ersten Weltkrieg zurück. Ursprünglich wurde er für die Berliner Hilfsschulen, wie man sie damals noch nannte, entwickelt. In ihm sollten bestimmte Zusatzinformationen und Eigenschaften des Schülers festgehalten werden, die sich nicht so leicht in das Ziffernotensystem pressen ließen, etwa wenn schwierige häusliche Verhältnisse vorlagen. Der Schülerbogen sollte also dem Lehrer signalisieren, dass dieses Kind zusätzliche Zuwendung und Unterstützung braucht. So weit, so gut. Weil er sich in der Lehrerschaft höchster Beliebtheit erfreute, wurde der Schülerbogen schon bald flächendeckend zunächst in Berlin und anschließend in ganz Deutschland etabliert.

Leider wurde er damals wie heute allzu oft dafür missbraucht, Schüler zu stigmatisieren, sie in Schubladen zu packen oder, im schlimmsten Fall, sogar Unwahrheiten über sie in die Welt zu setzen – hier spielen dann Sympathie bzw. Antipathie eine Rolle.

Bequeme Lehrer betrachten die Schülerbögen kritiklos, wenn sie sich mit einer neuen Lerngruppe auseinandersetzen müssen. Da brauche ich ja als Lehrer das Rad nicht neu erfinden, hat doch schon der Kollege vor mir gemacht. Also wird im Lehrerzimmer schon bei der Zuweisung der Klassen die Liste durchgegangen, und Lehrer witzeln herum, wer wohl die meisten Kevins, Chantals, Justins oder Jacquelines aus «Asi-Sippen» zu «ertragen» hat: Ein Blick in den Schülerbogen, ein Blick auf Noten, Verhalten und Sozialstatus – und schon ist die Meinung gebildet, ohne den betreffenden Schüler, die betreffende Schülerin überhaupt gesehen zu haben. Es wird einfach die Einschätzung des Vorgängers übernommen. Da hat Chantal dann keine Chance mehr, den Stempel «faul und träge» wieder abzuwaschen. Nur allzu selten wird den Schülern von neuen Lehrern das Gefühl vermittelt: Für jeden von euch beginnt ab heute Neuland, ich kenne euch noch nicht und ihr mich nicht. Also lernen wir uns kennen, hoffentlich schätzen, und schauen wir, wohin für jeden von euch die Reise geht.

Natürlich liegt es nahe, den Lehrer auf sein Fehlverhalten anzusprechen, aber die Aussicht auf Erfolg ist meiner Erfahrung nach ziemlich gering, zumal eher dem Lehrer geglaubt wird als dem Schüler. Kein Wunder, dass sich Ablehnung, Wut und Hoffnungslosigkeit in den betroffenen Schülern aufstauen. Und Angst. Angst zu versagen, Angst vor der eigenen Enttäuschung, Angst aber auch, die Eltern zu enttäuschen oder später keine Ausbildung oder keinen Studienplatz zu bekommen.

Kinder gehen morgens mit Angst in die Schule hinein und kommen nachmittags mit noch mehr Ängsten wieder heraus.

Die Intensität dieser Missempfindung richtet sich dabei nach der Sensibilität und Veranlagung des jeweiligen Schülers. Die Sensiblen bekommen sehr oft psychische Probleme, sie ritzen sich oder werden depressiv. Sie möchten Vertrauen entgegengebracht bekommen und werden täglich enttäuscht – und wenn es dann zu Hause auch noch andere Probleme gibt, dann befinden sich diese Schüler in einer emotionalen Abwärtsspirale.

Im Grundschulalter führen diese diffusen Ängste oft zu Schlafstörungen oder zu der Weigerung, die Schule zu besuchen. Dann klagt das Kind über immer wiederkehrende Bauch- oder Kopfschmerzen. Das sind Alarmsignale, die Eltern unbedingt ernst nehmen sollten. Bei älteren Schülern kommen noch Schulschwänzen, erhöhter Drogenkonsum und Essstörungen hinzu. Sie fressen diesen Frust buchstäblich in sich hinein, kiffen sich am Wochenende die Hucke voll oder treffen sich zum Koma-Saufen mit Gleichgesinnten. (Ich finde es in diesem Zusammenhang immer sehr dreist, wenn Schulleiter bei Vorträgen am «Tag der offenen Tür» mit der Behauptung für ihre Schule werben, sie sei drogenfrei.)

Andere ziehen sich zurück, sind genervt und hängen stundenlang vor dem Computer. Dann gibt es aber auch die Schüler, die wütend sind, die sagen: «Okay, wenn ihr den *bad boy* (oder das *bad girl*) haben wollt, dann bitte schön!» Sie verhalten sich aggressiv, aufmüpfig und lehnen alles, was mit Schule zu tun hat, ab, inszenieren Mobbing-Szenarios und versuchen ihren Frust auf andere zu projizieren. Denn ihre Mitschüler verweigern ihnen oft die erhoffte Rückendeckung: Bloß nicht neben dem üblichen Schulstress auch noch den vom Klassenkameraden schultern. Auf keinen Fall selbst in den Fokus bei Lehrern, Schulleitern oder den eigenen Eltern geraten. Alles, bloß keinen Ärger!

Also machen diese Schüler einen Haken hinter das System Schule, dessen Hauptakteure sie behandeln, als könnte man ihnen nicht über den Weg trauen. Bei ihnen können dann leider selbst gute und um Vertrauen bemühte Lehrer keinen Blumentopf mehr gewinnen. Ein Teufelskreis.

Kein Wunder, dass sich auch innerhalb der Lehrerschaft langsam Kritik regt über die Kollegen und deren Vorurteile und herablassenden Äußerungen. Im Frühjahr 2017 veröffentlicht die Lehrerin einer Berliner Brennpunktschule einen Brandbrief im «Tagesspiegel». Sie bleibt anonym, müsste sie doch bei Veröffentlichung ihres Namens mit Repressalien rechnen, zumal sie an besagter Schule noch tätig ist. Unter der Überschrift «Lasst uns endlich über Problemlehrer sprechen!» schreibt sie: «Was diese Lehrenden so problematisch macht, ist ihre positive Sicht auf sich selbst und ihre negative Einstellung gegenüber ihren Schülerinnen und Schülern. Eine der ersten Formulierungen, die ich lernte, als ich neu an die Schule kam, war ‹die Schüler rundmachen›.»

In dem daraus entstehenden emotional hochexplosiven Gemisch aus Zurückweisung von allen Seiten, Demütigung und Alleingelassenwerden sehe ich eine wesentliche Ursache für störendes, asoziales Verhalten im Unterricht und in den Pausen, ja für Gewaltexzesse gegen Lehrer und Mitschüler. Das kommt mir auch immer wieder in den Sinn, wenn in Nordrhein-Westfalen die «Chaostage» der Abiturienten stattfinden, mit denen das Ende der Schulzeit «gefeiert» wird. Bei uns in Münster münden sie in den sogenannten Tag X, den letzten offiziellen Schultag der Abiturienten. Was ich im Frühjahr 2017 sah, war zwar viel Freude und Ausgelassenheit, aber auch wütende, erschreckende Destruktivität. Schüler liefen volltrunken und randalierend durch die Stadt, zerstörten Blumenbeete derart, dass es der ortsansässigen Zeitung einen Artikel wert war, schmissen Bierflaschen durch die Gegend und skandierten Schmähgesänge gegenüber ihrer eigenen Schule. Wer auch nur über einen Funken Sensibilität verfügte, merkte sehr deutlich, wie neben der Freude über das bestandene Abitur sehr viel Bitterkeit und Wut auf die vergangenen Jahre mitschwang (durch reichlich Alkohol noch verstärkt). Gewohnt war ich, Schmähgesänge über andere Schulen zu hören, zumal sich einige Gymnasien rivalisierend gegenüberstehen. Aber dass Schüler, pikanterweise mit dem Schullogo auf dem Abiturienten-T-Shirt, sich grölend, aggressiv und unflätig über dieselbe und ihre Lehrer ausließen, das war für mich Neuland und spricht, wie ich meine, Bände.

Im schlimmsten Fall ist ein solcher Negativ-Gefühlscocktail Ursache für Amokläufe.

Kommt es zu Gewalttaten an Schulen, werden gerne die Eltern, die Gaming-Industrie, der Schützenverein oder «falsche Freunde» verantwortlich gemacht. Der Schüler wurde scheinbar aus dem Nichts zum Täter, niemand hat angeblich etwas geahnt, andere hingegen haben es immer schon gewusst: «Der wird mal ein Amokläufer, der hat nie viel geredet, immer traurig ausgesehen.»

Reflexhaft werden Ego-Shooter als Ursachen für Gewalt bei Jugendlichen ausgemacht. Es steht außer Frage, dass diese Spiele alles andere als förderlich für das Sozialverhalten sind – die Ursachen für Gewalttaten und Amokläufe sind jedoch noch an ganz anderen Stellen zu suchen.

Wie oft stellen sich Lehrer im Fall der Fälle bereitwillig

vor die Mikrofone der Rundfunk- und Fernsehsender, um die Spezialisten in puncto Ursachenforschung zu geben. Auffällig ist dabei, dass die Schulen nie auch nur ein Quäntchen Mitschuld eingeräumt haben, wenn ein Schüler seiner Verzweiflung durch eine Gewalttat Ausdruck verliehen hat.

Ich erinnere in dem Zusammenhang an den Amoklauf von Robert Steinhäuser am Gutenberg-Gymnasium im April 2002 in Erfurt. Dabei tötete er zwölf Lehrer, eine Sekretärin, zwei Schüler, einen Polizisten und schließlich sich selbst. Robert Steinhäuser war verzweifelt darüber, kurz vor dem Abitur von der Schule verwiesen worden zu sein, weil er eine Unterschrift gefälscht hatte.

Im Gegensatz zu den meisten anderen Bundesländern gab es in Thüringen an Gymnasien damals keine Prüfungen oder automatische Anerkennung der mittleren Reife (Realschulabschluss) nach der 10. Klasse. Schüler, die das Abitur nicht bestanden oder – wie Steinhäuser – der Schule verwiesen wurden, hatten dadurch keinen Schulabschluss und somit auch keine berufliche Perspektive. Seine Eltern wurden darüber nicht informiert. Und noch einiges mehr lief schief.

In ihrem Spiegel-Online-Artikel, in dem sie den Fall Steinhäuser nachzeichnen, schreiben Felix Kurz, Cordula Meyer, Sven Röbel und Andreas Wassermann: «So heißt es im thüringischen Schulgesetz in Paragraph 52 unmissverständlich: Der Ausschluss muss zunächst angedroht, außerdem müssen Eltern- und Schülervertreter gehört werden.» Zudem hätte die Lehrerkonferenz den Ausschluss-Antrag beschließen müssen, erst dann hätte die Schulleitung den Rauswurf beim zuständigen Schulamt beantragen können. Das alles ist aber so nicht passiert. Die Schulleiterin hatte also nicht das Recht, Steinhäuser wegen einer gefälschten Unterschrift von der Schule zu verweisen und damit seinen weiteren Lebensweg in eine Sackgasse zu führen. Ihre Entscheidung begründete sie später als «pädagogische Maßnahme».

Im Artikel heißt es weiter: «Die einfachste Lösung schien eine Art Aufhebungsvertrag zu sein – wie man ihn mit missliebigen Arbeitnehmern schließt, die keinen echten Grund zu einer Kündigung liefern. So gelang es, räumt ein Lehrer freimütig ein, den lernfaulen Schüler ‹unbürokratisch› loszuwerden.» Was diese «unbürokratische» Lösung für Folgen hatte, wurde im Frühjahr 2002 auf erschreckende Art und Weise deutlich.

Frank J. Robertz und Ruben Wickenhäuser, die sich in ihrer Arbeit mit Amokläufen und schwerer Gewalt an Schulen sowohl aus kriminaltechnologischer als auch psychologischer Sicht auseinandersetzen, weisen in ihrem Buch «Der Riss in der Tafel» ebenfalls auf diesen Zusammenhang hin: «Dort hatte der Schulverweis des späteren Amokläufers Robert S. – eindeutig ein disziplinarischer Schritt – die verhängnisvolle Dynamik hin zu dem späteren Massaker mit ausgelöst.»

Vielleicht wäre die Tat zu verhindern gewesen, wenn man trotz seiner Volljährigkeit die Eltern über sein Schuleschwänzen informiert hätte.

Als Konsequenz aus dem Amoklauf wurde dann in allen Schulgesetzen der Länder die Regelung aufgenommen, dass Schulen im Falle einer Nichtversetzung, Nichtzulassung zu einer Abschlussprüfung und ihr Nichtbestehen oder Schulausschluss die Eltern der entsprechenden Schüler informieren müssen. Schüler, die absehen können, dass sie das Abitur nicht schaffen, können in speziellen Kursen die Haupt- oder Realschulreife erlangen.

Welche Probleme es mit Robert Steinhäuser eventuell bereits im Vorfeld gegeben hatte, darüber spricht niemand. Weder von Seiten der Schule noch von offizieller Seite der Ermittler. In einem «Spiegel»-Interview ein Jahr nach der Tat fragen die Interviewer den Vater von Robert, ob die Schule seiner Meinung nach eine Mitschuld trage, da sie als Eltern nicht über den Umstand in Kenntnis gesetzt worden waren. Er wolle keine Schuld auf die Schule schieben, das stünde ihm nicht zu, war seine Antwort. Allerdings schränkte er zaghaft ein: «Natürlich, ein Anruf, da bin ich sicher, und die Dinge wären anders abgelaufen oder vielleicht verhindert worden. Dann wäre Robert nicht in diese Gedankenwelt abgeglitten, die aberwitzige Idee von Rache. Dieses Quäntchen Menschlichkeit hat nicht stattgefunden, darum sitzen wir heute hier zusammen.» (*«Tot war er erst später», «Spiegel», Heft 18/2003.*)

Genau das ist es, dieses Quäntchen, das so vielen Lehrern fehlt: das kleine bisschen Zuwendung, Verständnis und Ermunterung zur rechten Zeit, die Bereitschaft zu fördern – und nicht immer nur zu fordern. Wie formulieren es Robertz und Wickenhäuser? «Herzenswärme, Freiräume und klare Regeln sollten in primär präventiver Hinsicht als Maximen das erzieherische Handeln in Elternhaus und Schule bestimmen.»

Schüler wollen den Menschen hinter dem Pult als ihren Partner beim Lernen erfahren, als jemanden, der ihnen wohlgesonnen ist und sie nicht von oben herab behandelt, stigmatisiert oder vorverurteilt.

Das ist auch für das Lernen essenziell: Der Gehirnforscher Gerhard Roth schreibt unter der Überschrift «Was das Gehirn zum Lernen braucht»: «Deshalb fragt sich bei jeder Wissensvermittlung in Form von Instruktion das Gehirn und speziell das limbische System des Lernenden: ‹Kann ich dem Lehrenden vertrauen? Stimmt das alles, was er sagt? Nimmt er mich dabei genügend ernst, wird er mir helfen?›» (*«Biologie in unserer*

Zeit» vom 18.10.2017.) Es ist daher von immenser Bedeutung, wie sich ein Lehrer im Bewusstsein seiner Schüler verankert. Tritt er ihnen offen, vorurteilsfrei gegenüber? Oder steckt er ihn oder sie in eine Schublade, und wird jeder Versuch, dort rauszukommen, mit Skepsis oder gar Ablehnung beobachtet?

Es gibt Schulen, da gehört das Misstrauen Schülern gegenüber quasi zum Betriebsklima – das haben wir selbst, bzw. unsere Tochter, am eigenen Leib erfahren. Als wir 2011 nach Münster zogen, hatten wir Probleme, unsere Kinder an einer Schule unterzubringen. Unsere Tochter bekam dann, nach etlichen Anfragen, endlich einen Platz in der sechsten Klasse eines Gymnasiums. Unser damals fünfzehnjähriger Sohn bekam überall eine Absage – und die Begründungen sprechen für sich: «Wir nehmen lieber nur Kinder aus Münster und Umgebung», und: «Von pubertierenden Neuntklässlern brauchen wir nicht noch mehr und vor allem keine Jungs!» Als sich tatsächlich nach fast fünfmonatiger Suche keine Schule bereiterklärte, meinen Sohn anzunehmen, rief ich am letzten Tag vor den Sommerferien bei der Bezirksregierung an. Ich teilte ihr mit, dass ich meinen Sohn nun zu Hause unterrichten würde, da sich keine einzige Schule hatte finden lassen, die ihn aufnehmen wollte. Der Sachbearbeiter entgegnete, dass dies nicht erlaubt sei und er sich um einen Platz bemühen würde. Auf meine Frage, warum er das nach meinen zahlreichen Anrufen nicht gleich getan hätte, antwortete er, dass «Zugereiste», vor allem evangelische, es im katholisch geprägten Münster nun mal schwer hätten. Das fand er dann auch noch lustig ... Dieser Umstand wurde mir übrigens kürzlich von einer altgedienten Seminarleiterin im Fach Erziehungswissenschaft der Uni Münster bestätigt: Die Bevorzugung katholischer Münsteraner sei zwar ein schreckliches Vorgehen, aber es wäre hier nun mal so, kommentierte sie mit einem Achselzucken. Und das in einer Stadt, in der jeder fünfte Einwohner ein Student ist und junge Menschen aus allen Teilen der Welt studieren!

Man möge mir diesen kleinen Exkurs verzeihen, er sollte lediglich diesen vermeintlichen Widerspruch erklären, dass meine Kinder auf einer Schule sind, von der ich eine Großzahl der Lehrer aufs Schärfste kritisiere: Wir hatten schlichtweg keine andere Wahl. Nun aber zurück dazu, wie den Schülern dort (und anderswo) mit generellem Misstrauen begegnet wird.

Meine Tochter hatte kurz vor der Abiturprüfung die dritte schwere Erkältung in Folge, hatte sich aber nicht die Zeit genommen, sie anständig auszukurieren. Auf meine Frage, warum sie denn nicht ein paar Tage zu Hause bliebe, um endlich wieder gesund zu werden, sagte sie mir, dass momentan gerade Klausurenphase sei und man bei Nachschreibeterminen mit schwierigeren Aufgabenstellungen zu rechnen habe. Ich stutzte, ließ es aber erst mal auf sich beruhen. Nun ging es ihr allerdings irgendwann so schlecht, dass sie das Bett hüten und deshalb eine Klausur nachschreiben musste. Als Termin bekam sie einen Zeitpunkt sieben (!) Wochen später genannt. Diese Klausur beinhalte, verkündeten die Lehrer, aber nicht nur den Stoff, über den die anderen Mitschüler in der regulären Klausur abgefragt worden wären, sondern sie bekäme, «zur Strafe!», zusätzlich noch einen weiteren Themenbereich – und selbstverständlich würde es auch um den Stoff gehen, der in diesen sieben Wochen durchgenommen werden würde. Als ich daraufhin nachhakte, erfuhr ich, dass man mit diesem Vorgehen (das übrigens Gesamtkonferenzbeschluss dieser Schule ist) abschrecken und letztlich dem Schulschwänzen vorbeugen wolle. Das heißt, dass jeder, der krank ist, erst einmal unter Generalverdacht gestellt wird, den Unterricht zu schwänzen. Nebenbei bemerkt stehen natürlich auch gleich die Ärzte, die die Atteste ausstellen, unter Verdacht, Gefälligkeitsgutachten zu erstellen. Welch erbärmliches Szenario aus Misstrauen und Ungerechtigkeit! Das Verblüffende dabei ist allerdings, dass sich niemand wehrt. Kein Schüler, keine Eltern und auch kein Arzt, der Beschwerde führen würde. Jeder hat Angst vor noch mehr Repressalien, vor noch mehr Ärger, vor noch mehr zermürbenden Gesprächen in Direktoraten, die eh nichts bringen. Also heißt es: «Friss oder stirb, versuch da irgendwie durchzukommen, beschwer dich nicht, es ist eben so, wie es ist.» Und dann wird den Schülern vorgehalten, faul und antriebslos zu sein. So sieht die traurige Realität aus. Wer wundert sich da noch, dass Kinder in solch einer Atmosphäre nicht gerne zur Schule gehen?

Mein Feind, der Schüler

Lehrer tun sich in der Regel schwer damit, Kritik von der Öffentlichkeit, Eltern, Kollegen und erst recht von Schülern anzunehmen, aus Angst, ihre Machtposition einzubüßen. Sie hinterfragen ihr Handeln nicht, suchen immer die Schuld beim Schüler und sehen ihn als Gegner. Einer meiner Kollegen hatte sich angewöhnt, seine Schüler immer mit verletzenden Kommentaren aufzurufen, um sie kleinzuhalten. Nervösen Schülern, die ein Referat halten mussten, gab er schon mal ein «Jetzt aber nicht schon wieder so zittern beim Sprechen!» auf ihren Weg nach vorne vor die Klasse mit.

Viele Lehrer setzen alles daran, diesen «Feind» zu bekämpfen, ihn in Schach zu halten. Manchmal erschien es mir so, als würden sie ihm am liebsten ein Panzertape über den Mund kleben. Solche Lehrer wollen unbedingt die Gewinner in einem ungleichen und unfairen Kampf sein – und das unter dem Schutz des Beamtentums. Wie formulierte es ein junger Kollege einmal mir gegenüber? «Du bist echt 'ne arme Sau als schlecht bezahlte Vertretungslehrerin hier mit den ganzen Chaoten. Mir gehen sie am Arsch vorbei.»

Leider musste ich während meiner Dienstzeit immer wieder erfahren, dass diese Einstellung keine Seltenheit ist. Ich erinnere mich an den Schulleiter Herrn L., der seine Erwartungen an mich als Vertretungskraft folgendermaßen formulierte: «Frau Wagner, nur, dass wir uns von Anfang an richtig verstehen: Ich vertrete das Prinzip, dass Schüler, Eltern und Kollegen getreten und geschubst werden müssen wie Esel, Hund und Katze.»

Was ich anfänglich für einen Scherz hielt, sollte sich schnell als ernst gemeint erweisen. «Auf in den Kampf, den Feind bezwingen und niederringen», so lautete L.s «Motivationssatz» vor jeder Unterrichtsstunde. Er liebte es, Schüler-Eltern-Tribunale abzuhalten, in deren Rahmen er Eltern mit ihren Kindern wegen kleinerer Vergehen einbestellte und vor dem gesamten Kollegium demütigte. Ich habe nicht nur einmal Mütter, Väter und Schüler dabei weinen sehen. Immerhin verließen einige (wenige) Lehrer demonstrativ den Raum, wenn solche Veranstaltungen zur Schulleiterbelustigung stattfanden.

Seinen Posten als Schulleiter hat Herr L. inzwischen nicht mehr. Bei einer Neuausschreibung für den Schulleiterposten lehnte ihn fast das gesamte Kollegium ab. Er arbeitet seitdem als normaler Lehrer an einem anderen Ort, allerdings immer noch mit Schulleiter-Bezügen – versteht sich.

Manchmal sehen Lehrer die gesamte Schule, alle Schüler, Kollegen, Schulleiter und Eltern als «Feindesland» an, sie erwarten von allen immer nur das Schlechteste und suchen ständig nach Beweisen für ihre Einstellung. Fast zeitgleich mit der

Einschulung meines Sohnes ins Gymnasium hatte mein Mann einen schweren Unfall und schwebte wochenlang in Lebensgefahr, ein mehrmonatiges Koma war die Folge. Natürlich standen auch seine beiden Brüder und ich unter Schock, dennoch versuchten wir so gut es ging den Alltag zu meistern. Jedes unserer damals noch drei Kinder verarbeitete diese schwierige Situation anders. Unser zweiter, zehnjähriger Sohn hatte den Entschluss gefasst, gar nichts mehr für die Schule zu tun und alles zu boykottieren, selbst seinen geliebten Sport, bis sein Vater wieder gesund vor ihm stünde. Auf dem Weg zur Schule warf er seine Schulbücher in Vorgärten, machte immer weniger Hausaufgaben, setzte sich in der Klasse in die letzte Reihe. Zu Hause legte er sich auch tagsüber hin und schlief, teilweise bis zum nächsten Morgen. Gespräche mit Klassenlehrerin, Vertrauenslehrer, Schulleiter und Psychologen blieben ohne Erfolg. Die Lehrerschaft wusste erst nach ziemlich langer Zeit, dass sein Vater im Koma lag, denn seine Klassenlehrerin hatte es nicht für nötig gehalten, die in der Klasse unterrichtenden Lehrer über seine Situation zu informieren. Daher hatten Beschwerden von Lehrern wegen mangelnder Unterrichtsmaterialien und fehlender Hausaufgaben nicht lange auf sich warten lassen. So musste ich zu jedem einzelnen Kollegen hingehen, um das Verhalten meines Sohnes zu erklären. Das waren für mich sehr schwere Gänge, wie man sich sicherlich vorstellen kann.

Dennoch: Es hagelte in sämtlichen Fächern Fünfen und Sechsen, schriftliche Verweise und zuletzt die Aufforderung, den Jungen einem Intelligenztest zu unterziehen: Er sei offensichtlich nicht fürs Gymnasium geeignet. Das Ergebnis des Tests bestätigte ihm einen überdurchschnittlichen IQ von 123. Ratlos sah ich mein Kind den Bach runtergehen, bis sein Onkel ihm eines Tages ein Trikot von seinem geliebten BVB, bekannterweise leuchtend gelb, schenkte. Stolz zog er es an, und seit langer Zeit huschte wieder einmal ein kleines Lächeln über sein Gesicht. Am nächsten Morgen zog er das Shirt gleich in die Schule an. Es war der erste Tag seit Wochen, an dem er mit kompletter Schultasche samt gemachten Hausaufgaben in der Schule ankam. Manchmal sind es die kleinen Dinge, die große Schritte bewirken. Für mich war da jedenfalls auf einmal ein Hoffnungsschimmer am Horizont.

Ich fuhr an diesem Tag wie gewohnt ins Krankenhaus, um meinen Mann auf der Intensivstation zu besuchen, als plötzlich eine Krankenschwester auf die Station gerannt kam, ein Telefon in der Hand. Sie sagte: «Frau Wagner, hier ist eine Lehrerin dran, sie sagt, es sei etwas mit Ihrem Sohn.» Mir gefror das Blut in den Adern. Was ich dann hörte, macht mich noch heute fassungslos. Die Lehrerin beschwerte sich, was mir einfiele, meinen Sohn in diesem ekelhaft quietschgelben Trikot zur Schule gehen zu lassen. Ich solle ihm sofort anständige Kleidung bringen, sonst würde sie ihn aus dem Klassensaal schmeißen. Dann knallte sie den Hörer auf.

Ich weiß, das klingt zu unglaublich, um wahr zu sein – aber leider ist es genau so passiert. Als ich zur Schule eilte, um meinem Sohn beizustehen, stand der schon im Schulflur wie bestellt und nicht abgeholt. Die Lehrerin habe ihn rausgeschmissen, weil er sie gefragt habe, wie man denn nur Lehrer werden könne, wenn einen jeder Mückenschiss an der Wand störe.

Es folgten ein schriftlicher Verweis und ein Gespräch beim Schulleiter. Dieser war zwar eher auf Seiten meines Sohnes, warb aber um Verständnis für das Verhalten der Lehrerin: Sie gehöre eben zu den «schwierigen Exemplaren» und habe nun mal ein ziemlich festgefahrenes Bild von Menschen und wie die Dinge zu sein hätten.

So kann man es natürlich auch ausdrücken. Besagte Dame ging in ihren Freistunden regelmäßig durch die Stadt, um schwänzende Schüler in flagranti zu erwischen und sie ihrer «gerechten Strafe zuzuführen». Damit nicht genug, erfragte sie auch, in welcher Stunde und bei welchem Lehrer sie geschwänzt hatten, um die Kollegen dann wegen mangelnder Kontrolle beim Schulleiter anzuschwärzen. Für diese Frau waren Schüler und Kollegium Feinde, die es kleinzuhalten, zu kontrollieren und zurückzudrängen galt. Wie sie es mit einer solchen Haltung schaffte, jeden Tag in die Schule zu gehen, ist mir allerdings schleierhaft.

Ein anderes eklatantes Beispiel für die grundsätzliche Antipathie gegenüber Schülern, für mangelndes Einfühlungsvermögen und Prinzipienreiterei, hat ein Junge an einem anderen Gymnasium erlebt. Sein Bruder war bei einem Verkehrsunfall ums Leben gekommen. Natürlich war der tragische Unfall jedem Lehrer im Kollegium bekannt, dennoch sah sich der Musiklehrer einen Tag vor der Beisetzung genötigt, dem Bruder die Hausaufgaben abzuverlangen. Er sollte den Rhythmus eines Liedes klatschen. Der Junge entschuldigte sich, dass er die Hausaufgaben nicht vorbereitet hätte, da ihm im Moment nicht der Sinn danach stünde, Lieder zu klatschen. Der Lehrer quittierte seine «Leistungsverweigerung» mit einer Sechs und demütigte den traumatisierten Jungen zusätzlich.

Die Kraft, dagegen vorzugehen, hatten die Eltern, verständlicherweise, nicht.

Ich konnte diese Notenvergabe jedenfalls nicht anders deuten als den Racheakt eines Lehrers an seinem «Staatsfeind Nr. 1», den Schülern. Das ist nicht nur menschlich erbärmlich, sondern auch ein Zeichen dafür, dass hier etwas Wesentliches nicht stimmt: das Verständnis, warum und mit welchem Ziel ich diesen Beruf eigentlich ergriffen habe. Um Machtspielchen zu spielen, brauche ich kein anstrengendes Studium auf mich zu nehmen. Da kann ich mich auch abends in die Eckkneipe setzen und auf ein gleichgesinntes Ekelpaket warten, an dem ich meinen Frust abarbeiten kann. Solche Menschen gehören jedenfalls nicht in den Schuldienst!

Wie man mit einer solchen Einstellung jeden Morgen wieder den Klassenraum betreten und in die Gesichter von Schülern schauen kann, ist und bleibt mir ein Rätsel. Was haben diese Pädagogen aus ihren Seminaren mitgenommen, wer hat ihnen beigebracht, dass so Unterricht funktioniert: respektlos, verletzend und von oben herab? Das Ziel, nämlich Schülern etwas beizubringen, ihnen idealerweise dabei auch noch Werte zu vermitteln, wird so jedenfalls nicht erreicht. Im Gegenteil, für viele Kinder sind damit die Motivation und der Spaß an der Schule vorbei und können nur selten wiederhergestellt werden.

Dabei weisen auch Hirnforscher schon seit langem darauf hin, wie wichtig eine gute Atmosphäre ist, in der durchaus mal gelacht werden darf. So sagt zum Beispiel der Hirnforscher Herbert Beck in seinem Artikel «Neurodidaktik oder: Wie lernen wir?»: «Lernen muss (wieder) Spaß machen», dies ist eine entscheidende Botschaft der Hirnforscher. Dann wird das Gelernte an den richtigen Stellen gespeichert und nicht im sogenannten Mandelkern, der für Flucht und Kampf zuständig ist. Nur so kann Wissen und Erlebtes dauerhaft abgespeichert werden.

Der unsichere Pädagoge

Wenn ich hier für mehr Empathie und eine Beziehung auf Augenhöhe plädiere, heißt das im Übrigen nicht, dass man nicht gleich von Anfang an klarstellen muss, wer im Klassenraum das Sagen hat: der Lehrer. Und wenn der eine Anweisung gibt, dann ist ihr auch unmittelbar Folge zu leisten. Wenn mir selbst meine klaren Ansagen auch zuweilen den Titel «Colonel» einbrachten – geschadet hat es meinem Verhältnis zu den Schülern meiner Ansicht nach nicht. Im Gegenteil: Die Schüler wissen durch eine solche klare Haltung, woran sie sind. Außerdem gibt es viele Situationen, in denen Schülern auch zu ihrer eigenen Sicherheit ein unbedingtes Befolgen von Anweisungen abverlangt werden muss. Man denke dabei nur an Versuche in naturwissenschaftlichen Fächern oder den Sportunterricht.

Wer diese Klarstellung allerdings verpasst, riskiert, nicht ernst genommen oder mit Hohn und Spott überzogen zu werden. Viele der betroffenen Lehrer wissen sich dann nicht anders zu helfen und vergeben eine Fünf oder Sechs nach der anderen – oder sie ziehen sich in ihr Schneckenhaus zurück und leiden still, bis sie mitunter nicht mehr arbeitsfähig sind.

Einem meiner Kollegen, Herrn H., gelang irgendwann überhaupt nichts mehr in seinem Musikunterricht – dabei ist das ein Fach, in dem man Kinder normalerweise noch relativ einfach begeistern und zur Mitarbeit motivieren kann. Stattdessen tanzten ihm die Schüler auf der Nase herum. Sie schlugen wild auf das Schlagzeug ein und überbliesen ihre Blockflöten. Wer dieses Geräusch schon einmal gehört hat, weiß, wie ohrenbetäubend und unerträglich es ist. Am Ende ließ sich der Kollege wegen psychosomatischer Beschwerden krankschreiben. Die Krankschreibung zog sich bis zu den Halbjahresnoten hin. Aus dem Krankenbett schickte Herr H. dann die Noten: vierzehn Fünfen und vier Sechsen.

Natürlich kann man argumentieren, dass die Schüler auch keine Leistung erbracht hatten – aber der Grund war ja nicht, dass sie unfähig oder dumm waren, sondern dass die mangelnde Autorität des Lehrers Unterricht und Lernen unmöglich gemacht hatten. Dass das Verhalten von Herrn H. keine Konsequenzen nach sich zog, macht mich betroffen. Er unterrichtet immer noch.

Wir alle haben solche unsicheren Pädagogen schon mal erlebt. Ich erinnere mich in diesem Zusammenhang an einen jungen Kollegen, Herrn L., bei dem ich hospitierte. Er hatte im Vorfeld damit geprahlt, dass er seine recht muntere fünfte Klasse im Handumdrehen in den Griff bekommen könnte. Zu meiner großen Überraschung versuchte er das jedoch mit aus Kindergartenzeiten stammenden Ritualen wie dem «Leisefuchs», einer mit der Hand geformten geschlossenen «Schnauze». Was meinen Sie wohl, wie die Elfjährigen darauf reagierten?

Insgesamt war Herr L. sehr unsicher in seinem Auftreten – mit dem fast flehentlichen Lächeln bei allem, was er tat, schien er den Schülern signalisieren zu wollen: Seht her, ich bin es doch, euer bester Freund, seid schön brav, ja?» Wie schrecklich für alle Beteiligten, dieses Trauerspiel mit ansehen zu müssen.

Wenn ein Lehrer diesen Satz vom vermeintlich besten Freund des Schülers vor sich herträgt, ist sowieso höchste Vorsicht geboten. Denn entweder täuscht er bewusst, um die Schüler in Sicherheit zu wiegen, und erweist sich im Laufe der Zeit als das krasse Gegenteil, oder, was fast noch schlimmer ist, er sendet damit einen unbewussten Hilfeschrei in Richtung Schülerschaft: «Ich habe Angst vor euch, aber wenn ihr ganz, ganz lieb zu mir seid, dann bin ich es auch.»

Ein Signal mit fatalen Folgen, denn über diesen Typ Lehrer wird das Klassenzimmer jeden Tag hereinbrechen wie ein Erdbeben. Der Unterricht ist von Angst geprägt und voller Unsicherheiten. Im Fall von Herrn L. führte es zu zahlreichen Stilblüten: «Moritz, ich könnte dich jetzt links und rechts zur Tür rausschmeißen.» Oder: «Leute, kann ich jetzt bitte mal leise sein?!» Die Kinder lachen sich kaputt, und ein Eintrag im nächsten Abschlussheft der Klasse 10 unter der Überschrift «Verpeilte Lehrer» ist dem Kollegen sicher.

Eine andere, junge und etwas schüchterne Lehrerin mit einer von Natur aus eher leisen Stimme, versuchte sich zunehmend durch Rumbrüllen Respekt zu verschaffen. Außer dass es bei ihr zu ständigen Stimmbandreizungen und Weinkrämpfen führte, bewirkte das nichts; irgendwann fand so gut wie gar kein Unterricht mehr statt. Sie hat dann sehr schnell ihren Lehrerberuf an den Nagel gehängt.

Erleben Schüler solche Pädagogen, die im schlimmsten Fall ihre Unsicherheit dann auch noch mit überzogener Strenge zu kompensieren versuchen, geraten sie je nach Veranlagung in ein Stimmungsfeld zwischen Mitleid und Ablehnung. Viele Jungen lehnen sich gegen solche Lehrer auf, sie wollen diese «Weicheier» nicht, die sie womöglich auch noch duzen sollen – ein Anbiederungsversuch, wie ich ihn oft von unsicheren Pädagogen erlebt habe.

Viele Mädchen hingegen können sich vor lauter Mitleid kaum noch auf den Unterricht konzentrieren, weil sie so unter der angespannten Atmosphäre leiden.

So erging es vielen Schülerinnen, aber auch Schülern einer Gymnasialklasse. Sie bekam eine sehr introvertierte, stets traurig wirkende Lehrerin, deren negative Lebenseinstellung in Wort und Tat jede Unterrichtsstunde zu spüren war. Die lebhaften Schüler brachten sie schnell aus der Fassung, sie fing an zu zittern, wenn es zu laut wurde, und war nicht imstande, die Klasse zur Ruhe zu bringen. Sie litt offensichtlich, physisch wie psychisch. Es belastete die Jugendlichen sehr, als sie im Laufe des Schuljahres feststellen mussten, dass die Lehrerin ein Alkoholproblem entwickelt hatte. Ob es dafür auch private Gründe gab, weiß ich nicht, aber ganz offensichtlich war sie im Lehrerberuf nicht richtig aufgehoben. Die Kraft und den Mut, in einem anderen Beruf einen Neuanfang zu wagen, hatte sie allerdings nicht. Sie ertränkte ihre Sorgen und ihr zunehmendes Unvermögen, vor einer Klasse zu bestehen, in Alkohol. Irgendwann kam sie schon morgens betrunken zum Unterricht und fiel immer häufiger durch einen torkelnden Gang auf. Manchmal benutzte sie Ausreden wie «Ich gehe mal eben kopieren» oder «Ich muss den Kollegen nebenan schnell mal etwas fragen», um heimlich trinken gehen zu können. Schüler schlichen ihr nach und beobachteten sie dabei. Unterrichten auf Augenhöhe, Respekt – davon war diese Lehrer-Schüler-Beziehung meilenweit entfernt. Vielmehr löste die Verfassung ihrer Lehrerin bei den Schülern neben Mitleid Aversionen aus: Sie tanzten ihr auf der Nase herum, was ihre Unsicherheit wiederum beförderte – ein Teufelskreis, aus dem sie nicht mehr herausfand.

In diesem Fall endete er tödlich, die Lehrerin verstarb tragischerweise an ihrer Sucht. Obwohl das Kollegium die ganze Zeit von der Alkoholabhängigkeit wusste und auch Eltern intervenierten – schulseitig half ihr meines Wissens keiner. Hier hat nicht nur das System Schule an sich versagt, sondern es wurde auch billigend in Kauf genommen, dass eine schwer abhängige Person, die selbst Hilfe gebraucht hätte, minderjährige Kinder unterrichtete, die darunter litten.

Alkoholmissbrauch konnte ich über die Jahre im Schuldienst im Übrigen sehr oft beobachten. Gerade die hochsensiblen Kollegen, die an Überforderung und mangelnder Akzeptanz sowohl bei Schülern als auch bei Lehrern entsetzlich litten, griffen häufig zur Flasche. Ich hatte Kollegen, die den Flachmann im Fach ganz offen als «Beruhigungsfläschchen» bezeichneten, das sie nun einmal bei all der Anstrengung bräuchten. Ich finde es eine Schande und höchst gefährlich, wie lapidar mit Alkoholmissbrauch an Schulen umgegangen wird.

Weniger tragisch, aber dennoch fatal für die Lehrer-Schüler-Beziehung ist die Neigung vieler unsicherer Pädagogen, Schülern die Entscheidung über den Unterricht oder damit in Zusammenhang stehende Dinge zu überlassen. Um Ärger mit den Schülern zu umgehen und möglichst konfliktfrei durch den Unterricht zu kommen, binden sie sie in Entscheidungsprozesse ein, die eigentlich gar nicht in ihrem Ermessensspielraum liegen.

Ich erinnere mich zum Beispiel an einen Kollegen, der eine Klassenfahrt planen sollte. Er hatte mir gegenüber im Vorfeld geäußert, dass er regelrecht Angst hatte, mit dieser Horde auf Klassenfahrt zu gehen, und ich wusste deshalb, wie sehr ihm das Gespräch mit den Schülern bevorstand. Und was tat er, anstatt den Schülern einen soliden Rahmen vorzugeben, der den Bereich des Möglichen markierte? Er fragte sie: «Na, wohin wollt ihr denn auf Abschlussfahrt?» Was für eine Frage, natürlich nach Malle oder an den Balaton, Party machen! Die Schüler waren außer Rand und Band, während der Kollege versuchte, seine Frage zu relativieren und gegen die extreme Lautstärke im Klassensaal anzukämpfen. Vergeblich, irgendwann stand er nur noch sprach- und hilflos vor der Klasse, bis ihm ein Schüler gönnerhaft auf die Schulter klopfte und sagte: «Herr M., lassen

Sie uns das man alles machen, halten Sie sich mal ganz da raus, sehen Sie nur zu, dass die blöde Frau V. nicht mitfährt, das ist so eine Keifziege und erlaubt überhaupt nichts.» Die Antwort des Lehrers: «Na, wenn du meinst, ich will aber keinen Ärger während der Fahrt und mit der Frau V. auch nicht.» Unterricht war in dieser Stunde nicht mehr möglich.

Selbstverständlich hatten sich besorgte Eltern nach den Ausführungen ihrer Sprösslinge sofort in der Schule gemeldet und mit Nachdruck eine Klassenfahrt ohne Alkoholexzesse gefordert. Erst mit Hilfe anderer Kollegen gelang es dann schließlich, die Fahrt für diesen Kollegen zu planen, natürlich auch mit der angemessenen Lehrerbegleitung.

Gerade in Zusammenhang mit dem Wohin und Wie von Klassenfahrten zeigt sich das mangelnde Standing vieler Lehrer nur allzu deutlich: Da wird dann im Vorfeld bis zum Umfallen diskutiert, und zahlreiche Unterrichtsstunden fallen dem Thema Klassenfahrtorganisation zum Opfer. Statt froh zu sein, überhaupt auf Klassenfahrt fahren zu können, werden von den Schülern höchste Ansprüche an Reiseland, Unterkunft und Küche gestellt. Wochenlang lässt sich so mancher Klassenlehrer auf sinnlose Debatten darüber ein. Kein Wunder, dass viele Schüler das als Schwäche des Lehrers interpretieren und sich dementsprechend respektlos verhalten. Was für ein, Entschuldigung, Blödsinn – über Dinge zu diskutieren, die nicht verhandelbar sind: «Willst du im Juni nicht mit an den Genfer See, dann gehst du halt so lange in die Parallelklasse und machst da den Unterricht mit, Punkt.» Das wäre meiner Ansicht nach die passende Antwort.

Bereits die Körpersprache eines Lehrers sagt dem Schüler sehr viel darüber, wen er vor sich hat. Die Unsicherheit vieler Lehrer drückt sich in ständigem Zittern und Zappeln aus, in einer Überbeanspruchung der Stimme, die Krächzen und Heiserkeit nach sich zieht. Ein Extrembeispiel stellte ich bei einem jungen Kollegen fest, der im Gespräch mit Jungs relativ normal sprach, aber bei Mädchen jedes Mal ins Stottern geriet. Ein gefundenes Fressen für die Schüler: «Hey, Lisa, du bringst unseren Herrn Z. wieder ganz aus der Fassung.» Lacher von Seiten der Klasse waren dem armen Lehrer sicher.

Manche Lehrer entwickeln regelrecht Tics, zucken mit der Schulter, knibbeln an ihren Fingern herum oder lecken sich nervös über die Lippen. Das bleibt natürlich nicht unbemerkt, und die Schüler nutzen jede sich bietende Gelegenheit, um sich über die betreffenden Lehrer lustig zu machen. Das kränkt, verletzt und verunsichert zutiefst – verständlicherweise.

Da diesen Lehrern aber niemand hilft – und sie meist zu stolz sind, sich Hilfe zu suchen –, bleiben sie allein in ihrer Unsicherheit, leiden still vor sich hin oder verbittern über die Jahre.

Doch über diese Dinge muss man sich im Klaren sein, wenn man den Beruf wählt: Lehrer müssen selbstbewusste, in sich ruhende Persönlichkeiten sein, denn nur dann können sie vor einer Klasse bestehen, nur dann strahlen sie Autorität aus und werden von den Schülern ernstgenommen. Das fängt bei der Körpersprache an, damit, wie man die Klasse betritt, und hört bei einer klaren, direkten, aber respektvollen Kommunikation noch lange nicht auf. Es geht, kurz gesagt, um Persönlichkeit. Leider sind viele Lehrer davon weit entfernt. Ein Leserbrief, den ich auf meinen «Spiegel»-Artikel hin bekam, bestätigt meine Beobachtungen: «Meine Frau arbeitet an der örtlichen PH in XY, und wann immer ich dort bin und mir die Studenten so anschaue, gibt es nur selten welche darunter, die ich allein schon äußerlich als Persönlichkeit akzeptieren würde. Meine Frau bestätigt mich darin, aus der Innenansicht der Lehrerausbildung.»

Lehrer sollten mutige junge Menschen aus unseren Kindern machen, mit einem gesunden Blick auf das Machbare und sogar darüber hinaus. Sie müssen träumen dürfen, und der Job der Lehrer ist es, sie dabei zu begleiten und so viel wie möglich aus diesen jungen Menschen herauszuholen. Ihnen Wege aufzuzeigen. Warum erstellen amerikanische Schulkinder mit zwölf Jahren schon Businesspläne, während in deutschen Schulen die Lebenspläne, Wünsche und Träume unserer Kinder nur selten eine Rolle spielen? Dabei gewinnen sie gerade aus ihren Träumen Kraft und Energie für ihr Ziel.

Viele Lehrer deckeln jedoch die Träume und Wünsche ihrer Schüler, sie haben es ja schließlich selbst nicht geschafft. Insofern: Weg mit diesen Flausen! Die Jugendlichen sollen gefälligst froh sein, wenn sie irgendwo eine Anstellung kriegen, in der sie einigermaßen über die Runden kommen.

Denn wie sollen Lehrer beflügeln, bestätigen, fördern, wenn sie selbst unsichere Menschen sind, ohne Selbstbewusstsein? Oder noch schlimmer, wenn ihnen die jungen Menschen, die da vor ihnen sitzen, eigentlich egal sind? Wenn sie alles andere als motivieren, weil sie selbst eben auch nicht motiviert sind, sondern nur versuchen, sich einigermaßen durchzuwurschteln?

Vor einiger Zeit ging ein Video viral (zu finden bei YouTube), das den amerikanischen Schüler Jeff Bliss von der Duncanville High School, Texas, zeigt, wie er mutig mitten im Unterricht aufsteht und von seiner Lehrerin verlangt, ihre Gleichgültigkeit und Teilnahmslosigkeit den Schülern gegenüber abzulegen. Die Lehrerin hatte ihnen zur Vorbereitung einer Klassenarbeit einfach nur einen dicken Stapel Arbeitsblätter gegeben, den sie selbständig zu Hause erarbeiten mussten. Während der anschließenden Klassenarbeit stellte Jeff Bliss fest, dass der zeitliche Rahmen viel zu eng gesteckt war. Die Lehrerin hatte sich überhaupt keine Übersicht über den Lernstand der Schüler verschafft, geschweige denn sich über ein adäquates Unterrichtskonzept Gedanken gemacht. Sie saß einfach nur gelangweilt im Klassensaal auf ihrem Stuhl hinter ihrem Pult und überließ die Schüler ihrem Schicksal. Da brach es aus Jeff Bliss heraus: «You want kids to come into your class? You want them to get excited? You got to come into here and you got to make them excited for this. You want a kid to change and start doing better? You got to touch his frickin' heart.»

Jeff bekam sowohl aus Schüler- als auch aus Lehrerkreisen viel Lob für seinen Mut, das auszusprechen, was sich die meisten Schüler nicht trauen. Sein Handeln zog keine Bestrafung nach sich, obwohl er sehr deutliche Worte für seine Lehrerin fand. Zu offensichtlich war wohl das Unvermögen dieser Lehrerin auch für die Schulleitung. Sie wurde beurlaubt. Der Schüler jedoch, der das Video hochgeladen hatte, wurde zur Strafe für den Rest seiner Schulzeit an eine sogenannte Reform School versetzt, eine Schule für jugendliche Straftäter ...

Negativ-Motivation – ein Widerspruch in sich

Liebe Frau XX,

ich habe Ihnen einen Artikel beigelegt, in dem steht, was Sie als Lehrerin vielleicht besser machen könnten. Mir ist in dem letzten halben Jahr, in dem Sie uns unterrichtet

haben, aufgefallen, dass Sie viel mehr Wert auf negative
Verstärkung legen, Sie haben uns in dieser Zeit fast gar
nicht gelobt. Leider habe ich, sowie auch einige meiner
Mitschüler, dadurch kaum Motivation für den weiteren
Verlauf des Unterrichts gehabt. Natürlich sind Grenzen
und Regeln wichtig, aber mir wäre das Lernen eindeutig
leichtergefallen, hätten Sie mich und die anderen zum
Beispiel gelobt, wenn wir etwas richtig gemacht haben.
Sie haben uns des Öfteren gesagt, was wir alles falsch
machen, dann aber nicht erklärt, wie wir es hätten rich-
tig machen können. Zudem lässt es sich meiner Meinung
nach in einer entspannten Atmosphäre besser lernen. Mir
ist bewusst, dass es in dem vorliegenden Artikel um die
Erziehung der Eltern geht, dennoch verbringt man im
Entwicklungsalter so viel Zeit in der Schule, dass auch
Lehrer eine gewisse Vorbildfunktion und Erziehungsmög-
lichkeit haben. Es wäre mir eine Freude, Sie würden sich
den folgenden Artikel anschauen und eventuell einmal
darüber nachdenken.

Mit freundlichen Grüßen und wunderschöne Sommer-
ferien

Ihre XY

Diesen Brief schrieb eine Schülerin nach ihrem Schulwechsel
an eine ihrer Lehrerinnen, unter der sie besonders gelitten
hatte. In dem Artikel, auf den sie sich bezieht, geht es darum,
Kinder mit positiver Verstärkung und Lob zu erziehen.

Mich hat der Brief dieser Schülerin sehr berührt, zeigt er
doch, wie sehr sie sich mit der Person der Lehrerin auseinander-

gesetzt hat. Warum sie das tut, was sie tut, und was sie ändern könnte. Wobei es ihr nicht einmal nur um das eigene Schulschicksal ging, es war keine «Abrechnung», nein, auch die nachfolgende Generation Schüler lag ihr am Herzen. Sie hat der Lehrerin einen ernst gemeinten Verbesserungsvorschlag gemacht. Ob diese ihre Zeilen beherzigt hat? Ich wage es zu bezweifeln. Schließlich hat ja jeder Lehrer so seine Prinzipien, nach denen er agiert, und da ist in der Regel kein Platz für gutgemeinte Kritik, erst recht nicht, wenn sie aus Schülerkreisen kommt.

Eines dieser Prinzipien ist für viele Lehrer die sogenannte Negativ-Motivation. Als Begriff schon ein Widerspruch in sich, und doch erfreut sich diese Strategie in deutschen Klassenzimmern großer Beliebtheit: Laura steht in Deutsch zwischen den Noten Zwei und Drei. Es ist kurz vor der Vergabe der Halbjahreszeugnisse, der Lehrer bespricht die Zeugnisnoten im Klassenverband. Folgende Äußerung soll Laura motivieren: «Tja, Laura, dieses Halbjahr gebe ich dir die Drei, und wenn du dich noch mehr anstrengst, dann kann eventuell zum Versetzungszeugnis eine Zwei daraus werden, im Moment entscheide ich mich aber für die schlechtere Note.»

Mit Verlaub, aber wie soll ein solches Negativ-Statement motivieren? Trotzdem gehen zahllose Lehrer über alle Schultypen hinweg genau so vor. Wäre es nicht ein viel größerer Antrieb, wenn Laura mit der besseren Note Vertrauen in ihr Können und ihr Engagement gezeigt werden würde? Sie runterzustufen, wenn sie sich auf der besseren Note ausruhen würde, wäre ja schließlich immer noch eine Option.

Ich bin überzeugt, dass viele unserer rund 8,4 Millionen Schüler an allgemeinbildenden Schulen gerne die Chance bekommen würden, sich beim Lehrer durch fleißige Arbeit für einen solchen Vertrauensvorschuss zu bedanken. Es stimmt schlichtweg nicht, dass die meisten Schüler nicht lernen wollen – zumindest wenn man der Shell-Jugendstudie des Jahres 2015 Glauben schenken will. Darin heißt es, dass zwar die überwiegende Anzahl der jungen Menschen im Alter zwischen 12 und 25 Jahren als wichtigsten Wunsch einen sicheren Arbeitsplatz angibt, schon an zweiter Stelle aber den Wunsch äußert, dabei eigene Ideen einbringen zu können. Das heißt, sie wollen gestalten, sich engagieren, sich mit Fleiß für etwas Sinnvolles engagieren.

Hier setzt auch der Elternwunsch an. Eltern möchten nicht, dass ihre Kinder seelenlose, unreflektierte Auswendiglerner werden, sondern dass sie in ihrer ganz eigenen Persönlichkeit in der Schule wahrgenommen und geschätzt werden. Sie erhoffen sich für ihre Kinder, dass sie eine glückliche und von positiver Atmosphäre geprägte Schullaufbahn haben, mit netten und zugewandten Lehrern. Das ist schon deshalb nicht verwunderlich, weil eine Vielzahl der Kinder ihre Lehrer am Tag länger sieht als ihre Eltern. Ich habe in der Grundschule Kinder betreut, die morgens um sieben auf dem Schulgelände abgegeben und abends um sieben wieder abgeholt wurden, weil die Eltern mehrere Jobs hatten …

Ein Umfrage des Unternehmens Statista aus dem Jahr 2016 bestätigt diesen Elternwunsch: An der Spitze dessen, was sich Eltern für ihre Schulkinder wünschen, liegt mit 82 Prozent das gute Schulklima – erstaunlicherweise geben nur 31 Prozent der Eltern an, dass ihre Kinder gute Leistungen zeigen sollen.

Doch wie präsentieren sich Schulen tatsächlich? Die Selbstdarstellungen der Schulen, sei es auf Elternabenden, Tagen der offenen Tür oder auf ihren Homepages, klingen toll: «Wir lernen hier in einer Atmosphäre des Miteinanders, wir unterstreichen die Stärken aller Schüler, sind sie auch noch so klein, wir helfen uns, diese zu finden und auszubauen.» Oder: «Jeder hat ein riesiges Potenzial, begeben wir uns gemeinsam auf diese spannende Reise, es zu finden, und nehmen wir uns die Zeit dafür, die wir brauchen. Dazu brauchen wir auch die Hilfe von sehr begabten Schülern. Wir helfen ihnen ebenfalls, ihre Ziele zu erreichen.» Oder: «Wir tun alles, um die Kinder zu motivieren.»

Selbstverständlich gibt es Schulen, die zumindest in Teilbereichen die angepriesenen Vorzüge ihrer Institution erfüllen. Meiner Erfahrung nach werden allerdings in den wenigsten Fällen die vollmundigen Versprechen in Sachen «Corporate Identity» im Schulalltag mit Leben gefüllt. Da tragen Schulen den Namen von Freiheitskämpfern oder Bürgerrechtlern, aber hinter der Eingangstür herrscht ein Duckmäusertum, das seinesgleichen sucht.

Kinder kommen in der Regel hochmotiviert und voller Stolz, jetzt ein großes Schulkind zu sein, in die Grundschule. 53 Prozent der Kinder im Alter von sechs Jahren beantworten die Frage «Macht dir das Lernen für die Schule Spaß?» mit «Ja, immer», 40 Prozent mit «Ja, manchmal» und 8 Prozent mit «Eher selten». Es gibt in dieser Altersgruppe kein Kind, das mit einem klaren «Nein» antwortet. Bei den Zehnjährigen sieht das schon ganz anders aus: Hier sind es nur noch 32 Prozent, die mit «Ja, immer» antworten, 51 Prozent mit «Ja, manchmal», 13 Prozent mit «Eher selten», und 5 Prozent geben ein deutliches «Nein». Fatal wird es, wenn man ein paar Jahre später bei den Dreizehnjährigen nachfragt: Hier antworten nur noch 6 Prozent, dass ihnen das Lernen für die Schule Spaß macht, 58 Prozent «Ja, manchmal», 27 Prozent sagen «Eher selten», und 8 Prozent antworten mit einem klaren «Nein». *(Studie der Online-Lernplattform scoyo mit «Zeit LEO», September 2013.)*

Als ich meinen zwanzigjährigen Sohn fragte, woran das seiner Meinung nach liege, antwortete er wie aus der Pistole geschossen: «Weil ab Klasse 7 alle Lehrer anfangen, einem Angst vor der Zukunft zu machen. Es geht nur noch darum, wie schwer alles für uns werden wird.» In der Tat berichten mir auch andere Schüler von Lehreraussagen wie «Wenn ihr diese oder jene Lerntechnik nicht beherrscht, dann habt ihr keinerlei Chance, das Abitur zu bestehen.» Oder: «Wenn ihr keinen Durchschnitt von xy bekommt, ist Hartz IV für euch vorprogrammiert.»

Ist es angesichts solcher Aussagen verwunderlich, wenn auf die wohlwollende Frage der Eltern «Na, wie war's denn heute in der Schule?» keine Antwort kommt bzw. ein genervtes «Ach, lass mich in Ruhe»?

Larissa Sarand schreibt in ihrem Artikel «Warum ich mein Referendariat abbreche» über ihre Erfahrungen als angehende Lehrerin. Unter anderem berichtet sie, was ihr eine ältere Kollegin für den Umgang mit schwierigen Schülern riet: «Wenn er stört, sagen Sie ihm einfach, dass Sie ihm für die Stunde eine Funf oder Sechs eintragen. Das wirkt.» Und weiter: «Die Schüler würden ohne Weiteres wohl sogar das Telefonbuch auswendig lernen, wenn man ihnen eine Eins dafür in Aussicht stellt.» *(Spiegel Online vom 15.5.2017.)*

Ich kann darüber nur den Kopf schütteln. Was soll diese aberwitzige Auffassung, durch Angstmachen, schlechte Notengebung oder negative Aussagen könne man die Schüler zu besseren Leistungen disziplinieren und womöglich sogar motivieren? Ein solches Denken gehört nicht in die Klassenzimmer!

Jungen haben es schwerer – Mädchen leichter

Was sagte mein ehemaliger Professor in Erziehungswissenschaft in Hamburg zum Thema aufgeweckte Schüler mit Mut zum Widerstand: «Gewöhnen Sie sich als späterer Lehrer schon jetzt an den Gedanken, dass Ihnen keine spannenden, heißblütig und kontrovers geführten Debatten im Unterricht die gewünschten Herausforderungen bringen werden. Der heutige Schüler soll dieses Bild vom aufgeweckten, kritischen Geist nicht haben. Der ‹Wunschschüler› unseres Schulsystems ist 1,65 groß, verfügt über keine besonders sportliche Figur, redet wenig und nickt zustimmend in Richtung Lehrer. Dabei wundern Sie sich bitte nicht, wenn er von Zeit zu Zeit auf seiner eigenen Schleimspur ausrutscht ...»

Damals, sprich in den 80ern, lachten wir darüber, waren uns die revoltierenden 68er doch noch allzu präsent. Die Praxis brachte dann die traurige Bestätigung dessen, was uns der Professor vorausgesagt hatte. Vornehmlich Jungen bekommen bei «aufmüpfigem» Verhalten schnell die Rote Karte gezeigt. Wenn sie sich dagegen auflehnen, verschlechtert das ihre Lage zusätzlich.

Als Mutter von vier Söhnen hat mich das Phänomen, dass Mädchen es häufig bedeutend leichter in der Schule haben, schon immer beschäftigt. Bei der Erziehung unserer vier Jungs und unserer Tochter haben wir immer Wert darauf gelegt, sie nicht verbissen geschlechtsspezifisch zu erziehen, sondern ihnen die gleichen Angebote zu machen: Die Jungs haben gleichermaßen gerne gekocht und gebacken wie die Tochter Möbel zusammengebaut oder ihr Zimmer tapeziert und gestrichen hat. Sie sind alle durch die, wie ich es nenne, «Kunstturnerschule» gegangen. Und doch haben meine Söhne im

Vergleich zu meiner Tochter völlig andere Schulerfahrungen gemacht, und diese Unterschiede sehe ich (und auch sie selbst, übrigens) zu einem signifikanten Teil im Geschlecht begründet. Und damit sind sie nicht allein, viele meiner Schülerinnen und Schüler berichten von unterschiedlicher Behandlung und Bewertung.

Das hat meiner Ansicht nach auch damit zu tun, dass vor allem in den Grundschulen die Lehrerschaft überwiegend aus Frauen besteht. «Fast drei Viertel der Lehrer (72 Prozent) im Schuljahr 2014/2015 waren weiblich. Das sind deutlich mehr als vor zehn Jahren. An Grundschulen waren 89 Prozent der Lehrer im Schuljahr 2014/2015 weiblich, an den Hauptschulen 63 Prozent und an den Gymnasien 58 Prozent.» («*Lehrerberuf ist zunehmend Frauen-Domäne*», «*Frankfurter Neue Presse*» vom 19.4.2016.)

2015 studierten 17500 Frauen für das Lehramt an der Grundschule und lediglich 2500 Männer. («*Männer? Höchstens im Hausmeisterkabuff*», Zeit Online vom 12.6.2016.)

Selbstverständlich sind Frauen nicht qua Geschlecht die schlechteren pädagogischen Gegenüber für Jungen. Und die Wissenschaft scheint das zumindest in Hinblick auf die Bewertung von Lehrerinnen und Lehrern zu bestätigen: Marcel Helbig vom Wissenschaftszentrum Berlin für Sozialforschung hat sich mit dem Thema in einer Überblicksstudie beschäftigt und 42 Untersuchungen mit Daten zu 2,4 Millionen Schülern aus 41 Ländern ausgewertet. Sein Ergebnis: Ob Jungen von Männern oder von Frauen benotet werden, macht keinen Unterschied, und auch die Empfehlung für weiterbildende Schulen ändert sich für sie nicht, egal ob sie von Lehrerinnen oder von Lehrern bewertet worden sind.

Es gibt aber auch Studien, die nahelegen, dass Jungen generell im Verhältnis zu Mädchen anders bewertet werden, unabhängig davon, ob Lehrer oder Lehrerinnen sie unterrichten: Eine Studie des «Aktionsrats Bildung» – eines von der Wirtschaft beauftragten Expertengremiums aus Pädagogen und Sozialwissenschaftlern – stellte zum Beispiel fest, dass Jungen und Mädchen anders behandelt und unterschiedlich benotet werden. *(«Schule ist nichts für Jungs», «Focus» vom 12.3.2009.)* Ein interessanter Aspekt dieser Untersuchungen ist die Einschätzung der Lehrer und Lehrerinnen, dass sie sich dem eigenen Empfinden nach zu zwei Dritteln mit ihrer Aufmerksamkeit den «rabaukigen» Jungen widmen und deshalb die Mädchen mit besseren Noten «entschädigen».

Ich habe aber auch unabhängig von der Notengebung Bedenken, welche Auswirkungen der hohe Frauenanteil auf die Schüler hat. Für mich verhält es sich damit ähnlich wie mit reinen Frauen- oder Männerchören: Jeder für sich kann ganz wunderbar klingen. Allerdings kommen die ganze Kraft und das Potenzial von Chormusik erst bei einem gemischten Chor voll zum Tragen.

Lehrerinnen und Lehrer haben nun mal unterschiedliche Herangehensweisen an den Unterricht. Und wenn man einmal sorgsam beobachtet hat, wie freudig sich Kinder, gerade in der Grundschule und schon im Kindergarten, auf die wenigen männlichen Lehrer oder Erzieher «stürzen» und um ihre Aufmerksamkeit buhlen (und das tun übrigens auch die Mädchen), dann spricht dies eine ganz eigene Sprache. Es ist neben einem atmosphärischen Thema auch eines, das auf das Verhalten der Jungs maßgebend einwirkt, wenn nicht unbedingt während der Schulzeit, dann doch vielleicht danach im Berufsleben.

Grundschullehrer bestätigen das: Jungen suchen sich und brauchen männliche Vorbilder. Das schlage, berichten sie, sich auch ganz konkret auf den Unterrichtsstoff nieder; auffällig sei zum Beispiel das positive Verhalten der Jungen gegenüber Lehrern im Sexualkundeunterricht. Jungen hätten oft ganz andere Fragen als die Mädchen und trauten sich eher, diese den Kollegen als den Kolleginnen zu stellen. (*«Männer? Höchstens im Hausmeisterkabuff», Zeit Online vom 12. 6. 2016.*)

Matthias Korfmann schreibt schon 2014 in seinem Artikel «Lehrer wird zum Frauenberuf – Verbände sind entsetzt» (*«Der Westen» vom 31. 10. 2014*), dass nicht einmal mehr jeder dritte Lehrer in NRW männlich sei. Und er zitiert Peter Silbernagel, den Vorsitzenden des Philologen-Verbandes NRW, der diesen Umstand als «Katastrophe» bezeichnet, der die Erziehung beeinträchtige. Den maßgeblichen Grund, dass immer weniger Männer den Beruf des Lehrers anstreben, sieht er in der geringen Wertschätzung des Lehrerberufs – Frauen würden in ihm hingegen die Möglichkeit sehen, Familie und Beruf miteinander zu verbinden.

So hat unser Schulsystem mittlerweile einen neuen männlichen Schülertypus geprägt, der sich ständig gezwungen sieht, in «weibliche» Verhaltensmuster zu schlüpfen, um schulisch einigermaßen über die Runden zu kommen. Ich weiß, dass ich hier pauschalisiere, wenn ich solch allgemeine Aussagen über «die Mädchen» und «die Jungs» treffe. Natürlich gibt es auch unter den Mädchen die Unangepassten und bei den Jungen die Stillen, Sanften. Und man kann sich stundenlang darüber streiten, woher dieses «typisch männlich» oder «typisch weiblich» kommt, ob die Gene, die Hormone oder das soziale Umfeld und die Erziehung zu geschlechtsspezifischem Handeln führen.

Aber meine Beobachtungen aus fast einem Vierteljahrhundert Berufstätigkeit als Lehrerin und als Mutter von vier Jungen und einem Mädchen haben es immer wieder gezeigt:

Viele Lehrerinnen legen Wert auf Zurückhaltung, Sanftmut, Fleiß und Disziplin – und eher keinen Wert auf einen robusten und derben Humor oder einen kritischen Geist. Erstere Attribute finden sie vornehmlich bei Mädchen, erwarten diese aber auch von den Jungs. Im Verhalten und in den Denkmustern der Mädchen erkennen sie sich leichter selber. Und das hat Folgen für die Notengebung: «Studien zufolge beträgt der Mädchenbonus für angepasstes Verhalten, aktivere Mitarbeit und ‹selbstgesteuertes Lernen› bei gleichen Leistungen durchschnittlich eine Note», fasst Andrea Hennis in ihrem Artikel «Schule ist nichts für Jungs» zusammen *(«Focus» vom 12.3.2009.)*

O-Ton eines meiner Schüler, der sich über die Bevorzugung der Mädchen in der Lerngruppe einer Kollegin beschwerte: «Ich kann halt nicht so ‹schwallen› wie die Mädchen.»

Im Schulalltag, dort, wo sie die überwiegende Zeit ihres Tages verbringen, fehlen den Jungen männliche Vorbilder. Stattdessen werden sie bei jedem Verhalten, das nicht dem Bild des «Idealschülers» entspricht, gedeckelt. Bei diesem Idealschüler handelt es sich genau genommen um eine Idealschülerin. Idealerweise kommt sie aus «höherem Hause», sprich, sie ist Akademikertochter. Waren die Eltern bereits Schüler an derselben Institution, ist die Schullaufbahn praktisch schon in trockenen Tüchern. Am allerbesten ist es, wenn Mutter oder Vater schon vor Ort mit diversen Lehrern zusammen zur Schule gegangen sind.

Doch auch das männliche Pendant zur Wunschschülerin gibt es: Er bringt die gleichen gesellschaftlichen Voraussetzungen mit wie sie, seine Kleidung ist artig, er stört den Unterricht nicht, lächelt viel, sagt wenig und hält sich aus allen Diskussionen raus.

Dazu habe ich exemplarisch einen jungen Mann aus der

gymnasialen Oberstufe befragt, den Lehrer und insbesondere Lehrerinnen ganz offiziell als ihren Lieblingsschüler bezeichneten (das ist, nebenbei bemerkt, seinen Mitschülern gegenüber natürlich auch nicht besonders charmant). Was er ganz offen zugab, bestätigte mich in meinen eigenen Erfahrungen: «Selbst wenn ich nichts sage und zwei Fünfer schreibe, bekomme ich immer noch eine Zwei oder Drei. Von mir merken die Lehrer halt nichts, das mögen die. Wenn die was von mir wissen wollen, und ich weiß es nicht, dann lächle ich halt immer, das funktioniert gut. Wenn ein anderer Schüler was Blödes sagt, worüber der Lehrer sich so richtig aufregt, weil er eine ganz andere Meinung vertritt, dann schüttele ich ‹entsetzt› den Kopf, wenn der Lehrer mich gerade anguckt. Das bringt auch immer Punkte.»

Ob es das ist, was Kinder in der Schule lernen sollten? Geschicktes Buhlen um die Lehrergunst, sich anpassen wie ein Chamäleon? Ich meine, nein. Jedes Kind verdient es, gebührend beachtet zu werden, selbst wenn der Bursche nur vor sich hin knurrt und brummt und in schwarzen Heavy-Metal-Klamotten rumläuft mit dem Sensenmann auf der Brust, verdient er ebenso viel Aufmerksamkeit wie die Schülerin im T-Shirt mit Poloschläger schwingendem Reiter.

Auch formale Kriterien spielen bei der Bevorzugung von Mädchen eine große Rolle. Da wäre zum Beispiel die vergleichsweise ordentlichere Heftführung vieler Mädchen, die dem geplagten Lehrerauge schmeichelt. Eine schöne Schrift vereinfacht das Lesen von Heften und Klassenarbeiten, auch bunt Unterstrichenes hilft dem Lehrer beim Betrachten. Manche Hefte sind so liebevoll geführt, dass man sie am liebsten in Schaukästen im Schulgebäude ausstellen möchte. Auch theatralisch haben Mädchen oft einiges mehr zu bieten als Jungs.

Bekommt eine Schülerin eine schlechte Note zurück, dann ist oft ganz großes Kino angesagt. Sturzbachähnlich schießen die Tränen per Knopfdruck in Richtung Lehrer, dessen Herz auch prompt dahinschmilzt: «Na gut, Sabrina, weil du es bist, kriegst du dieses Mal die Zwei. Das bleibt aber die Ausnahme!» Nein, bleibt es nicht, weil Sabrina genau weiß, wie sie ihre Tränen instrumentalisiert. Habe ich Kollegen vorsichtig meine Beobachtungen mitgeteilt und auf die Vorgehensweise besagter Mädchen hingewiesen (denn «Sabrina» war nicht die Ausnahme), reagierten die Kollegen meist sehr pikiert oder verteidigten sogar das Verhalten des jeweiligen Mädchens: Sie sei eben äußerst clever.

Wie oft sind meine Jungs von der Schule nach Hause gekommen und haben von solchen Vorkommnissen erzählt. «Wir Jungs sind immer die Loser», beschwerten sie sich – zu Recht. Und wer denkt, dass sich Lehrer akribisch an die Dokumentationspflicht ihrer Noten halten, den muss ich leider an dieser Stelle desillusionieren: Wenige Schulleiter legen Wert auf Kontrolle, viele lassen ihrem Kollegium Manipulationen durchgehen, als handele es sich um Kavaliersdelikte.

Ich habe in zahlreichen Hospitationsstunden erlebt, dass Mädchen gute Noten bekamen, obwohl sie so gut wie nichts zum Unterricht beitrugen und höchstens mal den Mund aufmachten, um zu fragen, ob sie zur Toilette gehen dürften. Ein Mädchen fehlte sechs Wochen am Stück und bekam trotzdem eine Zwei. Und der Lehrer kommentierte das allen Ernstes mit: «Das geht eigentlich gar nicht, aber weil du so eine Süße bist ...» Bei einem Jungen, der zwei Tage gefehlt hat, hieß es dagegen: «Geh gleich mal ins Sekretariat, Attestpflicht!»

Jungen wird viel eher Bosheit, Heimtücke und berechnendes Verhalten unterstellt. Kommt es zu Konflikten, werden sie schnell als Schuldige vorverurteilt, bevor überhaupt die Sachlage geklärt ist. Bei Klassenarbeiten werden «verdächtige Jungs» über den Raum auf Einzelplätze verteilt, weil ihnen schon vorab unterstellt wird, dass sie schummeln. Mädchen hingegen sitzen Schulter an Schulter, haben während der Klausur im Fremdsprachenunterricht die Handys und Wörterbücher nicht einmal großartig versteckt vor sich liegen, tauschen sich aus und vergleichen ihre Arbeiten, bis sich die Lehrerin zehn Minuten vor Abgabe mal bequemt, sie zu bitten, die Handys und Bücher doch mal wegzupacken.

Das «Abkoppeln» von Jungs vom Unterrichtsgeschehen ist vor allem ab Jahrgangsstufe sieben Programm. Viele Lehrer, vor allem die weiblichen Lehrkräfte, bekommen meiner Erfahrung nach Probleme mit der psychischen und physischen Umstellung von Pubertierenden. Mädchen durchleben die Pubertät anders als Jungen. Sie sind oft emotional durchgeschüttelt, beschäftigen sich intensiv mit ihrer körperlichen Veränderung. Teilweise ziehen sie sich zurück. Lachen und Weinen liegen dicht beieinander. Sie erstarken nach anfänglichen Unsicherheiten und gewinnen zunehmend an Selbstbewusstsein – sie entwickeln sich schlichtweg schneller als ihre gleichaltrigen Klassenkameraden. Mit all diesen Veränderungen stören sie den Unterricht nicht bedeutsam. Natürlich gibt es Ausnahmen, es sei hier aber von der überwiegenden Mehrzahl der Schülerinnen die Rede. Anders sieht es bei vielen Jungs aus: Sie provozieren, sind risikobereiter und haben oft Ideen, die mit dem erwachsenen Verstand kaum nachzuvollziehen sind. Allein die Tatsache, dass das Wachstum des Gehirns bei Jungen zu einem späteren Zeitpunkt abgeschlossen ist als das bei Mädchen, erklärt vielleicht, warum der vermeintliche «Blödsinn», den die Jungs verzapfen, vergleichsweise lang andauert.

Dem zu begegnen, überfordert viele Lehrer. Tagtäglich müssen vornehmlich Jungs an extra Tische: Entweder in direkte Reichweite des Lehrers, der in Folge keine Gelegenheit auslässt, den Schüler vor der Klasse bloßzustellen, weil er das für ein probates Mittel gegen Pubertätsverhalten hält. Oder der Schüler wird ganz nach hinten im Klassensaal strafversetzt, wo er dann auch noch räumlich im Nichts versinkt.

Wer kann es ihnen verübeln, dass sie unter solchen Voraussetzungen zunehmend das Interesse am Unterricht verlieren? Schule ist der Ort, an dem sie offensichtlich fehl am Platze sind, weil sie nicht der Norm entsprechen. Dann entsteht ganz schnell das Bild vom faulen Schüler, der zu nichts zu motivieren ist, der sich aus scheinbar «unerklärlichen Gründen» zurückzieht oder, im Gegenteil, ständig stört und aufbegehrt. Viele Jungen fühlen sich in der Schule schlichtweg unverstanden, benachteiligt und alleingelassen, sie sind frustriert, nicht wenige werden sogar depressiv. Der Schweizer Soziologe Walter Hollstein weist in einem Interview zu seinem Buch «Was vom Manne übrig blieb» darauf hin, dass die Suizidrate bei männlichen Pubertierenden sechsmal höher ist als bei gleichaltrigen Mädchen. Diese Fakten würden schlimmerweise nicht thematisiert, sondern einfach hingenommen.

Natürlich sind nicht nur die Schule oder das Verhalten der Lehrer für diese erschreckende Statistik verantwortlich. Aber sie haben ihren Anteil daran. Die Probleme der Jungs werden auch in der Schule schlichtweg ignoriert bzw. als unabänderlich abgetan. Wie oft wurde ich von Lehrern bei Elternabenden mitleidig belächelt, wenn sie erfuhren, dass ich vier Söhne habe: «Na, seien Sie froh, dass Sie noch eine Tochter haben, dann können Sie ja wenigstens einmal Schule genießen.»

Pech für die Jungs, sollen sie sich doch anpassen?! Ich finde diese achselzuckende «Ist-eben-so-Haltung», die sich in diesem zynischen Kommentar zeigt, unerträglich.

Ich erinnere mich gerne an einen Schüler einer achten Klasse. Er war, was man landläufig als «Schlingel» bezeichnen würde, ständig heckte er irgendetwas aus. Niemand nahm jemals Schaden, seine Streiche waren, das muss ich auch aus Lehrerperspektive zugeben, immer lustig. Wegen seines unangepassten Verhaltens und weil er in einigen Schulsituationen nicht den gewünschten Ernst aufbrachte, drohte er von der Schule verwiesen zu werden. Kaum ein Tag verging, an dem er nicht von immer denselben Lehrern schlechtgemacht wurde. Sie hatten sich, wie man so schön sagt, auf ihn «eingeschossen» und versuchten, ihn «klein» zu halten. Mit Ach und Krach schaffte er den Realschulabschluss. Später traf ich ihn nach langen Jahren zufällig in der Stadt. Dort erzählte er mir, dass er noch das Abitur nachgemacht hatte und gerade dabei war, sein Juraexamen zu absolvieren. Für einen wortgewandten, kreativen Schüler wie ihn, der sich mit den unglaublichsten Geschichten oft aus der Bredouille geredet hatte, empfand ich den Beruf des Juristen wie auf den Leib geschneidert. Die massive Kritik seiner Lehrer und der Versuch, ihn von der Schule zu werfen, hatten ihn nicht kleinkriegen können. Andere hatten nicht so viel Glück.

Aufmüpfiges Verhalten von Jungen wird meiner Erfahrung nach schnell pathologisiert. Ein besonders trauriges Beispiel erlebte ich in einer Schule in Rheinland-Pfalz. Ich unterrichtete in einer Klasse, in der ein sehr lebhafter Junge der Klassenlehrerin dahingehend Probleme bereitete, dass er unerlaubterweise einen Fußball mit zur Schule brachte und diesen in der Pause quer über den Schulhof schoss. Zweimal ging dabei eine Fensterscheibe zu Bruch. Die Lehrerin stellte daraufhin in Eigendiagnose fest, dass dieser Schüler an ADHS erkrankt sein müsse, und riet den Eltern, einen Arzt zu konsultieren – bei einem solchen Verhalten solle man doch einmal über eine medikamentöse Behandlung nachdenken.

Die Geschichte spielte sich Anfang der Neunziger ab, und wer die damalige «Ritalin-Diskussion» verfolgt hat, weiß, wie viel Unsinn in dieser Zeit über Verordnung oder Nichtverordnung verzapft worden ist. Das alles zum Leidwesen der Eltern, deren Kinder wirklich auf Ritalin angewiesen waren. In diesem Fall handelte es sich aber meiner Ansicht nach allein um einen aufgeweckten, temperamentvollen Jungen, der Freude am Fußballspielen hatte und dabei ab und zu über die Stränge schlug. Natürlich musste er lernen, Anweisungen zu befolgen und Regeln einzuhalten, keine Frage. Aber ihm das zu vermitteln, sollte die Aufgabe der Eltern und Lehrer sein, und nicht die eines Medikamentes, das den Jungen komplett lahmlegte. Er saß völlig ausgeknockt in meinem Unterricht, starrte nur noch abwesend geradeaus und beteiligte sich gar nicht mehr – besonders tragisch angesichts der Tatsache, dass die Empfehlung für die weiterführende Schule anstand. Wie sollte er in diesem Zustand eingestuft und beurteilt werden? Erschüttert sprach ich mit der Klassenlehrerin und der Mutter. Natürlich wollte ich mir nicht anmaßen, darüber zu befinden, ob ein ADHS vorlag oder nicht. Dennoch schilderte ich meine Beobachtungen und äußerte meine Befürchtungen was die schulische Einschätzung des Jungen anging.

Die verzweifelte Mutter holte eine zweite Meinung ein. Der neue Arzt sagte der Mutter, ihr Sohn sei zwar ein aufgewecktes Kerlchen, das bestimmt ab und zu in die Schranken gewiesen werden müsse, aber die Diagnose ADHS sei wohl vorschnell gestellt worden. Dies meine ich mit Pathologisieren von Jungs:

Hat ein Junge früher eine Fensterscheibe mit dem Ball zerschossen, bekam er eine Standpauke und musste zur Strafe zum Beispiel den Schulhof fegen. Heute wird er wegen eines solchen Vergehens schnell als verhaltensgestört, emotional gestört oder gar gefährlich für die Allgemeinheit eingestuft, und das möglichst mit einem Vermerk in der Schülerakte, die den Schüler sein ganzes Schulleben begleitet und stigmatisiert. Was hat ein Schüler einmal zu mir gesagt, der unerlaubterweise mit einem Fußball quer durch die Turnhalle geschossen und dabei dem Sportlehrer versehentlich die Brille aus dem Gesicht geholt hatte? «Dieses ganze Psychogesülze hinterher, das hat mich richtig fertiggemacht. Dabei war es gar keine Absicht!» Er hatte zahlreiche Gespräche mit Klassenlehrer, Stufenlehrer und Schulleiter hinter sich bringen müssen.

Vielen Lehrern mangelt es einfach an Selbstbewusstsein, Phantasie und Einfühlungsvermögen, um mit aufmüpfigen Schülern richtig umzugehen. Wie viele unzählige Lehrgänge und Fortbildungen zur Binnendifferenzierung werden Lehrern jedes Jahr angeboten? Aber Praktizieren im Schulalltag? Fehlanzeige.

Seit Jahren fühlen sich zunehmend mehr Bildungspolitiker auf den Plan gerufen, um in politischen Diskussionsrunden zu dem Thema auf Wählerstimmenfang zu gehen. Kolloquien für Erziehungswissenschaftler, Klausurtagungen für Bildungsexperten finden statt, sogar im Deutschen Bundestag stand im Oktober 2015 das Thema «Benachteiligung von Jungen im Bildungswesen» auf der Agenda. Zahlreiche Artikel sind in Zeitungen und Zeitschriften zu der Problematik erschienen, bis heute. Es wird sogar wieder der Ruf nach getrennten Jungen- und Mädchenschulen laut. Im Essener Mariengymnasium wird der getrennte Unterricht bereits von Klasse fünf bis neun praktiziert: Man wolle damit «insbesondere den neuen ‹Bildungsverlierern› mit der sogenannten parallelen Monoedukation gerecht werden.» *(«Jungen fühlen sich als Buhmänner», Süddeutsche Zeitung» vom 5. 5. 2017.)*

Ob getrennter Unterricht wirklich die Lösung ist? Ob man nicht vielmehr danach fragen sollte, wie gemeinsames Lernen besser funktioniert und was man voneinander lernen kann?

Problematisch finde ich, dass eine Ursache für die abgehängten Jungs nicht in den Fokus gerät: das falsche Lehrerverhalten. Nein, die Lehrerinnen und Lehrer tragen natürlich keine Mitschuld an den Ungerechtigkeiten. Es sind die falschen Konzepte und Inhalte im Lehrplan!

Welche absurden Folgen diese Auffassung hat, wird im Sportunterricht an deutschen Schulen deutlich. Wir müssen den Jungen entgegenkommen, zurück zur «Männlichkeit», schrieben sich die Bildungspolitiker in Nordrhein-Westfalen auf die Fahnen – und deshalb steht jetzt dort das Themenfeld «Ringen und Kämpfen» im Sportunterricht auf dem Lehrplan. Ein enger, von den Mitschülern feixend beobachteter Körperkontakt (am besten noch mit dem anderen Geschlecht) ist ja genau das, was sich pubertierende Heranwachsende wünschen. Herzlichen Glückwunsch, liebe Bildungspolitiker! Das Gegenteil von gut gemeint ist gut gemacht.

Noten – eine Ermessenssache

Kaum ein Thema wird so heiß und kontrovers diskutiert wie die Notenvergabe: Gibt es überhaupt so etwas wie eine gerechte Benotung? Wie findet man sie, und wie oft muss welche Leistung benotet werden? Ergibt die Benotung mit Ziffern überhaupt Sinn? Inwiefern ist sie wirklich aussagekräftig? Kann es objektivierbare Benotung geben? Sind sogenannte Kompetenzraster nicht viel aussagekräftiger? Und sollte man Noten nicht einfach abschaffen?

Immer mehr Menschen meinen, dass die Schulnoten keine belastbare Aussage über die Leistungsfähigkeit eines Schülers treffen – nicht umsonst brandete im Frühjahr 2018 wieder die Numerus-Clausus-Diskussion für das Studienfach Medizin auf. Was sagt eine Eins in Kunst, Geschichte oder Geographie über die Eignung als Arzt aus?

So oder so: Die Gemüter kochen hoch, wenn es um das Thema Noten geht. Vermeintlich zu Unrecht erteilte Noten können auf dem Verwaltungsrechtsweg angefochten werden. Überprüft wird dabei allerdings nicht, ob die Note angemessen ist, sondern ob sie vorschriftsmäßig erteilt wurde. Dennoch steigt die Anzahl der angefochtenen Noten seit Jahren. Immer mehr Eltern klagen; der Bayerische Lehrer- und Lehrerinnenverband spricht von einer regelrechten «Klagewut» und hat bis ins Jahr 2016 die Zahl seiner Mitarbeiter von drei auf fünfzehn aufgestockt.

Ich finde allerdings, man macht es sich zu leicht, wenn man die Ursache allein bei den Müttern und Vätern sucht, die als Helikopter-Eltern abgestempelt werden und denen man unterstellt, sie könnten einfach nicht akzeptieren, dass ihr Kind nicht hochbegabt sei. Schauen wir also einmal genauer hin. Gilt tatsächlich das, was der Pädagoge B. Grabe in seinem Artikel «Misstraut allen Noten!» («Die Zeit» vom 13. 7. 2006) konstatiert? «Selbstverständlich brauchen Schüler Noten, sie geben in jedem Falle Orientierung, und sei es nur in der Fähigkeit, mit unfairen Bedingungen zurechtzukommen.»

Ein, wie ich finde, bitterer und zynischer Satz. Aber wir

werden im Folgenden bestätigt sehen, was sich im Kapitel über die unterschiedliche Bewertung von Jungen und Mädchen schon angedeutet hat: Willkür und Machtgehabe von Lehrern zeigt sich in der Tat auch in der Notenvergabe. Und, sagen wir es, wie es ist: Oftmals entscheidet schlichtweg die Sympathie. Dass viele Lehrer für einige Schüler von der ersten Begegnung an Sympathien hegen und für andere weniger oder gar nicht, geben sie bei Gesprächen im Lehrerzimmer unumwunden zu: «Ich weiß nicht, aber die Lisa muss man einfach gernhaben, ich muss mich richtig zusammenreißen, dass ich die nicht andauernd bevorzuge bei den Noten, die ist aber auch süß!» Oder: «Boah, wenn ich mir den Lars jeden Montag antun muss, könnte ich einen zu viel kriegen; immer dieselben ranzigen Klamotten.»

Ein Beispiel aus der eigenen Familie: Einer meiner Söhne traf auf Herrn L., der uns mitteilte, dass er derzeit auf einer Fünf stehen würde. Wir waren überrascht, denn durch einen Schulwechsel in ein anderes Bundesland hatte mein Sohn die Klasse wiederholt und auf denselben Lernstoff im Vorjahr eine Zwei bekommen. Darüber hinaus hatte es im Vorfeld weder Tests noch eine mündliche Benotung gegeben, die uns hätte vorwarnen können. Darauf angesprochen, erwiderte Herr L., dass er die Benotung aus seinem «Bauchgefühl» heraus treffe. Seine Notizen zu mündlichen Leistungen habe er schon lange in einem Papierkorb entsorgt. (Nebenbei bemerkt: Lehrer sind verpflichtet, Noten von Schülern mindestens ein Jahr aufzubewahren!) Als ich nicht lockerließ, mich als Kollegin zu erkennen gab und ihm erklärte, mich mit solchen Aussagen nicht abspeisen zu lassen, begründete er die Fünf damit, dass mein Sohn «ja mehr so der Sportler sei» und die würden ihm vom Typ her nicht liegen. Mir fiel die Kinnlade herunter. Immerhin eine ehrliche Antwort, mag man sagen. Aber eine, die ihn komplett als Lehrer disqualifizierte. Später erfuhren wir, dass Herr L. das Attribut «Nase-...» vor seinem Namen trug, weil er die Noten danach gebe, ob ihm die «Nase» eines Schülers gefalle.

Neben Sympathie spielt die Herkunft der Schüler eine große Rolle bei der Notenvergabe, ich habe es bereits angedeutet. Aktuelle Studien belegen, dass Kinder von gebildeten und reichen Eltern nach wie vor die besseren Noten bekommen. Der Hochschul-Bildungs-Report, eine neue Studie des Stifterverbands und der Unternehmensberatung McKinsey, hat dazu im Herbst 2017 eine Veröffentlichung herausgegeben. «Kinder von Maurern und Kassiererinnen, Schneidern und Tischlerinnen machen seltener Abitur und schreiben schlechtere Noten als der Nachwuchs von Anwältinnen, Lehrern oder Ärzten», fasst ein Zeit-Online-Artikel deren Ergebnisse zusammen (*«Mehr Luft für den Aufstieg»*, 23. 5. 2017).

Zu dem Ergebnis kommt auch schon eine Untersuchung von 2011 mit dem Titel «Herkunft zensiert? Leistungsdiagnostik und soziale Ungleichheiten in der Schule», die im Auftrag der Vodafone Stiftung von den Professoren Kai Maaz, Franz Baeriswyl und Ulrich Trautwein herausgegeben wurde. Hierbei wird sehr deutlich, dass die Notenvergabe sich nur zum Teil mit der Leistung eines Schülers erklären lässt. Neben dem Geschlecht bestimmen Elternhaus und Herkunft die Benotung. Das Fazit der Wissenschaftler: «Herkunft wird mit zensiert.» Besonders augenscheinlich wird das beim Übergang von der Grundschule zum Gymnasium: Die Gymnasialquote von Arbeiterkindern beträgt heute 19,2 Prozent. Ein Gymnasium besuchen würden 31,7 Prozent der Arbeiterkinder, wenn sich die soziale Herkunft nicht mehr auf die schulische Leistung auswirken würde. Dies entspräche einer Verbesserung um 12,5 Prozent. Ein Gymnasium besuchen würden 28,5 Prozent der Arbeiterkinder, wenn die Lehrer bei gleicher Leistung nicht mehr ungleich benoten würden, das würde eine Verbesserung von 9,3 Prozent bedeuten und somit eine Neutralisation des sekundären Herkunftseffekts. Gar 32,5 Prozent der Arbeiterkinder würden ein Gymnasium besuchen, wenn sich die Eltern bei der Wahl der Schulform unabhängig von ihrer sozialen Schicht entscheiden würden.

Das heißt: Sophie mit ihren Akademikereltern hat gute Chancen auf einen leichten Verlauf ihrer Schullaufbahn. Das fängt bei der Empfehlung fürs Gymnasium an. Bei Kevin sieht das schon etwas anders aus, wenn die Mutter putzen geht und der Vater auf dem Bau arbeitet. Und wenn Kevin dann auch noch Cetin heißt, dann gehen die Chancen für eine erfolgreiche Schulzeit, insbesondere im Gymnasium, gegen null.

Natürlich sind die Gründe nicht nur im Lehrerverhalten zu suchen, denn Kinder aus bildungsfernen Familien genießen oft nicht dieselbe Förderung durch ihre Eltern wie ihre Klassenkameraden aus anderen sozialen Schichten, die von regelmäßigem Vorlesen, kultureller Teilhabe durch z. B. Theaterbesuche oder musikalischer Früherziehung profitieren. Erstere starten also schon mit anderen Voraussetzungen als Akademikerkinder ihre Schullaufbahn. Nichtsdestotrotz habe ich oft mit großem Erstaunen festgestellt, wie schnell gerade Kinder mit Migrationshintergrund auch vom Elternhaus zu hundert Prozent unterstützt werden, wenn sie gute Lehrer haben, die sie motivieren.

Ich erinnere mich nicht nur an ein Mädchen mit Migrationshintergrund, das regelmäßig bei Vorlesewettbewerben gewonnen hat. Sein Erfolg war einem Lehrer zu verdanken, der sich um dieses Kind bemüht hatte, es unterstützte und ihm half, Ehrgeiz zu entwickeln.

Jeder Mensch hat Vorurteile, oft wirken sie unbewusst und seit vielen Jahren in uns. Umso wichtiger ist, sich ihrer bewusst zu werden und an sich zu arbeiten. An Umkehr oder Einsicht ist bei vielen Lehrern allerdings nicht zu denken – zu anstrengend, zu vergeblich scheint ihnen die Mühe zu sein.

Was sie mit ihren Vorurteilen und der ungerechten Behandlung jedoch auslösen, wirkt noch lange in den Kindern nach, das zeigt auch das Beispiel des Schauspielers Armin Rohde. Er war in der Fernsehsendung von Alfred Biolek zu Gast, und das Gespräch verlief normal und launig, bis zu dem Punkt, als Biolek Armin Rohde nach seiner Schulzeit fragte. Biolek staunte nicht schlecht, als Rohde den Kameramann aufforderte, sein Gesicht so heranzuzoomen, dass man es praktisch vollflächig auf dem heimischen Fernsehbildschirm sehen konnte. Dann sagte er sehr ernst und emotional, dass doch sein damaliger Lehrer (und er wiederholte dessen Namen mehrere Male ganz bewusst) doch hoffentlich jetzt vorm Fernseher säße und ihn sehen könne. Jede Unterrichtsstunde habe der vor der versammelten Klasse seine, Armin Rohdes, Schultasche ausgekippt mit den Worten: «Mal sehen, was so ein Arbeiterkind in seiner Schultasche hat.» Diese Demütigung saß auch nach so vielen Jahren noch sichtlich tief.

Ich erinnere mich in diesem Zusammenhang an die Worte eines Schulleiters einer Gesamtschule in einem Stadtteil Hamburgs, in der ich hospitierte. Das Viertel ist bekannt für seine hohe Kriminalität, seine heruntergekommenen Hochhäuser strahlen Trostlosigkeit aus. Der riesige Schulkomplex wirkte auch nicht gerade einladend, er erinnerte mich eher an eine riesige Produktionshalle als an ein Schulgebäude. Der Schulleiter, dem gegenüber ich mich etwas irritiert über das monotone und kalte Erscheinungsbild des Gebäudes äußerte (sämtliche Leitungen lagen über Putz, kalte, nackte Betonplatten verbreiteten die Atmosphäre einer Lagerhalle), antwortete: «Dann können sich die Schüler früh damit anfreunden, wo sie nach der Schule einmal landen werden. Dann ist der Schock nicht zu groß.»

Was als Witz gemeint war, kann ich nur zynisch finden, denn dieser Spruch offenbarte, wie sich herausstellen sollte, die grundsätzliche Einstellung des Kollegiums gegenüber seiner Schülerklientel: Bei ihr sei doch eh Hopfen und Malz verloren. Ihre Schüler bezeichneten sie als «Dummchen» und Schlimmeres. Sich um das einzelne Kind zu kümmern, sah dieses Schulmodell nicht vor. Es lag eine große, für alle Beteiligten spürbare Resignation in der Luft. Eltern, Lehrer und Schulleiter empfanden diese Schule nur noch als «Bewahranstalt» für Verlierer, die, aufgewachsen in deprimierenden Hochhaussiedlungen, auch nichts weiter in ihrem Leben zu erwarten hatten als ebendiese Tristesse.

Auch wenn es die meisten Lehrer wahrscheinlich nicht zugeben würden: Meiner Ansicht nach hat ein überaus notwendiger Paradigmenwechsel in den Köpfen zahlreicher Lehrer auf dem Gebiet der Chancengleichheit immer noch nicht stattgefunden. In Angesicht aber der andauernden Forderungen aus Politik und Wirtschaft, Kindern mehr Unterstützung zukommen zu lassen, um sie für den Besuch von Fachschulen, Berufsakademien, Hochschulen oder Fachhochschulen zu motivieren, liegt hier eine Dysbalance in puncto Anspruch und Wirklichkeit vor. Ich kann meinen Schülern nicht auf der einen Seite sagen: «Die Gesellschaft des 21. Jahrhunderts braucht euch, eure Kraft, eure Ideen und euer Durchhaltevermögen. Ihr müsst verstehen, was die Gesellschaft in Zukunft von euch erwartet und dass ihr jetzt schon für Berufe lernen müsst, die es heute noch gar nicht gibt, die aber in absehbarer Zeit dringend gebraucht werden.» Und andererseits unbequeme oder dem Lehrer aus irgendeinem Grund unliebsame Schüler reihenweise von weiterführenden Schulen «entsorgen», indem Noten manipuliert oder nach Gefälligkeit verteilt werden. Das ist leider alltägliche Praxis. Dann noch zu erwarten, dass sich Jugendliche hochmotiviert in die Fort- und Weiterbildung stürzen, ist reichlich naiv.

Lehrer müssen sich immer wieder klarmachen, welche weitreichenden Konsequenzen schlechte Noten, Sitzenbleiben und ständige Negativbewertungen für den Schüler und dabei insbesondere für sein Selbstwertgefühl haben.

Natürlich ist es nicht einfach, aus schriftlichen, mündlichen und praktischen Leistungen eine faire und gerechte Note entstehen zu lassen, und das unter Zeitdruck und widrigen schulorganisatorischen Umständen. Es ist vielmehr die Königsdisziplin des Lehrerberufs, die pädagogischen Freiheiten, die das Schulgesetz des jeweiligen Bundeslandes einräumt, nicht zum Nachteil des Schülers auszulegen, sondern an und mit dem Schüler kontinuierlich in Richtung Erfolg weiterzuarbeiten. Das kostet zugegebenerweise viel Zeit und noch mehr Kraft und persönliches Engagement. Ob ich gewillt bin, diese Herausforderungen anzunehmen, darf ich mir allerdings nicht erst bei meiner Verbeamtung überlegen, die Entscheidungen muss ich bereits vor Beginn des Lehramtsstudiums getroffen haben.

Lehrer stehen jeden Tag wieder auf dem Prüfstand, insbesondere was die täglich geforderten Leistungsbeurteilungen von Schülern anbelangt. Eltern schauen schon in der Grundschule sehr genau hin, wie beurteilt wird. Die Lehrer, die beklagen, die Notendokumentation raube ihnen zu viel Zeit, möchte ich daran erinnern, welche verantwortungsvolle Tätigkeit die Leistungsbewertung ist und welche schwerwiegende Folgen sie für die Schüler haben kann.

Noten werden im jeweiligen Fach durch die unterrichtende Lehrkraft anhand der bewerteten Leistungen unter Beachtung des pädagogischen Ermessensspielraumes ermittelt. Die rein arithmetische Notenberechnung wird der Vielfalt der Schüler dabei oft allerdings nicht gerecht und ist in einigen Bundesländern deshalb ausdrücklich unerwünscht. Schön und gut, wenn es Regelungen zur Notenbildung gibt, die im Interesse der Schüler für Chancengerechtigkeit sorgen sollen. Doch was nützt es, wenn der liebe Kollege seinen pädagogischen Freiraum derart in den Vordergrund schiebt, dass er sich ein Ei auf die vielzitierte und -beschworene «pädagogische Verantwortung für den Schüler» pellt und seine Freiräume auslebt, wie es ihm gefällt – und das noch auf legale Weise? Hier liegt doch der Hase im Pfeffer. Zahlreiche Lehrer empfinden den per Gesetz zugestandenen Ermessensspielraum im wahrsten Sinne des Wortes als ihr persönliches Privileg und nutzen ihn für ihre Machtspielchen, etwa indem sie beim Erstellen der Gesamtnote die mündlichen Leistungen im Vergleich zu den schriftlichen Leistungen unterschiedlich bewerten (hier schwanken die Beurteilungen von mündlichen zu schriftlichen Noten nämlich von 70:30 über 60:40 oder gar 50:50 Prozent), je nach Bundesland. Ganz wie es dem Lehrer gefällt, pro oder contra Schüler.

Dabei steht das eigentliche Leistungsvermögen oder Talent eines Schülers zuweilen völlig hintenan, wie das folgende Beispiel zeigt: Bei der Verabschiedungsfeier einer Lehrerin, die in den Ruhestand ging, spielte ein Schüler am Schulflügel so unglaublich gut Klavier, dass ich den neben mir sitzenden Lehrer fragte, wer denn dieser begabte Junge sei. Er nannte mir den Namen des Schülers und ergänzte dann, dass er Preisträger von «Jugend musiziert» sei, aber leider eine Fünf in Musik habe, weil er, wie der Lehrer süffisant ergänzte, wahrscheinlich den Geburtstag von Mozart nicht gewusst habe. Er selbst sei übrigens sehr froh, bald in Rente gehen zu können, damit er diesen «Saftladen» nicht mehr ertragen müsse.

Anstatt den begabten Schüler zu fördern, wurde er ständig in seine Grenzen verwiesen – nicht, dass er sich noch etwas auf sein Talent einbildet. Es geht eben darum, der Norm zu entsprechen. Und was die Norm ist, entscheidet zu einem nicht unerheblichen Teil der Lehrer.

Ein prominentes Beispiel für einen solchen Fall ist der bekannte Cartoonist Uli Stein. Er erzählte über seinen Kunstunterricht: «Wenn es hieß, wir malen jetzt einen Wald, und jemand einen Schwamm nahm und mit grüner Farbe rumtupfte, gab's eine Eins.» Wenn er aber selber seiner Phantasie und Vorstellung von Wald mit Tieren und Pflanzen freien Lauf ließ, «war die Sechs programmiert». (»Stein hatte schlechte Kunst-Noten», «Westfälische Nachrichten» vom 31. 7. 2017.)

Eine gute Note bekommt derjenige, der der Vorstellung des Lehrers am nächsten kommt. Es ist ja auch so schön einfach, einen begrenzten und überschaubaren Rahmen vorzugeben, einspurige Lösungswege vorzuschreiben, die sich dann im Notenspielraum von Eins bis Sechs ganz schnell und einfach nach Schema F bewerten lassen.

Um aber fair zu beurteilen, muss der Lehrer imstande sein, sich auf andere Denkmuster einzulassen, er muss einen offenen Geist besitzen und die Bereitschaft, sich auch mal von Schülern begeistern zu lassen, die etwas besser können als er (ja, das gibt es. Und es ist keine Schande!). Doch solche Lehrer gibt es zu selten, und das ist fatal: Denn gerade das Querdenken, das Beschreiten von alternativen und kreativen Lösungswegen sind

Eigenschaften, die Schüler heutzutage besitzen müssen, um in der späteren Arbeitswelt zu bestehen.

Noten sollten aus dem Bewusstsein heraus gegeben werden, dass jeder Mensch von Geburt an unterschiedliche Herangehensweisen hat, um Aufgaben zu bewältigen. Es gibt eben nicht nur einen Weg nach Rom, vielmehr haben Schüler unterschiedliche Ansätze, um produktiv zu sein.

In einem Gymnasium gab es für Schüler der siebten Klasse einen Zehn-Finger-Schreibkurs, um die Computertastatur schneller und effektiver bedienen zu können. Ein Schüler war allerdings schon mit nur zwei Fingern derart schnell, dass er alle anderen Schüler in den Schatten stellte, ohne Fehler dabei zu machen. Der Lehrer lehnte es allerdings ab, ihm eine erfolgreiche Teilnahme am Kurs zu bescheinigen. Seine Argumentation: Der Kurs habe eine Zehn-Finger-Schreibweise verlangt, und der wäre er ja nicht nachgekommen. Als der Schüler daraufhin fragte, was der Lehrer denn mit einem Schüler machen würde, der nur neun Finger hätte, wurde er des Klassenraumes verwiesen …

Wie willkürlich manche Lehrer bei der Leistungsbemessung vorgehen, zeigt ein weiteres Beispiel. Ein Mathelehrer (einer von der Sorte, die zwischen Genie und Wahnsinn schwebt) ließ sich zu einer schier unglaublichen pädagogischen Eskapade hinreißen: Es war Schuljahresende, die letzte Klassenarbeit stand an und somit auch für einige Schüler die schicksalhafte Entscheidung um die Versetzung. Das Konstrukt dieser Klassenarbeit hatte es in sich: Von den gestellten zehn Aufgaben waren acht schlicht und ergreifend aus unterschiedlichsten Gründen nicht lösbar. Die anderen beiden Aufgaben waren reine Reproduktion. Natürlich hagelte es nur Fünfen und Sechsen, und eine Beschwerde der Schüler beim Schulleiter ließ nicht lange auf sich warten. Doch der besagte Mathelehrer rechtfertigte sein Handeln vor dem Schulleiter und den Eltern mit einer äußerst großzügigen Auslegung des Lehrplans: Er habe doch alle abzufragenden Bereiche – Reproduktion, Zusammenhänge herstellen sowie Verallgemeinern und Reflektieren – bedient. Die Schüler hätten eben selbstbewusst argumentieren müssen, dass acht von zehn Aufgaben nicht lösbar sind. Dann hätten sie auch die entsprechend guten Noten bekommen (wir reden hier, nebenbei bemerkt, über Vierzehn- und Fünfzehnjährige). Insofern sei er nicht gewillt, die Arbeit zu wiederholen. Sie wurde in vollem Umfang gewertet. Einige Eltern, deren Kindern diese Klassenarbeit zu einer «Ehrenrunde» verhalf, reichten eine Dienstaufsichtsbeschwerde gegen den Lehrer ein. Ein freundlich verfasster Brief an die Bezirksregierung hatte letztlich Erfolg. Eine Kommission evaluierte den Unterricht des Mathelehrers, woraufhin dieser in den vorzeitigen Ruhestand versetzt wurde. Die nicht versetzten Kinder mussten das Schuljahr allerdings trotzdem wiederholen …

Das mag ein Extrembeispiel sein, aber es fallen mir viele weitere ein. Wie etwa der Religionslehrer, der auf alle Regeln und Vorschriften pfiff und, weil es so schön einfach war, seine Noten ausschließlich aus Klassenarbeiten bezog. Mündliche Leistungen ignorierte er geflissentlich, die sind ja auch viel schwieriger zu beurteilen.

Anstatt Schüler individuell in ihrem Lernfortschritt zu begleiten, sie darin zu unterstützen, ihre eigenen Fortschritte, aber auch die der Mitschüler sorgfältig und altersangemessen zu betrachten und zu bewerten, werden alle anhand derselben Kriterien gemessen – dabei ist nicht für jeden Schüler zur selben Zeit derselbe Lerninhalt angezeigt, sie bringen zudem sie unterschiedliche Begabungen und Neigungen mit.

In Talentfächern wie Musik, Sport und Kunst sollte man zwei Gruppen unterscheiden, und zwar diejenigen Schüler, die über Talent in diesen Bereichen verfügen, und die, die sich um gute Leistungen bemühen, aber nie an das Niveau eines von Natur aus begabten Schülers herankommen werden. Hier kann es nämlich für beide Seiten unfair in der Benotung werden. Der Talentierte bekommt eine Eins im Sport für seine herausragenden körperlichen Leistungen, und der Unbegabte eine Eins dafür, weil er eine gekonnte Abhandlung über die Geschichte der Olympiade abgeliefert hat. Beide Einsen vermitteln auf dem Bewerbungszeugnis dem potenziellen Arbeitgeber: «Wunderbar, sportliche Mitarbeiter sind belastbarer, seltener krank und in der Regel gute Teamplayer.»

Fairerweise müsste man im Fach Sport zwischen «Leistungssport» und «Gesunderhaltung durch Bewegung» unterscheiden, indem man der Bemühung die größte Aufmerksamkeit gibt und benotet.

Ich bin deshalb der Ansicht, dass der Ermessensspielraum zur Bewertung von Leistungen viel stärker genutzt werden sollte, um besondere Fähigkeiten herauszustellen. Selbstverständlich ist es unabdingbar, dass Schüler in beispielsweise naturwissenschaftlich-mathematischen Fächern Regelwerke und Formeln kennen und anwenden können, um zu einem richtigen Ergebnis zu kommen. Da gibt es kein Wenn und Aber. Dennoch bieten auch geisteswissenschaftliche Fächer einen großen Spielraum, um sich notentechnisch zu profilieren – wenn Lehrer endlich anerkennen, dass sie keine Roboter vor sich sitzen haben, die alle dieselbe Grundausstattung mitbringen und nach demselben System bewertet werden können.

Viel zu oft gleicht die Notenvergabe aber einem abgeschlossenen Urteil: einmal ein Vierer-Kandidat, immer ein Vierer-

Kandidat. Fatalerweise denken schlecht bewertete Schüler mit jedem neuen Schuljahr, dass sie mit einem Neuanfang auch die Chancen haben, sich zu verbessern. Dem ist in aller Regel leider nicht so, und das bekommen sie sehr schnell zu spüren. Zu starr ist das Vorurteilskorsett, in das sie, manchmal über Jahre, gepresst worden sind.

Kleinere Sprünge nach oben oder unten werden allenfalls durch ein Minus oder ein Plus gekennzeichnet, echte Verbesserungen aber nicht mit einem Notensprung gewürdigt.

Warum um alles in der Welt ist in Lehrerkreisen der Begriff der «betonierten Fünf» so überaus gern in Gebrauch? Keine Notenkonferenz, die ich erlebt habe, in der ich ihn nicht hören musste. Teilweise hatte ich das Gefühl, dass Kollegen diese Aussage fast stolz in die Runde warfen. Der Simon sei «austherapiert», die Fünf betoniert, und daran würde sich auch nichts mehr ändern. Dabei heißt es zum Beispiel in der Verordnung zur Notenvergabe des Kultusministeriums Baden-Württemberg zu nicht ausreichenden Leistungen: «Die Note ‹mangelhaft› soll erteilt werden, wenn die Leistung den Anforderungen nicht entspricht, jedoch erkennen lässt, dass die notwendigen Grundkenntnisse vorhanden sind und die Mängel in absehbarer Zeit behoben werden können.»

Statt Wege aufzuzeigen, wie man eine mangelhafte Leistung zumindest zu einer ausreichenden macht, schlagen viele Lehrer die Tür für den Schüler vorzeitig zu und löschen damit den letzten Funken Hoffnung auf eine bessere Note oder eine Versetzung. Dabei können gerade viele schwächere Schüler mit der reinen Ziffernote überhaupt nichts anfangen. Sie bekommen durch sie lediglich widergespiegelt, dass die Leistung, die sie erbracht haben, nicht ausreicht. Ein Großteil der Lehrer sagt ihnen nicht differenziert, warum und an welcher Stelle es hapert, geschweige denn, was sie explizit tun müssen, um eine bessere Note zu bekommen.

Als einer meiner Söhne in einem Fach eine Fünf bekommen sollte (was uns erst in einem «Blauen Brief» mitgeteilt wurde) und er den Lehrer daraufhin ansprach, durch welche Zusatzleistungen er denn diese Fünf ausgleichen könne, antwortete er, dass es bei ihm eine solche Möglichkeit nicht gebe. Eigentlich sollen die sogenannten Blauen Briefe dazu dienen, die Eltern zu warnen, dass die Versetzung ihres Kindes gefährdet ist, und dem Kind dann die Möglichkeit geben, das Ruder noch herumzureißen. Hier weichen Theorie und Praxis wieder einmal stark voneinander ab …

Tatsächlich habe ich es häufig erlebt, dass Lehrer, die eine Klasse übernehmen, sich nicht als Erstes mit den einzelnen Schülern auseinandersetzen und versuchen, unvoreingenommen ihren derzeitigen Leistungsstand zu evaluieren – ich habe darüber schon im ersten Kapitel geschrieben. Stattdessen gehen sie an den Schrank mit den Schülerakten, suchen die entsprechende Klasse heraus und schauen, welche Noten ihr Vorgänger vergeben hat. Dann wird hurtig die Gruppe der Einser- und Zweier-Kandidaten notiert, ebenso die Gruppe der Fünfer und Sechser. Das große Mittelfeld der Dreier und Vierer bleibt unbeachtet, das findet sich schon. Außerdem gilt es ja, die Normalverteilungskurve zu treffen, die sich Bürokraten zusammengeschustert und als rechnerisches Optimum in den pädagogischen Ermessensspielraum positioniert haben: 2,3 als Durchschnittsnote, das hört sich so an, als hätte hier der Lehrer gute Arbeit geleistet – und das ist es ja schließlich, was man als Lehrer möchte. Unangreifbar sein heißt die Devise. Wenige sollten sich im sehr guten und einige wenige im schlechten Bereich wiederfinden. Ein Kollege sagte mir, dass er die Arbeiten vor dem Korrigieren, ohne sie überhaupt angesehen zu haben, immer schon vorsortiere: hier der Stapel mit den schlechten, dort die mittleren, da die guten bis sehr guten. Das erspare Arbeit, man kenne seine Pappenheimer schließlich, und dann «käme das alles schon so ungefähr hin».

Allein der Begriff «Normalverteilungskurve» hinterlässt bei mir Kopfschmerzen, als gäbe es nur Schüler nach Maß, als träfe ich überall Lerngruppen an, die notentechnisch im Durchschnitt einer 2,3 entsprechen. Doch viele Lehrer haben sich eingeschossen auf diese Zahl und werden regelrecht unsicher, wenn ihre Lerngruppe überdurchschnittlich viele Einser und Zweier in einer Klassenarbeit geschrieben hat. War die Arbeit zu leicht? Was sagt der Schulleiter bloß dazu, wenn er Einsicht nehmen will? Es gibt selten selbstbewusste Lehrer, die sagen: «Na, da haben wir anscheinend richtig gut gearbeitet!» Nein, das Leben außerhalb der Normalverteilungskurve wird in Lehrerkreisen kritisch beäugt. Anders verhält es sich, wenn der Schnitt in Richtung 4,5 geht. Viele Eltern denken immer noch, dass Arbeiten mit allzu schlechten Durchschnittsnoten nicht gezählt werden dürfen, da sie ja offensichtlich das Unvermögen des Lehrers dokumentieren, den Stoff ausreichend gut vermitteln zu können. Weit gefehlt, selbstverständlich werden sie gezählt. Warum sollte sich der Lehrer die Mühe machen, den Stoff ein weiteres Mal und diesmal anders zu erklären, um dann eine neue Arbeit anzusetzen? Nein, vielmehr feiert er sich als harten Hund im Lehrerzimmer, der aber leider, leider, mit lauter unfähigen Schülern gestraft ist.

Wie sieht nun die Situation vor einer Leistungsüberprüfung aus? Die «Mitte» ist gefangen in der erwünschten Mittelmäßigkeit. Lehrer mit einem «unauffälligen Schnitt von einer Zwei minus in Klassenarbeiten machen sich nicht ‹verdächtig› – nicht umsonst ist sie die Lieblingsnote der Lehrer» *(siehe auch «Leistungen bewerten» von Liane Paradies und Franz Wester, Vortrag bei der Cornelsen Akademie 2015, www.cornelsen.de)*. Da ist man vor Anfeindungen geschützt und muss sich nicht rechtfertigen. Also wird der Schnitt so «hingebogen», bis er passt. Jede Klassenarbeit aufs Neue.

Und siehe da, schon lange bevor die erste Klassenarbeit geschrieben worden ist, hat man schon seine Noten-Verteilungskurve, mit der man «im Zweifelsfall schon richtigliegt» oder «mit der einem der Schulleiter nichts anhaben kann». Sätze, die ich genau so von Kollegen als Begründung gehört habe. Oder auch diesen: «Ach, Conny, du übernimmst doch meine ehemalige Achte, da gebe ich dir zu einigen Spezis noch meine Unterlagen, also da sind der Lars, der Mustafa und der Jason, die kannst du vergessen, die kommen in Deutsch nie auf einen grünen Zweig. Nur damit du gleich weißt, woran du bei denen bist.»

Ja nicht abweichen, heißt die Devise, ansonsten muss ich das nachher noch begründen, da hefte ich mich notentechnisch doch lieber an die Fersen meines Vorgängers, selbst wenn ich eine völlig andere Wahrnehmung von einem Schüler habe. Einmal vier, immer vier. Der Lehrerberuf als Dasein im Dauerwindschatten anderer ist in meinen Augen nichts, was unseren Kindern als Vorbild dienen sollte.

Jede Schule, die ich bislang kennengelernt habe, hat in der Regel mehrere Lehrer, die ihre Noten frei nach Schnauze oder «nach Bauchgefühl» verteilen. Schon junge Lehrer haben schnell den Bogen raus, wie sie mit dem «erwarteten Schülerverhalten» die Tests derart gestalten, dass sie ihren «Schnitt» hinkriegen. Kinder sagen dann oft zu Hause nach einer geschriebenen Klassenarbeit: «Es ist gar nicht das drangekommen, was der Lehrer vorher gesagt hat.» Natürlich kommt es nicht dran, dann würden die Arbeiten ja auch zu gut ausfallen. So wird getrickst und manipuliert, und das alles im Interesse der gezielten Selektion. Schüler, die langsamer lernen, haben dadurch dauerhaft schlechte Karten und resignieren. Folgenschwer ist das vor allem in einem Fach wie Mathematik, in dem Lerninhalte aufeinander aufbauen. Hier entstehen dann Wissenslücken, die die Schüler oft bis zum Schulabschluss und drüber hinaus begleiten: «Mathe konnte ich noch nie gut», heißt es dann noch im Erwachsenenalter, oder: «Vor Mathe hatte ich schon immer Angst.»

Natürlich gibt es auch immer wieder gutgemeinte Versuche von Lehrern, schwächere Schüler an dem Gesamtergebnis einer guten oder sehr guten Lerngruppe zu beteiligen. Prinzipiell ist dagegen nichts einzuwenden, allerdings treibt dieses Vorgehen bei zahlreichen Lehrern sonderbare Blüten. Da werden dann Einser an völlig talentlose Schüler verteilt. Die auf diese Art «Beschenkten» merken allerdings sehr genau, wenn sie oder ihre Klassenkameraden eine «Mitleids-Note» bekommen. Sie ist, davon bin ich überzeugt, für das Selbstbewusstsein ähnlich desaströs wie eine schlechte Note – und für diejenigen Schüler, die sich wirklich angestrengt und gute Leistungen gezeigt haben, absolut demotivierend.

Ich denke zum Beispiel an eine Schülerin, die, sagen wir es höflich, dem Sport nicht unbedingt zugetan war. Ansonsten war sie eine sehr gute Schülerin mit Tendenz zum Einser-Abitur, wenn da nicht die unschöne Sportnote im Wege gewesen wäre. Ohne dass sie selber darum gebeten hatte, hat ihr der Sportlehrer eine Eins in Sport gegeben, damit der Einserschnitt aufpoliert wurde. Der Lehrer erklärte der Schülerin, die Schulleitung und die übrigen Lehrer hätten ihn derart genötigt zu der Eins, dass er schließlich nachgegeben hätte. Die Schülerin solle aber wissen: Sie sei alles andere als eine Sportskanone.

Ein weiteres Beispiel aus dem Sportunterricht: Ein Kollege wollte einem Schüler den Einser-Schnitt nicht durch eine schlechte Sportnote verderben. Also kam er auf die Idee, ihn einfach in die beste Mädchengruppe zu stecken. Unterrichtsthema war Tanzen. Der Schüler sollte sich lediglich in die Mitte stellen, während die Mädchen ihn «umtanzten». Gesagt, getan, die Mädchen legten eine perfekte Choreographie hin, an der sie übrigens lange gefeilt hatten, und die gesamte Gruppe bekam eine Eins – inklusive des besagten Jungen, der nicht einen Finger gerührt bzw. das Tanzbein geschwungen hatte.

So bitte nicht! Meiner Ansicht nach hätte es durchaus andere Möglichkeiten gegeben, diesem Schüler zu einer guten Note zu verhelfen. Er hätte Choreographien aus dem Internet suchen, die Musikauswahl treffen oder die einzelnen Abläufe konzipieren können. Aber für Nichtstun eine Eins zu bekommen ist nicht fair. In diesem Fall konnten die Schüler nur darüber lachen, und weil er so ein lieber Kerl war, haben sie es ihm von Herzen gegönnt. Fair ist es deswegen noch lange nicht.

Als besonders verwerflich empfinde ich es, wenn Lehrer ihre Schüler spüren lassen, dass sie selbst als Lehrer den Noten keinerlei Bedeutung zukommen lassen. Ein Englischlehrer-Kollege sagte zu einer Gruppe Schülerinnen: «Ach ja, wir müssten ja noch Noten machen. Bei wem wird es denn eng mit der Versetzung, wenn eine Fünf in Englisch dazukäme?» Regina meldete sich schüchtern. Der Lehrer schaute sie an, lächelte und sagte: «Because she is so pretty … and the sun is shining – okay, du kriegst noch eine Vier …» Lange Gesichter bei den anderen Fünferkandidatinnen. Welchen Wert hat eine solche Note? Und was lernen die Schüler daraus?

Ein rühmliches Beispiel für gerechte, vorurteilsfreie und wohlüberlegte Notenvergabe war indes eine junge Referendarin, die im wahrsten Sinne des Wortes ein Highlight für die Klasse meiner Tochter war. Sie betonte den Eltern gegenüber, dass sie die Vorjahresnoten nicht eingesehen habe, weil sie unvoreingenommen sein und jedem Schüler die Chance auf einen Neuanfang geben wollte. Die Kinder waren begeistert von ihrem Unterricht. Meiner Tochter machte Mathematik jetzt richtig Spaß, und Erfolge ließen nicht lange auf sich warten. Die Schüler belohnten das gezeigte Vertrauen in ihre Fähigkeiten mit reger Beteiligung und positiven Notensprüngen, was dieser jungen, talentierten Lehrerin dann auch eine Eins im zweiten Staatsexamen einbrachte.

Nebenbei bemerkt hatte ich bei ihr das beste Elterngespräch, das ich jemals über eines meiner fünf Kinder geführt habe. Sie hat in die knapp bemessenen zehn Minuten des Gesprächs alles hineingepackt, was für meine Tochter wichtig war, um in Mathe wieder den Anschluss zu finden und, was noch wichtiger war, die wiedergewonnene Freude an Mathematik zu erhalten. Sie war freundlich, positiv, optimal vorbereitet. Auf die Frage der Kinder, ob sie denn nicht an der Schule bleiben könne, sagte sie nur sehr diplomatisch: «Wegen euch würde ich schon sehr gerne bleiben, aber…» – den Rest konnten sich die Kinder dann selber zusammenreimen. Tatsache war: Die junge Frau hatte den Schnitt «verdorben». Das gleicht in Lehrerkreisen einem Vaterlandsverrat und wird daher mit Ächtung und schulinternem, systematischem Mobbing bestraft. Wen wunderte es, dass diese junge Lehrerin nicht an der Schule bleiben wollte. Selbst als die Referendarin schon lange an einer anderen Schule unterrichtete, hörte eine neidische Kollegin nicht auf, sie im Nachhinein bei den Schülern schlechtzumachen, indem sie behauptete, die Referendarin habe ihnen alles falsch beigebracht, und sie müsse das jetzt wieder ausbügeln.

Ich finde es höchst irritierend, dass Bildungsforscher regelmäßig und seit Jahrzehnten zu dem Ergebnis kommen, wie ungerecht und falsch benotet wird. Allerdings werden dieselben Bildungsforscher im gleichen Augenblick nicht müde zu sagen, dass sich aber bitte schön die Lehrerschaft nicht angesprochen fühlen soll: Die würde sich ja nach Kräften bemühen und dürfe nicht kritisiert werden. Ja, aber mit Verlaub, wer gibt denn die Noten, der Hausmeister? Wir müssen diese Lehrer ausmachen, die ihren Job entweder nicht beherrschen oder, was noch viel schlimmer ist, ihn auch überhaupt nicht beherrschen wollen.

Um der willkürlichen Notengebung solcher Lehrer entgegenzuwirken, haben sich zahlreiche Schulen zu einer, unter Lehrern stark umstrittenen, Maßnahme entschieden – nicht zuletzt vor dem Hintergrund zunehmender Prozessfreudigkeit der Eltern. Die Idee: Kollegen sollen die Klassenarbeiten auf eine korrekte Notengebung hin prüfen. Dadurch fühlen sich viele Lehrer schikaniert *(nachzulesen z. B. im Internet auf der Plattform «Lehrerfreund»)* und sehen ihre Kompetenz in Bezug auf faire Notengebung in Frage gestellt. Andere Kollegen bestätigen dagegen durchaus den Bedarf: «Es gibt auch einige, da ist es immens vonnöten, helfend/korrigierend einzugreifen. Jeder braut sein eigenes Süppchen. Das ist eins der größten Probleme bei Lehrern. Tür zu und gut ist.»

Ob durch eine solche Kontrolle bessere Lehrer entstehen? Ich wage es zu bezweifeln. Mitarbeiter, die ständig einer Kontrolle von außen bedürfen, werden auf die Dauer zermürbt und noch unsicherer. Die Atmosphäre im Kollegium verschlechtert sich, wenn allzu kritisch kontrolliert wird – oder es bleibt sowieso alles beim Alten, weil man den Konflikt mit den Kollegen scheut und Gefälligkeitsgutachten ausstellt. Mal ganz zu schweigen davon, dass der zusätzliche Zeitaufwand gar nicht zu leisten ist im herkömmlichen Schulbetrieb. Auch diese Maßnahme bestätigt in meinen Augen wieder einmal die Redensart «gut gemeint ist noch lange nicht gut gemacht».

Gibst du mir, gebe ich dir – gute Noten als Tauschgeschäft

Und noch einen Aspekt möchte ich in Bezug auf die Notenvergabe nicht unerwähnt lassen: Die Tatsache, dass durch Bildungsreformen, G8 etc. der Konkurrenzdruck bei den Schülern inzwischen so groß ist, dass er sich auch auf ihr Sozialverhalten auswirkt.

Bildungsexpertin Evgenia Danilevic schreibt: «[…] mit der Einführung von bundesweiten Standards und damit folgendem Konkurrenzkampf (nicht zuletzt hängen auch wirtschaftliche Interessen an den Ergebnissen) fördern wir nicht nur das Konkurrenzdenken schon in den Köpfen von den ganz Kleinen, wir erziehen sie auch zu hörigen Paukern, die die guten Noten als das Ziel ihrer Schullaufbahn ansehen. Nicht zuletzt verderben wir ihnen die Lust am Lernen.»

Wohl die wenigsten Lehrer machen sich ernsthaft Gedanken darüber, welch großen Einfluss sie durch ihre Art des Bewertens und Benotens auf das spätere Sozialverhalten ihrer Schützlinge haben. Die Kinder werden, und zwar sehr viel mehr als noch vor einigen Jahren, durch den ständigen Vergleich mit ihren Klassenkameraden genötigt, sich von ihnen positiv abzugrenzen. Oder sie selbst werden abgegrenzt. Beide

Effekte gehen, davon bin ich überzeugt, mit negativen Folgen für ihre Charakterbildung einher. Wenn ein Kind früh lernt, sich auf Kosten anderer zu profilieren, so wird es dieses Muster auch in seinem späteren Leben als Erwachsener anwenden, in Beziehungen, Familie und Beruf.

Um es deutlich zu sagen: Ich spreche hier nicht von ehrgeizigen, fleißigen Schülern, sondern vielmehr von denjenigen, die keine Gelegenheit auslassen, sich von schwächeren Schülern sicht- und hörbar abzusetzen, um beim Lehrer zu punkten. Da hört man dann Sätze wie von Miriam: «Ich verstehe gar nicht, wie man in dieser Arbeit eine Fünf schreiben konnte.» Ihr Blick schweift kopfschüttelnd über die Fünferkandidaten. «Sie hatten die Arbeit so toll aufgebaut, Herr Schmidt, und wir waren doch super vorbereitet.»

Ich habe auch Schüler erlebt, die vor dem Unterricht ihre Mitschüler befragten, ob und wie viele ihre Hausaufgaben gemacht haben. Wenn sich herausstellte, dass der größte Teil der Schüler sie nicht hatte und darauf hoffte, der Lehrer möge sie nicht abfragen, dann meldeten sich diese Schüler später und erinnerten ihn an die Hausaufgaben – die sie dann, augenrollend über ihre «unfähigen» Klassenkameraden, vortrugen.

Das Traurige an der Sache ist, dass dieses Verhalten, das wir landläufig als «Schleimen» bezeichnen, von einem sehr großen Teil der Lehrerschaft nur zu gerne empfangen wird, statt den Schüler darauf hinzuweisen, wie inakzeptabel es ist. Im Gegenteil, viele schätzen es regelrecht: «Ach ja, wenigstens ein Verbündeter hier im Raum …»

Die Schüler erhoffen sich Pluspunkte beim Lehrer, wenn sie ihm signalisieren, wie wichtig ihnen der Unterricht ist, wie toll er unterrichtet, wie viel Spaß das Lernen ihnen (im Gegensatz zu ihren Mitschülern) macht. Ich erinnere mich an eine Situation zum Zeitpunkt der Fußball-WM 2014 in Brasilien. Mein Sohn kam kopfschüttelnd nach Hause und erzählte mir, dass normalerweise der Nachmittagsunterricht entfallen wäre und er seine Hausaufgaben für den nächsten Tag hätte erledigen können, um dann entspannt Fußball zu gucken. Leider wären zwei Mädchen aus seiner Klasse unter lautem Protest zum Direktor gegangen und hätten ihren «Rechtsanspruch auf Unterricht» geltend gemacht, um einen Beweis für ihre Lernfreude zu geben. Der Schulleiter hat dann kurzfristig einen Referendar verpflichtet, der zwei Stunden Stadt-Land-Fluss mit der Klasse spielte.

Schüler, die derart gestrickt sind, haben natürlich keinen besonders guten Stand im Klassenverband. Das ist ihnen aber herzlich egal, solange sie in der Gunst der Lehrer stehen.

André Kieserling schreibt in seinem Artikel «Tausche gute Noten gegen Wohlverhalten» *(FAZ Online vom 20.4.2017)* entsprechend: «Der Lehrer […] ist davon abhängig, dass die Schüler ihn und seine Erziehungsversuche nicht einfach ablehnen. Die Versuchung, aus der Notengebung ein Tauschgut zu machen und sich für Wohlverhalten im Unterricht durch den Verzicht auf Härten bei der Benotung zu revanchieren, ist groß.» Das heißt, wenn sich Schüler als vermeintliche Verbündete des Lehrers im Unterricht zu erkennen geben, profitieren sie oft automatisch von der besseren Notengebung durch den Lehrer, der dies meistens unbewusst macht. Oft findet man diese Vorgehensweise bei den unsicheren Kollegen, die nach Anerkennung lechzen.

Ich muss an einen Fall denken, bei dem ein Junge, Steffen, plötzlich im Gymnasium nur noch Vieren und Fünfen schrieb, obwohl er am Ende der Grundschule eine enthusiastische Gymnasialempfehlung bekommen hatte. Den besorgten Eltern wird erklärt: «Der Steffen ist einfach faul, der macht keinen Handschlag mehr als nötig!»

Ein Gespräch mit ihm machte klar: Ihm war schlichtweg zuwider, jeden Tag in der Schule mitzuerleben, wie das sich Anbiedern einiger seiner Mitschüler als funktionierende Strategie auf dem Weg zu guten Noten erwies. Er fühlte sich deswegen extrem unwohl in der Klasse, und da er das Spiel von Buhlen und Schleimen nicht mitmachen wollte, beteiligte er sich so gut wie gar nicht mehr.

Ist es wirklich das, was wir den jungen Menschen beibringen wollen? Nach oben zu buckeln und nach unten zu treten, statt sich durch Mitmenschlichkeit und Hilfsbereitschaft hervorzutun? Wollen wir ihnen wirklich beibringen, kritiklos das zu tun, was ihnen abverlangt wird, möglichst auf Kosten von Schwächeren?

Viele Eltern spielen das Spiel mit und versuchen alles, um bei den Lehrern gut Wetter zu machen. Und die? Die lassen sich gerne ihr Ego streicheln. Natürlich ist man dann auch der Lisa-Marie freundlicher gesinnt, die hat ja einen so netten Vater, und beim Elternsprechtag bringen die Eltern auch immer Kekse mit und haben so viel Verständnis für den harten Lehreralltag …

Gerne wird von den Eltern auch das persönliche Verhältnis in die Waagschale geworfen: Ein Schüler auf einem Gymnasium hatte zwei Sechsen geschrieben und bekam trotzdem eine Drei auf dem Zeugnis, obwohl er sich auch mündlich nicht besonders hervorgetan hatte. Ob es wohl daran lag, dass die Mutter des Schülers mit der Lehrerin befreundet war? Am Ende des Unterrichts ließ sie ihr jedenfalls immer herzliche Grüße ausrichten.

Ich erinnere mich auch noch gut an eine Mutter, die fast

jeden Tag mit Geschenken in die Schule lief: Mal waren es der Präsentkorb, mal CDs oder ein riesiges Blumenbukett, die im Schulgebäude den Besitzer wechselten. Sie machte keinen Hehl daraus, war es doch in dieser Schule mit überwiegend betuchter Akademikerklientel durchaus gang und gäbe, die Lehrerschaft mit kleinen Präsenten bei Laune zu halten.

Wurde für Klassen- oder Schulfeste Geld eingesammelt, dann war nicht die Rede von einem kleinen Spendenbetrag, nein, es fiel immer nur der Begriff vom «Hunni». Ein Scheinchen hier, ein Scheinchen da, sollte doch kein Problem sein, so der O-Ton einer Mutter. Obwohl es ganz klar geregelt ist, was Lehrer annehmen dürfen: Ein Dankeschön im Wert von ein bis zehn Euro. Aufsehen erregt hatte in diesem Zusammenhang der Fall einer Lehrerin, die von ihrem Abijahrgang ein Geschenk im Wert von 200 Euro bekommen hatte (nachzulesen u. a. in «*Was Polizisten und Lehrer annehmen dürfen*», *Tagesspiegel Online vom 5. 1. 2015*). Die Crux an der Sache: Ein Vater hatte sie deswegen angezeigt. Als Resultat musste sie 4000 Euro Strafe zahlen. Hier hätte man es allerdings meiner Ansicht nach bei einer Belehrung belassen können, schließlich war das Abitur vorbei und eine Bestechung demnach nicht mehr möglich.

In anderen Fällen allerdings sollte hart durchgegriffen werden: Was habe ich nicht alles erlebt! Nicht nur das freudige Entgegennehmen von Geschenken, sondern auch die kostenlose Inanspruchnahme der Dienstleistungen von Handwerkereltern, die dann die Lehrerwohnung tapezierten und strichen oder den Garten neu bepflanzten. Ein Schelm, wer sich darüber wundert, dass sich die Noten der Kinder nach solchen Aktionen wie von Zauberhand verbesserten …

Und auch umgekehrt habe ich es erlebt: Gewisse Eltern, von denen man sich persönliche Vorteile oder Vorteile für die

Schule erhofft, sollen durch gute Noten ihrer Kinder bei Laune gehalten werden.

Heutzutage gilt es ja mehr denn je, den Ruf der Schule als «Exzellenzschmiede» zu festigen und so die Zahl der Neuanmeldungen konstant oben zu halten. Da werden Noten dann gerne geschönt, um den Ruf der Schule zu verbessern. So schilderten mir Kollegen, dass bei einem Teil der Abiturienten an einem Gymnasium die Noten nach oben hin «angepasst» wurden, damit sie mit ihrem Superzeugnis als Aushängeschild für die Schule fungieren konnten. Damit wollte man Anmeldungen generieren. Natürlich müssen es die «richtigen» Anmeldungen sein: Gute Abi-Jahrgänge ziehen Akademiker-Eltern an – und die wiederum sind gerne bereit, auch mal für die Schule zu spenden, sich zu engagieren oder anderweitig im Sinne der Schule ihre Kontakte zu Politik und «Gönnern» zu nutzen. Dafür kann man sich dann ja wiederum mit den entsprechenden Noten für die Sprösslinge revanchieren.

Ich war in diesem Zusammenhang mit einer Mutter ins Gespräch gekommen, die sich wunderte, dass ihr Sohn mit besseren Noten durch die Schule gekommen sei, als er ihrer Ansicht nach eigentlich verdient hätte. Sie gab sich allerdings während des Gesprächs selber die Antwort: Sie habe durch Zufall im Kontakt mit einer Politikerin gestanden, die großen Einfluss auf die hiesige Schullandschaft hat. Der Schulleiter wusste davon und wollte das nutzen. Jedenfalls wurde er nicht müde zu signalisieren, dass sie sich doch bitte weiterhin bei ihr für die Schule einsetzen möge …

Doch wo kein Kläger, da kein Richter. Wie überall im Schuldienst wird auch die Praxis des Notentauschgeschäfts einfach hingenommen.

Sitzenbleiben als Ultima Ratio

Wenn wir über die Notenvergabe sprechen, können wir über das Sitzenbleiben nicht schweigen. Wie ein Damoklesschwert schwebt es über den schlechten Schülern.

In deutschen Landen bleiben jährlich 252 000 Schüler sitzen, das sind 2,8 Prozent aller neun Millionen Schüler in Deutschland und entspricht der Einwohnerzahl von Braunschweig. In einigen Bundesländern ist das Sitzenbleiben ganz oder teilweise abgeschafft, Hamburg machte 2011 den Anfang. Im Schuljahr 2014/15 mussten 21 355 Gymnasiasten und 11 036 Realschüler wiederholen. An Grundschulen zogen 5099 Schüler und Schülerinnen das gleiche Los. Zu bemerken wäre noch, dass 7 Prozent mehr Jungen wiederholen müssen als Mädchen. (*Wo die meisten Schüler sitzen bleiben», «Die Welt» vom 15. 9. 2016.*)

Der Vorsitzende des Deutschen Philologenverbandes, Heinz-Peter Meidinger, behauptet, Sitzenbleiben sei eine Art kostenloses Nachhilfejahr, und die Beschämung, wiederholen zu müssen, sei bei den meisten Schülern nach ein paar Wochen weg. (*«Die Scham soll bessere Noten bringen», Spiegel Online vom 5. 12. 2016.*)

Das hört sich ja sehr menschenfreundlich an, dieses kostenlose Nachhilfejahr. Für den Schüler ist das Jahr vielleicht kostenlos, doch der Bildungsforscher Klaus Klemm hat für die Bertelsmann-Stiftung berechnet, dass die Sitzenbleiber den Staat jedes Jahr rund eine Milliarde Euro kosten. Bezahlen tut das der Steuerzahler. Wenn ich mir vorstelle, es stünde den Schulen eine zusätzliche Milliarde Euro zur Verfügung, um zum Beispiel gezielt Förderunterricht für versetzungsgefährdete Schüler in einzelnen Fächern anzubieten, statt sie in allen Fächern ein ganzes Jahr wiederholen zu lassen, so stellt sich mir in keiner Weise die Frage, ob ich für das Sitzenbleiben bin.

Doch selbst wenn wir den negativen finanziellen Aspekt einmal beiseitelassen, glaube ich nicht an den Erfolg des Sitzenbleibens – und wissenschaftliche Studien untermauern meine Skepsis. So weist zum Beispiel die Bildungsforscherin Nina Kolleck, die an der Freien Universität in Berlin lehrt, auf den negativen Effekt des Sitzenbleibens für die Schüler hin. *(«Wann bleibt man sitzen – und was bringt es?», Tagesspiegel Online vom 11. 7. 2016.)* Nachdem sich die Leistung kurzzeitig verbessern würde, verschlechterte sie sich bald wieder. Die Kinder und Jugendlichen erlebten das Sitzenbleiben als Bestrafung und hätten dadurch ein geringes Selbstwertgefühl – das sei aber für gute Leistungen essenziell, erläutert die Bildungsforscherin.

Die Hoffnung vieler Eltern, dass ihr Kind beim Wiederholen eines Schuljahres dann wie Phönix aus der Asche zum Super-Schüler aufsteigt, gehört ins Reich der Wunschvorstellungen: «Paul, du brauchst dich nicht andauernd melden, schließlich wiederholst du ja den Stoff, das ist keine große Kunst – die anderen sollen es wissen.» Paul wiederholt ja wegen vermeintlich zu großer Lücken, eine gute oder sehr gute Note bekommt er für seine Beteiligung aber dennoch nicht. Meldet er sich aber nicht oder weiß etwas nicht, heißt es: «Ja, Paul, als Wiederholer hätte ich jetzt erwartet, dass du das weißt, das ist jetzt aber schlecht, da kann ich dir leider keine ausreichende Note für diese Stunde geben.»

«Einmal Sitzenbleiber, immer Sitzenbleiber», lautet die Devise, ein Stigma, das am Schüler haftet wie Kleister. Dieses Verhalten vieler Lehrer nagt nicht nur am Selbstbewusstsein, sondern sorgt für großes Frustrationspotenzial. Interessant in dem Zusammenhang ist eine US-Studie aus dem Jahr 2014: Sie kommt zu dem Ergebnis, dass Sitzenbleiber häufig für Ärger sorgen und ihre neuen Mitschüler unter ihnen leiden (*«Mitschüler leiden unter Sitzenbleibern»*, Spiegel Online vom 7.3.2014).

Ganz fatale Folgen hat das Sitzenbleiben für Kinder mit Migrationshintergrund. Diese müssen schon oft in der Grundschule wiederholen und haben dann später wegen ihres noch fortgeschritteneren Alters schlechtere Chancen auf dem Arbeitsmarkt.

Sitzenbleiben ist also nur vergeudete Zeit – und, wie wir gesehen haben, verschwendetes Geld. Die Befürworter argumentieren, man brauche die Drohgebärde des Sitzenbleibens. Zu ihnen gehört die ehemalige Bundesbildungsministerin Annette Schavan (CDU), die es als Sanktionsmittel, als Ultima Ratio verteidigt – mit seiner Abschaffung «würde die Politik zum Autoritätsverfall der Lehrer beitragen». (*«Sitzenbleiben lieber bleiben lassen»*, *«Hamburger Abendblatt»* vom 12.6.2006.)

Wie bitte? Man stelle sich ein Kind vor, das im mathematisch-naturwissenschaftlichen Bereich begabt ist, sich aber mit Sprachenlernen schwertut und in Englisch, Französisch und vielleicht noch in Deutsch eine Fünf hat, womöglich trotz Nachhilfestunden. Dieses Kind bleibt sitzen. Wie bitte kann ich es wagen, hier von Sitzenbleiben als «Disziplinierungsmittel» zu sprechen? «Du kannst etwas nicht oder hast Wissenslücken, also bestrafe ich dich!» In diesem Denkmuster zeigt sich wieder einmal die fatale Vorstellung vom Schüler als Feind. Die «Schwarze Pädagogik» des frühen 18. Jahrhunderts scheint immer noch tief im Unterbewussten verankert zu sein. Sie zielte darauf ab, die «böse Kindsnatur» zu brechen und Kinder «abzurichten»: Johann Georg Sulzer schreibt 1748 in seiner Abhandlung «Versuch von der Erziehung und Unterweisung der Kinder»: «Die ersten Jahre haben unter anderem auch den

Vorteil, dass man da Gewalt und Zwang brauchen kann. Die Kinder vergessen mit den Jahren alles, was ihnen in der ersten Kindheit begegnet ist. Kann man da den Kindern den Willen nehmen, so erinnern sie sich hiernach niemals mehr, dass sie einen Willen gehabt haben.»

Oft genug habe ich den Eindruck bekommen, dass bestimmten Lehrern dieser Gedankengang gar nicht so fremd ist. Wie viele Generationen wird es noch dauern, dass Lehrer das Prinzip von «Züchtigung durch Noten» aus ihren Köpfen bekommen?

Vielmehr habe ich bei vielen Kollegen das Gefühl, dass sie es regelrecht genießen, den Schüler im Ungewissen schmoren zu lassen, um dann später den «Schicksalsfaktor» ins Spiel zu bringen: «Na, das hättet ihr nicht gedacht, dass ich das Thema mit in die Klassenarbeit gepackt habe, tja, da hat ja eine Reihe von euch falsch gepokert ...»

Prinzip ist Prinzip – Manifestation des Stillstandes

So wie die Notenvergabe oftmals zu einer Frage des Prinzips gemacht wird (Kevin gebe ich prinzipiell keine Zwei), ist das Lehrerverhalten in der Klasse insgesamt häufig von einer Prinzipienreiterei getragen, die einen wahlweise den Kopf schütteln oder verzweifeln lassen kann.

«Auf Zwischenrufe antworte ich prinzipiell nicht.»

«Im Halbjahr gibt es prinzipiell die schlechtere Note.»

«Bei mir wird prinzipiell im Unterricht nicht getrunken.»

«Prinzipiell holen wir keine Leute von außen in die Schule.»

So oder so ähnlich hat bestimmt schon jeder Schüler seinen Lehrer oder seine Lehrerin reden hören. Da gibt es Pädagogen, die tragen ihre ganz persönlichen Unterrichtsprinzipien wie ein Manifest für Erziehung und Unterricht mit sich herum und vermitteln den Eindruck, sie hätten das pädagogische Rad erfunden und alle anderen Bestrebungen, didaktische Prinzipien neu zu denken, wären vergeudete Zeit.

Dabei sollte im Schulleben nichts wandelbarer sein als die Gestaltung von Erziehung und Unterricht. Hierbei spielt der jeweilige Zeitgeist eine große Rolle. Lag zu meiner Zeit der lehrerzentrierte «Frontalunterricht» als Unterrichtsprinzip zugrunde, so haben wir es heute häufig mit Organisationsformen wie dem «Offenen Unterricht» zu tun, wie ihn schon Maria Montessori propagierte. Bei ihm kann der Schüler selbst entscheiden, welche Inhalte er wie bearbeiten möchte. Das oberste Credo der Montessori-Pädagogik lautet dementsprechend: «Hilf mir, es selbst zu tun.»

Mit der Hilfe ist das allerdings so eine Sache in deutschen Klassenzimmern: *Prinzipiell* sollte sie in vielfältigen Unterrichtsformen und Modellen zur Verfügung stehen, je nachdem, was die Lerngruppe erfordert, um selbständig zu arbeiten. Und tatsächlich setzen sich Referendare im Vorbereitungsdienst ausführlich mit Didaktik auseinander. In der Schulrealität mussen sie dann oft einsehen: Vielfalt und Einfallsreichtum in den Unterricht zu integrieren, ist sehr anstrengend und fordernd.

Da nehme ich als Lehrer doch dann lieber gerne alles an, was mir den stressigen Schulalltag erleichtert: nicht nur die Voreinschätzungen über Schüler von Kollegen vom Vorjahr, sondern auch vorgefertigte Leistungsüberprüfungen und einheitlich angewandte Methoden, die ich auf Teufel komm raus in die Lerngruppe reinpresse. Dabei ist jede Lerngruppe so individuell, dass diese Vorgehensweise nicht von Erfolg gekrönt sein *kann*. Betrachten wir beispielsweise den Unterricht in einer sehr unruhigen Lerngruppe mit dem in einer disziplinierten, lernwilligen – die es ja allen Unkenrufen zum Trotz durchaus gibt –, merken wir, dass Lehrer mit vorgefertigten Konzepten den Unterricht rasch vor die Wand fahren. Sie mühen sich, stur das Erlernte aus Uniseminaren oder unzähligen Methodentrainings als «diplomierte Unterweisungstechniker» an den Schüler zu bringen. Prinzip ist Prinzip. Dass sie damit von einer herausfordernden Gruppe schnell Grenzen aufgezeigt bekommen, ergibt sich fast zwangsläufig.

Ich vergleiche Unterricht in einem Klassenzimmer immer mit einer Schiffskombüse auf hoher See. Auf einem Schiff kann ich keine «normale» Küche einbauen. Nein, vielmehr brauche ich zum Beispiel kardanisch gelagerte Herdplatten, die auch bei hohem Seegang und einem sich neigenden Schiff die Töpfe in horizontaler Lage halten, damit sie nicht umkippen oder sogar Unfälle verursachen. Auf die Lernsituation übertragen heißt das, ich muss als Lehrer den Unterricht derart gestalten, dass ich mich unvorhersehbaren Gegebenheiten anpassen, dass ich flexibel reagieren kann und dabei trotzdem das Lernziel nicht aus den Augen verliere. Die Crux an der Sache: Diese Flexibilität kann man nur bedingt erlernen. Man hat sie oder hat sie nicht, das ist meine feste Überzeugung. Die Fähigkeit, intuitiv und spontan zu handeln, besitzen leider viele Lehrer nicht (oder es ist ihnen zu anstrengend, sich darauf einzulassen) – obwohl sie eine der Kernkompetenzen von Lehrern sein sollte. Das, was das Hauptgeschäft von Vertretungslehrern ist, nämlich im Grunde genommen auf Zuruf situationsangemessen zu unterrichten, das lehnt meiner Erfahrung nach ein Großteil der Kollegen kategorisch ab. Wissen in die Klasse reinpressen, als erledigt abhaken, das Soll erfüllen, wer nicht mitkommt, Pech gehabt – das ist eine Vorgehensweise, die ich oft erlebt habe. Nur nicht nach rechts und links gucken. Für den Kollegen Vertretungslehrer, der schon am Schultor vom Schulleiter in Empfang genommen wird, heißt es allerdings: «Ah, schönen guten Morgen, ich hoffe, es geht Ihnen gut, denn heute kommt viel auf Sie zu. In der Zehn müssten Sie heute Physik übernehmen, Kollegin Siemers steht noch im Stau. Außerdem haben wir noch Ausfälle in Chemie in der Neun, da können Sie alles machen, nur keine praktischen Versuche. Ausfall haben wir auch im Blockflötenunterricht der beiden Sechsten, da stünden dann noch zwei Doppelstunden an, und, ach ja, können Sie Judo? Dann könnten Sie die AG von Herrn Karsten heute Nachmittag übernehmen. So 'ne Judorolle kriegen Sie doch hin, oder? Hahaha. Ach und übrigens, eine Blockflöte finden Sie bestimmt noch bei den Fundsachen im Musikraum, toi, toi, toi.»

Einem Lehrer aus seinem angestammten Kollegium würde ein Schulleiter niemals solch ein Pensum abverlangen, denn er wüsste genau: Der würde mit einem müden Lächeln abwinken.

Intuitiv zu handeln, nicht immer das nach Lehrplan Vorgesehene, «Richtige» zu tun, sondern auch mal spontan, aus der Situation heraus zu agieren, wird in deutschen Schulen nicht gerne gesehen. Es könnten ja Fehler passieren. Man könnte etwas falsch machen. Etwas, das so nicht im Lehrplan steht. Dabei gehören Fehler zum Lernprozess dazu. Meiner Ansicht nach darf der Schüler ruhig mitbekommen, dass auch Lehrer nicht perfekt sind – dann kann er sich bei ihnen abgucken, wie man aus Fehlern oder kleineren Unzulänglichkeiten lernt, dass die Welt davon nicht untergeht, wie man es das nächstes Mal besser macht und man das «Scheitern» als Ansporn nehmen kann. Welche bessere Lektion kann man Kindern vermitteln?

Stattdessen: mangelnde Flexibilität allüberall in der Klassenzimmern. Das bestätigte mir auch ein Seminarleiter, der sich alle Mühe gab, meinem damaligen Kollegium an einer pfälzischen Schule unterschiedliche Lehrmethoden nahezubringen, die sinnvoll und variabel in das Unterrichtsgeschehen eingebaut werden konnten. Doch leider vergeblich. Die Kollegen forderten eine oder mehrere Methoden passend zu jedem Thema, ungeachtet der Unterschiedlichkeit der Lerngruppen. Sie wollten ein Patentrezept, mit hundert Prozent Erfolgsgarantie, eine All-inclusive-Methode, ein immer passendes Prinzip, universell anwendbar auf jede Klasse. Schließlich hätten sich die Schüler anzupassen und nicht umgekehrt. Der Seminarleiter schaute mit schon fast verzweifeltem Blick über die Kollegenköpfe hinweg an die Decke. Der Hinweis, die Methoden als reine Hilfsmittel zu verstehen, um den Lernstoff an die Schüler zu bringen, und je nach Lerngruppe die passenden Methoden auszuwählen, traf auf großes Unverständnis. Unzufriedenheit machte sich breit, und der Seminarleiter wurde harsch angegangen: Warum man sich das denn hier alles anhören müsse, wenn man nachher doch nichts Konkretes an der Hand hätte. Dieser murmelte dann nur noch, sichtlich genervt, vor sich hin: «Man kann's, oder man kann's nicht.»

Viel zu viele Lehrer scheitern deshalb kläglich in ihrem Unterricht, weil sie eine «eckige Küchenzeile» in einen «halbrunden Raum» einbauen wollen. Sie haben verlernt, sich intuitiv auf Veränderungen einzulassen, flexibel auf Stimmungen in der Klasse oder Besonderheiten von Schülern zu reagieren.

Also heißt es: «Seite 81 bis 100 lesen und schriftlich zusammenfassen.» Und das jeden Tag, und in fast allen Fächern. Kinder lernen aber nicht, indem man ihnen ausschließlich Lernaufträge erteilt und Pläne «abarbeitet». «Es ist ein Drama», kommentiert dann auch Professor Peter Kruse im Video zu seiner Studie «Wandel der Arbeitswelt» (zu finden bei YouTube). «Erst wird uns in der Schule das intuitive Entscheiden abtrainiert, und dann werden wir in eine Welt entlassen, in der man ohne Intuition gar keine Chance hat.»

Und ja, ich kann sie hören, die Stimmen meiner Kollegen: «Was sollen wir denn noch alles berücksichtigen? Wir haben unseren Lehrplan, der abgearbeitet werden muss, und neben den vielen Kompetenzen, die wir berücksichtigen sollen, steht uns die Wirtschaft im Nacken und fordert von uns Lehrern, dass wir neben zahlreichen sozialen Kompetenzen vor allem fundierte Basiskenntnisse und Grundfertigkeiten vermitteln sollen.»

Da kann man sich doch viel bequemer hinter selbstausgedachten Prinzipien verstecken und diese verteidigen gegen sämtliche Einflüsse von außen, sei es in Form von neuen Kollegen in der Klasse oder Eltern, die mit Ideen und Vorschlägen von außen den Unterricht bereichern wollen. Wie drückte es eine Kollegin aus: «Also Eltern haben bei mir im Unterricht prinzipiell nichts verloren, die sollen beim nächsten Schulfest am Grill stehen oder Kuchen backen, damit hat sich's.»

Die noch radikaleren Aspiranten auf den Platz 1 der Prinzipienreiterei knallen angesichts neuer Ideen sofort die sinnbildliche Tür zu: «Kommt überhaupt nicht in Frage, das haben wir nie so gemacht, und das werden wir in Zukunft auch nicht tun, Punkt, Schluss, aus.»

Diese «Kenne ich nicht, mach ich nicht»-Mentalität zeigt sich besonders schön in der folgenden Episode: Ich hatte einmal das große Vergnügen, zu einem Event der Deutsch-Amerikanischen Gesellschaft in Heidelberg eingeladen zu sein. Als Highlight des Abends sprach der Astronaut Thomas Reiter.

Gespannt und fasziniert lauschte ich den Ausführungen und fasste am nächsten Morgen, noch völlig beseelt von dem tollen Abend, einen Entschluss: Vielleicht konnte ich mit ein bisschen Glück meinen Schülern eine tolle Begegnung mit einem Astronauten ermöglichen? Ich bat die Freundin, die mich mitgenommen hatte, den Kontakt zu Herrn Reiter herzustellen. Doch zuvor wollte ich natürlich meinen Schulleiter um Erlaubnis bitten. Aufgeregt wie ein Kind vor Heiligabend ging ich morgens noch vor dem Unterricht direkt zu ihm, um mir sein Okay abzuholen. Aber er schmetterte meine Idee einfach ab: «Den kenne ich nicht, der kommt mir hier nicht ins Haus.»

Welche Chance ist da den Schülern entgangen: einen echten Astronauten kennenzulernen! Wen wundert es, dass sich Lehrer bei solchen Breitseiten nicht mehr engagieren? Wer holt sich schon gerne eine blutige Nase?

Das sind mir sowieso die Allerliebsten, die gar nicht erst auf einen Vorschlag eingehen, sondern einfach rigoros dagegenhalten. Häufig verbirgt sich hinter solch einem Verhalten eine tiefe Unsicherheit gegenüber Veränderungen – oder die Scheu vor eventueller Mehrarbeit. Was ist dann einfacher, als alles Neue gleich einmal zu verteufeln: «Hat doch bisher ganz gut geklappt, warum sollte ich was verändern?» Solche Kollegen erkennt man oft schon an Habitus und Körpersprache. Schlägt man ihnen etwas vor, dann gucken sie sofort skeptisch, verschränken die Arme vor der Brust und müssen ganz plötzlich ganz dringend weg.

Geradezu verhängnisvoll wird es, wenn wie in dem Beispiel oben der Schulleiter ein solcher Prinzipienreiter ist. Dann ist Stillstand in jeglicher Hinsicht angesagt. Besonders junge Lehrer und Referendare, die oft mit wunderbaren neuen Ideen aufwarten, leiden darunter.

Dieser Entwicklungsstillstand in viel zu vielen unserer Schulen macht ganze Generationen von Schülern zu risikoscheuen Erwachsenen. Wenn diese Prägung schon in jungen Jahren stattfindet, wird es später umso schwieriger, einen Paradigmenwechsel zu vollziehen.

Ich finde es schlichtweg verwerflich, dass Schüler so oft lustlosen, auf ihren Prinzipien herumreitenden Lehrern ausgeliefert sind, die es eigentlich von Berufs wegen besser wissen müssten: «Prinzipiell ist deine Idee nicht schlecht, doch ich möchte hier an dieser Stelle nichts verändern.»

«Prinzipiell könnten wir den Klassenraum effektiver nutzen, aber die Tische und Stühle müssen so stehen bleiben wie vorgesehen.»

«Prinzipiell habt ihr sehr gute Ideen, aber wir haben keine Zeit, uns näher damit zu beschäftigen.»

So werden in deutschen Klassenzimmern aus Angst vor Veränderung Kreativität und Innovation im Keim erstickt. Das macht selbst bei den Vorschlägen der Kultusministerien zur Verbesserung des Unterrichts nicht halt: «Prinzipiell ist es ja nicht schlecht, Laptops für die Schüler anzuschaffen und Medienkunde schon in Klasse 5 anzubieten, aber dann müssten wir hier so viel umräumen. Und Lehrer, die Medienkunde unterrichten könnten, haben wir auch nicht wirklich» – mit diesem Kommentar fegte ein Kollege in einer Gesamtkonferenz den besagten Vorschlag vom Tisch. Prinzipiell will man ja etwas ändern – nur nicht dort, wo es bitter nötig ist: an der Einstellung der Lehrer, am Lehrer selbst.

Dabei ist das fatal. Lassen Sie mich eine Analogie aus der Medizin heranziehen. Stellen Sie sich einen Patienten vor; er ist 1,70 Meter und wiegt 120 Kilo. Neben verschiedenen anderen Beschwerden schmerzen seine Füße. Er bekommt Einlagen und Krankengymnastik vom Orthopäden verschrieben und verschiedene Schmerzmittel von seinem Hausarzt. Und jetzt stellen Sie sich vor, niemand würde dem Patienten sagen, dass das Problem an der Wurzel gepackt werden muss: «Sie sind zu schwer, das müssen Sie ändern, ansonsten werden Sie immer Probleme mit schmerzenden Füßen haben.»

Genau so aber gehen wir in den Schulen vor: Wir doktern an Symptomen herum, ohne die Ursachen zu bekämpfen.

Fächerübergreifend unterrichten?
Viel zu anstrengend!

Die oben beschriebene Haltung ist besonders unverständlich, wenn man sich beispielsweise das Referenz-Rahmenkonzept der Europäischen Kommission anschaut. Es enthält eine lange Empfehlungsliste für lebenslanges Lernen. Neben den klassischen Kernkompetenzen wie Lesen, Schreiben, Rechnen und naturwissenschaftlichen Kompetenzen sollen u. a. die digitale Kompetenz, die Lernkompetenz, die soziale und die Bürgerkompetenz, Kulturbewusstsein und kulturelle Ausdrucksfähigkeit vermittelt werden. Im Rahmen dessen wird u. a. eine deutliche Abkehr vom herkömmlichen Unterrichten und Bewerten in abgetrennten Fächern gefordert. Weg vom abstrakt Gelernten hin zu «Wissensanwendung in Echtwelt-Situationen» *(aus der Zusammenfassung zum Konzept, zu finden u. a. bei http://keyconet.eun.org)*, die mit neuen Denkweisen, neuen pädagogischen Ansätzen und Methoden einhergeht.

Was würde ein solcher Ansatz idealerweise bedeuten? Nehmen wir das Thema «Maßnahmen zur Gesunderhaltung» – was, nebenbei bemerkt, zentral im schulischen Bildungskanon des 21. Jahrhunderts werden wird, will man Zukunftsforschern Glauben schenken. Idealerweise wären bei diesem Thema die Fächer Biologie, Sozialwissenschaften, Mathematik, Sport, Deutsch, Ethik / Religion, Hauswirtschaft, Chemie, Physik, Musik, Arbeitslehre / Technik, Erdkunde und sogar Kunst mit von der Partie. Im Fach Biologie könnten die körperlichen Folgen von schlechter Lebensführung aufgezeigt und erarbeitet werden, in Sowi die gesellschaftlichen Konsequenzen, in Mathematik ließen sich Kalorienverbrauch und BMI berechnen, Sport böte sich für die Erarbeitung von Trainingsprogrammen an, die alltagstauglich sind. Im Deutschunterricht könnte ein Leserbrief zu dem Thema erstellt und an die ortsansässige Presse geschickt werden. Im Ethik- oder Religionsunterricht könnte die Diskriminierung von Übergewichtigen oder auch Magersüchtigen thematisiert werden. Im Hauswirtschaftsunterricht würde ganz praktisch das Kochen von gesunder Kost oder das Kreieren eines gesunden Pausensnacks geübt (hierbei könnte auch noch durch den Verkauf die Klassenkasse aufgebessert werden!). Die Chemie würde krankmachende Zusatzstoffe aufs Korn nehmen. In der Physik könnte beispielsweise die Wirkung von Mikrowellenstrahlen auf die Nahrung untersucht werden oder die Wirkung von Magnetismus auf die Körperzellen und das Schlafverhalten des Menschen. Im Musikunterricht könnte man herausfinden, wie sich der Rhythmus auf den menschlichen Organismus auswirkt oder die Psyche beim Sporttreiben beeinflusst und somit beim Abnehmen helfen kann. In Arbeitslehre / Technik könnten leichte Handgeräte für das tägliche Training zu Hause, in der Schulpause oder im Sportunterricht hergestellt werden. Der Erdkundeunterricht würde Aufschluss drüber geben, wo auf der Welt die Menschen am ältesten werden und welche Umweltbedingungen dort herrschen. In Kunst läge die Herausforderung darin, das Gelernte und Erfahrene in Form einer großen Bildwand oder in einem Kunstobjekt abzubilden und für den Rest der Schülerschaft zu dokumentieren.

Jeder Schüler hätte hierbei zahlreiche Möglichkeiten, sich zu profilieren und unterschiedliche Leistungen zu erbringen, die bewertet werden könnten. Die für die Realisierung des Gesamtkonzepts notwendigen Kompetenzen gäben ein differenziertes Bild vom Potenzial eines jeden Schülers. Er könnte sich selbst erfahren, aktiv lernen mit allen Sinnen, so, wie es Reformpädagogen schon immer fordern.

Hätte, würde, könnte … – Das Beschriebene findet nicht statt! Stattdessen wird im Biologieunterricht das Leben der Eintagsfliege thematisiert, im Erdkundeunterricht der Reisanbau in Vietnam, in Mathematik werden Sinn und Zweck geometrischer Formen diskutiert und in Deutsch Joseph Freiherr von Eichendorffs Liebesgedichte interpretiert. Es finden keine Verknüpfungen von Inhalten statt, jeder Lehrer kocht auch hier sein eigenes Süppchen. «Ich stimme doch nicht meinen Unterricht mit der Heike ab, nein, niemals, wo kämen wir da denn hin, das ist mir alles viel zu aufwendig» – so oder so ähnlich klingt es im Kollegium, wenn das Thema fächerübergreifender Unterricht angesprochen wird.

Lehrer indes, die zukunftsweisend, fächerverknüpfend unterrichten möchten, werden nur allzu oft von Kollegen und Schulleitern als Spinner mit utopischen Vorstellungen von Unterricht abgetan, belächelt und boykottiert oder sogar gemobbt.

Von fächerübergreifendem Bewerten mal ganz zu schweigen. Da macht dann der liebe Kollege oder die liebe Kollegin erst recht nicht mit, weil er oder sie ganz andere Vorstellungen von der Gewichtung bei der Notenvergabe hat und auch keinen Einblick in die (Un-)Tiefen ihrer Notenvergabe geben will.

Am Ende müsste man ja noch umdenken, dabei strotzt man doch nur so vor Kompetenz – und diese anzuzweifeln grenzt an Majestätsbeleidigung.

Von zusammenhängendem oder fachübergreifendem Unterricht und gemeinsamem Bewerten der Schülerleistungen ist also an vielen Schulen keine Spur. In der Praxis herrscht pädagogischer Minimalismus. Ein Traum, wenn ich die Klassenarbeit als Ankreuztest konzipieren kann, den ich dann mit Hilfe einer Schablone bewerte und benote!

Dabei werden allerdings fatal enggefasste Anforderungen an den Schüler gestellt, deren Umsetzung noch dazu einen höchst unbefriedigenden Aussagegehalt besitzt: Der Schüler hat für diesen Test gelernt bzw. nicht gelernt oder hat Glück gehabt bzw. kein Glück gehabt. Was ich allerdings nicht bekomme, ist ein Einblick in das, was der Schüler wirklich zu leisten imstande ist, weil ich ihm keine fachübergreifenden Lernangebote mache, in denen er mir zeigen kann, wo seine Stärken liegen, wie die Bandbreite seines Interesses aussieht, wie kreativ oder lösungsorientiert er arbeitet. Somit wird Schülern immer wieder die Tür vor der Nase zugeschlagen, wenn sie versuchen, ihr Potenzial zu entfalten. Schlechte, aussagelose Noten lassen Potenziale von Millionen von Kindern kläglich verkümmern. Aber Hauptsache, der Lehrer kann in einer Freistunde schnell eine Klassenarbeit durchkorrigieren!

Vorbildfunktion – Fehlanzeige

Flexibilität, Kreativität, die Bereitschaft, Prinzipien auch mal auf den Prüfstand zu stellen, findet man also viel zu selten bei unseren Lehrern. Dabei sollten sie auch in dieser Hinsicht doch eine Vorbildfunktion für die Schüler besitzen. Dieser Rolle scheinen sie sich aber oft nicht bewusst zu sein. Besonders tragisch finde ich das, wenn es um so wichtige Eigenschaften wie Disziplin geht – denn wer sie selbst nicht oder nur in geringem Ausmaße besitzt, wird sie auch nicht bei den Schülern hervorrufen können. Und ohne Disziplin geht es nicht.

Spricht man unsere Pädagogen allerdings einmal auf das Tohuwabohu im Klassenzimmer an und fragt sie, woran es liegt, dass deutsche Kinder (im Gegensatz z. B. zu japanischen) in der Sportstunde nicht einmal mehr fünf Minuten in einer Riege stehen können, hört man oft nur Ausflüchte: Das sei eine Mentalitätsfrage, es sei einfach nicht mehr zeitgemäß, Disziplin einzufordern. Das mit der Disziplin «sei so eine Sache», man wolle doch nicht die bösen Geister aus Deutschlands unrühmlichster Geschichte wieder heraufbeschwören. Was denn als Nächstes käme, der Schäferhund im Klassenzimmer? Oder: Die Zeiten seien doch nun wirklich vorbei, in denen man solche «überholten» Forderungen aufstellen könne.

Wer so etwas behauptet, hat meiner Ansicht nach die Zeichen der Zeit nicht erkannt. Niemand möchte den Schülern blinden Gehorsam abfordern, *diese* Zeiten sind Gott sei Dank endgültig vorbei. Doch schon lange warnen Zukunftsforscher vor der Diskreditierung von Disziplin und Selbstdisziplin und stellen einen Zusammenhang zum kontinuierlichen Werteverfall her.

Altbundespräsident Richard von Weizsäcker hat dies, wie ich finde, in zwei Sätzen sehr passend formuliert: «In unserer Zeit besteht keine Gefahr eines Übermaßes an Disziplin, Pflichtgefühl und Gemeinschaftssinn. Heute herrscht weit eher ein Mangel an der Fähigkeit, sich selbst nicht so wichtig zu nehmen, sondern sich zugunsten von anderen zurückzustellen.»

Lehrer bemängeln sehr oft die schlechte Erziehung ihrer Schüler. Das deckt sich mit meinen Erfahrungen. Aber es kann ja nicht finale pädagogische Antwort sein, vor dieser Tatsache zu kapitulieren. Der Einwand von Lehrerseite, man könne Kindern kein anständiges Verhalten in der Schule beibringen, wenn sie es zu Hause nicht gelernt haben, ist meiner Ansicht nach nur eine Ausrede dafür, dass man sich nicht bemühen möchte. Den Lehrern muss es gelingen, sowohl Eltern als auch Schülern klarzumachen: Wer hier in dieses Gebäude geht, von dem erwarten wir Benehmen und anständiges Verhalten. Wenn ihr, liebe Eltern, euer Kind an unsere Schule geben wollt, dann tragt ihr die Verantwortung, ihm diese für uns wichtigen Werte zu vermitteln. Doch an einer solchen starken Haltung der Schule mangelt es leider allzu häufig, auch deshalb, weil man ja bei sich selbst anfangen müsste. Ich bin allerdings überzeugt, dass diese Werte von *allen* Schulbediensteten getragen und mit Leben gefüllt werden müssen, vom Hausmeister bis zum Schulleiter.

Aber mit der Einigkeit und Verbindlichkeit in Lehrerkollegien ist das eben so eine Sache. Der eine Lehrer versucht unter Androhung drakonischer Strafen seine Forderungen durchzusetzen, der andere lässt sich von Schülern vorführen bis hin zur vollständigen Selbstaufgabe. Fakt ist, wir haben in unseren Schulen ein ernsthaftes Identitätsproblem. Keiner traut sich, Klartext zu sprechen, immer wird um den heißen Brei herumgeredet: «Wir würden uns wünschen…», «Es wäre schön, wenn…», «Angedacht ist für das nächste Schuljahr…», «Es würde uns ein Stück weit voranbringen, wenn …» All diese hohlen Phrasen kosten uns nur Zeit und Energie, und beides bräuchten wir dringend – für eine bessere Lehrerausbildung, für bessere Unterrichtsbedingungen. Und für charakterstarke, durchsetzungsfähige Lehrer, die gewillt sind, Disziplin und Anstand im Unterricht durchzusetzen. Denn damit ist es nicht weit her.

Ich habe von Eltern gehört, dass sich ihre Kinder bei ihnen beschwert hätten, sie seien zu gut erzogen. Das sei in der Schule nicht gefragt, denn nur diejenigen, die sich danebenbenehmen und frech zu den Lehrern wären, würden Beachtung finden. Gutes Benehmen gepaart mit einer eher zurückhaltenden Art würde als Passivität ausgelegt. Kaum zu glauben? Eine Bekannte erzählte mir, dass sie sich Folgendes im Elterngespräch anhören musste: «Für eine bessere mündliche Note muss Ihre Tochter auch mal in den Unterricht reinbrüllen wie die anderen, wie soll ich denn sonst wissen, dass sie was weiß?» Nein, dieses Mädchen wird niemals dazwischenbrüllen, weil sie gelernt hat, dass man sich artig meldet und wartet, bis man aufgerufen wird. So wird sie sich während ihrer gesamten Schullaufbahn in der Beurteilung ihrer mündlichen Leistungen unter Wert verkaufen, weil sie immer wieder, in jedem Jahrgang, zu hören bekommen wird, sie sei zu still und zurückhaltend.

Nie habe ich eine Konferenz erlebt, in der die förderliche Seite des Begriffs Disziplin ins Spiel gekommen wäre. Erwähnung gefunden hat er immer nur im negativen Sinne im Zuge von Disziplinarmaßnahmen gegenüber schulischen «Übeltätern», die es mit Hilfe schlechter Noten zu bestrafen und in die Schranken zu weisen gelte. Was für ein Blödsinn!

Vielleicht liegt es daran, dass auch bei Schülern der Begriff «Disziplin» meist negativ konnotiert ist. Als ich in einer zehnten Klasse danach fragte, zeichneten die Schüler jedenfalls reflexartig das Bild eines autoritären, unsympathischen Erziehers, Lehrers oder Vorgesetzten, der seine «Untergebenen» drangsaliert. Sie assoziierten damit Hacken zusammenschlagende Soldaten, die zum kritiklosen, unterwürfigen Opfer herabgewürdigt werden. Dabei geben klare Regeln Sicherheit, Zuverlässigkeit und damit Wohlbefinden. Disziplin positiv verstanden meint im zwischenmenschlichen Bereich gegenseitige Rücksichtnahme, Respekt und Wertschätzung. Lernen ist mit Mühe verbunden, und dafür braucht es Selbstdisziplin. Es ist ein großes Versäumnis, dass es Lehrern offensichtlich nicht gelingt, diese positiven Auswirkungen diszipliniertem Verhaltens zu vermitteln.

Warum ist das so? Ich habe es immer vermisst, dass die Lehrer oder die Schulleiter die Dinge einmal beim Namen nennen, und zwar nicht, indem sie endlos die negativen Ist-Zustände thematisieren und ob man noch mehr Hinweisschilder mit Benimmregeln im Klassensaal aufhängen oder noch mehr Telefonate mit Eltern führen oder sich noch mehr Sanktionen ausdenken solle. Sondern indem sie einfach mal bei sich selbst anfangen und zugeben, dass auch das Kollegium oftmals ein disziplinloser Haufen ist. Denn eines habe ich immer beobachtet in den Schulen, in denen es besonders viele Probleme mit unwilligen Schülern gab: An ihnen gab es besonders viele Lehrer, die es selbst mit der Disziplin nicht sehr ernst nahmen. Ständiges Zuspätkommen, schlechte oder keine Unterrichtsvorbereitungen und eine offen zur Schau getragene Gleichgültigkeit in Habitus und Erscheinung waren dort an der Tagesordnung.

All das, was Lehrer Schülern so gerne und unverblümt um die Ohren hauen, nämlich träge, lustlos, faul, undiszipliniert und antriebsarm zu sein, das leben viele aus dem Kollegium den Kindern täglich vor. Dabei muss ich mir auch an die eigene Nase fassen: Einer meiner Söhne zog eines Tages demonstrativ, als ich ihn zum wiederholten Male bat, endlich sein Zimmer aufzuräumen, ein neues T-Shirt an. Darauf stand in großen

Buchstaben: «Warum soll ich mein Zimmer aufräumen, wenn die ganze Welt ein Chaos ist?» 1:0 für ihn. Denn er traf damit bei mir einen wunden Punkt: Mit meinem chaotischen Arbeitszimmer war ich alles andere als ein Vorbild in Sachen Ordnung und Disziplin. Kinder wollen aber Leitfiguren, an die sie sich halten können, die sie von ihren Erfahrungen profitieren lassen. Ich musste einsehen: Wenn ich von meinen Kindern Ordnung verlangte, galt es selbst mit gutem Beispiel voranzugehen.

Im Schulkontext habe ich es leider nur selten erlebt, dass ein Lehrer sein eigenes Verhalten hinterfragt hätte. Es geht doch viel schneller von der Hand, andere, in dem Fall Schüler, zu beurteilen oder abzuurteilen.

Als ich einmal einen Kollegen vorsichtig auf sein nachlässiges, lustloses Auftreten ansprach, rechtfertigte er es damit, dass wir uns ja eh an einer in jeder Hinsicht «kaputten» Schule mit der entsprechenden Klientel befänden und er «keinen Bock» habe, noch mehr Energie «in diesen Laden» zu stecken.

Leider ist diese Einstellung kein Einzelfall. Ihre fatale Botschaft an die Schüler: «Ihr schafft nichts, dann schaffe ich auch nichts, wir lassen uns gegenseitig gewähren, halten den Mund und leben ein Gleichgewicht des Schreckens.»

Was aus solchen Schülern wird, lässt sich heute in den Klassenzimmern beobachten – bei denen, die unterrichten. Ein Teil der Lehrer kann sich bis zum heutigen Tag nicht an gesellschaftliche Normen der Verständigung halten, sie besitzen keine Kompromissbereitschaft und lehnen jegliche Kritik an ihrem Handeln ab, sie setzen energisch ihren Willen durch und leben ihren Egoismus in vollen Zügen aus. Mit Andersdenkenden geraten sie schnell aneinander und verurteilen diese oft voreilig.

Das andere Extrem sind diejenigen, die unter ihrem Mangel an Selbstdisziplin leiden und deshalb versuchen, ihn durch besonders strenges Verhalten den Schülern gegenüber zu kompensieren. Sie erwarten bedingungslose Gefolgschaft von ihren Schützlingen, lassen keine Diskussionen zu und sind das lebendige Beispiel für falsch verstandene Disziplin.

Ohne die richtige Art von Disziplin, davon bin ich überzeugt, wird es aber zukünftig nicht gehen. Ich gebe dem Erziehungswissenschaftler Professor Manfred Bönsch recht, wenn er schreibt, dass Disziplin nicht länger ein Tabuthema in der Bildung sein darf («*Tabuthema Disziplin – Ausdruck autoritärer Pädagogik oder elementare Voraussetzung erfreulichen Zusammenlernens?*», «*News 4teachers*», 18. 6. 2017).

Wie viele Lehrer möchten sich denn noch weiter selber zerfleischen und krank werden, weil sie den immer schlechter erzogenen oder vernachlässigten Kindern nicht mehr gewachsen sind?

Natürlich können wir erzieherische Defizite nicht vollständig in der Schule kompensieren, dennoch ist jede Unterrichtsstunde, in der der Schüler wichtige Verhaltensmuster menschlichen Miteinanders kennenlernt, ein Gewinn für ihn, sein weiteres Leben und die Gemeinschaft. Selbst wenn ich nur kleine Ansätze für ein besseres Verhalten, einen kleinen Impuls für gesündere Lebensführung gebe, kann der Schüler davon profitieren – und wenn er schon älter ist, kann er dies sogar in seine Familie tragen. Der im Mai 2017 verstorbene Schauspieler Roger Moore, der jahrelang als UNICEF-Botschafter tätig war, sagte einmal: «Lasst uns Liebe lehren in den Klassenzimmern, vielleicht bringen die Kinder es dann ihren Eltern bei.» Auch wenn das für manche Ohren kitschig klingen mag – er hat recht.

Schule neu zu denken kann daher heißen, Altbewährtes

wiederzuentdecken. «Das klingt aber nicht zukunftsweisend, damit locke ich keine Eltern und Schüler an.» So oder ähnlich argumentieren Schulleiter, denen es ausschließlich um Zahlen, Daten und Fakten geht und nicht um Inhalte. Die Zahlen (= Anmeldungen, Notendurchschnitte, Absolventenzahl) müssen stimmen, dann funktioniert Schule, meinen sie. Nein, das tut sie eben nicht, jedenfalls nicht langfristig und nicht mit nachhaltigem Erfolg für die Schüler. Schule funktioniert nur, wenn Lehrer als Vorbilder fungieren, wenn sie Disziplin, Respekt und Ordnung nicht nur predigen, sondern auch selbst leben.

Schule als rechtsfreier Raum

Dass man sie nicht loswird, diese Lehrer, die seit Jahren oder sogar Jahrzehnten einen schlechten Job machen und sich Neuerungen verweigern, ist ein schwer zu ertragender Umstand. In diesem Kapitel soll es darum gehen, was – und ob überhaupt – Schüler und Eltern gegen schlechte Lehrer tun können.

Wie oft kommen Schulkinder mit Beschreibungen von Ungerechtigkeiten oder Demütigungen, die sie durch einen oder im schlimmsten Fall sogar durch mehrere Lehrer erfahren haben, nach Hause! Teilweise sind die Vorgehensweisen einiger Lehrer so perfide und subtil, dass sie schier erfunden klingen.

Ein Beispiel: Die Mädchen eines Gymnasiums beschwerten sich zunehmend, und wie ich später erfahren habe, wohl schon seit Jahren, über die sexuellen Anspielungen und Anzüglichkeiten eines Lehrers, des Herrn M. Als ich die Schüler darauf ansprach, reagierten sie mehr oder weniger achselzuckend: «Ach ja, der ‹Pädo-M.›. Jeder wisse, dass der gerne mal seine

Akten fallen ließe und dann die Mädchen auffordern würde, sie aufzuheben. Und dann stelle er sich immer ganz dicht hinter sie. Eine Schülerin beschwerte sich: «Manchmal müssen wir uns im Musikunterricht auch auf seinen Schoß setzen, dann umarmt er einen von hinten, und man muss mit ihm zusammen dirigieren, das ist immer so eklig!» Ich war entsetzt. Als ich den Schulleiter darauf ansprach, empörte der sich lediglich darüber, dass regelmäßig Abgesandte der Bezirksregierung kämen und Schülerinnen zu diesem Umstand befragt würden. Natürlich sei alles übertrieben, und die Vorwürfe gegen Herrn M. würden sich jedes Mal in Wohlgefallen auflösen. Die zahlreichen, immer wieder eingehenden Beschwerden von Eltern wurden vom Schulleiter abgebügelt: «Ich weiß gar nicht, was Sie wollen, der wird doch sowieso bald pensioniert!» Das ist jetzt über zwei Jahre her, und der Lehrer unterrichtet immer noch an der Schule …

An dieser Stelle meine wirklich eindringliche Bitte an die Eltern: Glauben Sie Ihrem Kind! Auch ich habe zu oft den Fehler gemacht, Lehrerfehlverhalten zu bagatellisieren: «Na, das hast du bestimmt falsch verstanden.» – «Ach, der meinte das bestimmt nicht so.» – «Vielleicht hat Frau Werner einfach einen schlechten Tag gehabt …»

Wenn sich diese «schlechten Tage» allerdings als Grundhaltung eines Lehrers entpuppen, ist höchste Eile geboten, zumal wenn den Schülern gedroht wird (auch das habe ich erlebt): «Du willst doch aber an dieser Schule schon noch deinen Abschluss machen, oder?» In solchen Fällen ist ein Gespräch mit dem Lehrer, Elternsprechern, Schulelternsprechern, Vertrauenslehrern, Schulleitern oder der Schulbehörde angezeigt.

Dafür müssen Sie sich wappnen. Denn wer kennt sie nicht, diese endlosen Elternabende, um die Eltern bitten, wenn ein

Lehrer regelmäßig aus der Rolle fällt? Eltern bombardieren den Elternsprecher mit Informationen und fordern, er möge bitte kraft seines Amtes für Abhilfe sorgen. Große Hoffnungen ruhen dabei auf der Person des Schulleiters, der in der Regel vor dem anberaumten Elternabend-Termin alle beteiligten Konfliktparteien zu einem klärenden Gespräch ins Direktorat lädt. Hier wird dann den Eltern mit geölter Stimme erklärt, man könne sich gar nicht vorstellen, dass besagter Kollege oder besagte Kollegin Anlass zur Beschwerde gäbe, schließlich handele es sich um ein äußerst engagiertes Mitglied des Lehrerkollegiums, das von Kollegen wie Schülern gleichermaßen sehr geschätzt würde, bla, bla, bla.

Als Mutter von fünf Kindern und ehemalige Lehrerin kann ich diese Platte auswendig. Die Schulleiter stellen sich schützend vor ihre Kollegen. Was man auf den ersten Blick als Loyalität und angemessenes Rückenstärken durch einen Vorgesetzten gutheißen mag, gerät zur Farce, wenn klarwird: Egal, wie stark der Protest, wie einig sich Eltern und Schüler sein mögen in ihrer Kritik – der Schulleiter wird sich in den allermeisten Fällen auf die Seite des Kollegen schlagen. Hier gilt das alte Sprichwort von der einen Krähe, die der anderen nicht das Auge aushackt.

Beschwerden werden häufig einfach abgetan: «Na ja, man kennt das doch von Kindern, da liegen Dichtung und Wahrheit oft nah beieinander.» Oder: «Da kommen von anderen Schülern aber ganz widersprüchliche Aussagen zu dem, was Ihr Kind und Sie da behaupten.» Oder: «Nein, also für den Kollegen lege ich meine Hand ins Feuer, das kann und will ich nicht glauben.» Ende des Gesprächs, bis zum nächsten Mal.

Schülern und Eltern wird viel zu häufig unterstellt, dass sie die Unwahrheit sagen, nur auf ihren Vorteil bedacht sind oder sich wegen einer schlechten Note rächen wollen. Ja, es gibt sie, die Eltern, die ständig die Kompetenz der Lehrer in Frage stellen, wegen einer Notenvergabe mit dem Anwalt drohen und völlig überbordende Ansprüche haben, wie mit ihrem Sprössling umzugehen sei. Wenn es allerdings um solch essenzielles Fehlverhalten wie im Fall des oben beschriebenen übergriffigen Lehrers geht, habe ich es nie erlebt, dass die Anschuldigungen der Schüler völlig aus der Luft gegriffen waren. Schüler haben durchaus ein Gespür für Recht und Unrecht.

Ein Beispiel aus der Schule meiner Kinder: Ich führte ein Telefonat mit einer Lehrerin, weil sie das ärztliche Attest meines Sohnes nicht akzeptierte. Mein Sohn war vormittags mit Magen-Darm-Grippe von der Schule nach Hause geschickt worden. Er rief mich an und bat mich, einen Arzttermin für ihn auszumachen. Ich bekam immerhin einen Nachmittagstermin. Tage später brachte er besagter Lehrerin sowohl meine schriftliche Entschuldigung als auch das Attest vom Arzt. Die Lehrerin verweigerte die Annahme mit der Begründung, dass er nicht sofort nach der Schule zum Arzt gegangen sei, und wollte meinem Sohn somit unentschuldigte Fehlstunden ins Zeugnis eintragen lassen. In dem Telefonat wollte ich der Kollegin erklären, wie aussichtslos es gewesen sei, einen Arzttermin um 13 Uhr zu bekommen. Ich hatte den Satz noch nicht beendet, als mir die Lehrerin brüllend in die Parade fuhr und mir unterstellte, ich hätte mich eben nicht genug bemüht, und überhaupt sei mein Sohn wahrscheinlich gar nicht krank gewesen. Sie pöbelte dermaßen, dass ich den Hörer auflegte, um postwendend den Schulleiter zu informieren und mich über ihr Verhalten zu beschweren. Der sagte nur, ich solle das nicht so ernst nehmen, die Kollegin habe eben manchmal eine etwas polternde Art. Immerhin versprach er mir, sich bei ihr zu erkundigen, und meldete zurück: Frau E. behauptete, sie habe auf das Höflichste mit mir gesprochen. Auch der Kollege B. sei «zufällig» mit im Büro gewesen und könne bezeugen, dass Frau E. ausnehmend freundlich zu mir gewesen sei.

Während ich noch mit Luftholen beschäftigt war, fragte der Schulleiter mich tatsächlich, ob denn jemand meine Version des Telefonats bestätigen könne?

Es hat noch Wochen hartnäckiger Diskussionen bedurft, bis geklärt war, dass mein Sohn keine unentschuldigten Stunden auf dem Zeugnis eingetragen bekam.

Den Eltern wird bei Beschwerden über Lehrer in der Regel suggeriert, man nehme ihr Anliegen ernst, damit sie sich beruhigen. Man tut verständnisvoll und einsichtig und garniert das Ganze mit einigen Lobhudeleien über die Sprösslinge, die ja allen Lehrern so viel Freude bereiteten, selbst dem Lehrer, der so unter deren Anfeindungen leide.

Wenn das die Eltern nicht beruhigt, kommt eine andere Strategie zum Tragen: Der Spieß wird umgedreht. Plötzlich landen die Eltern selbst auf der Anklagebank. Ich habe es oft genug erlebt, wie schonungslos Eltern in solchen Gesprächen kritisiert und zuweilen sogar heftig beleidigt worden sind. Vätern und Müttern werden ihre guten Absichten in Abrede gestellt, bisweilen sogar ihre Erziehungskompetenz, ohne ihnen produktive Anreize oder Verbesserungsvorschläge zu unterbreiten, die ihnen bei der Erziehung des Kindes dienlich sein könnten.

Sind Eltern den Lehrern dann auch noch verbal unterlegen, werden sie vielfach zu Opfern von Lehrerarroganz: Fortan wird im «Gespräch» mit Fremdwörtern und Fachtermini nur so um sich geworfen. Merken die Lehrer, dass die Eltern nur Bahnhof verstehen, setzt man noch einen drauf und fragt mit einem süffisanten Unterton: «Konnten Sie mir bis hierher folgen?»

Welcher Vater und welche Mutter lassen sich wohl ein zweites Mal derart erniedrigen und vorführen? Kein Wunder, dass viele Eltern den Kontakt mit der Schule scheuen. In diesem Zusammenhang erscheint der gebetsmühlenartig wiederholte Wunsch eines jeden Klassenlehrers beim Elternabend, doch bitte in fruchtbarer Kommunikation das Beste für die Kinder zu erreichen, wie blanker Hohn.

So werden die Eltern abgewimmelt, alles bleibt beim Alten, und Konsequenzen für den Lehrer gibt es – keine.

Was lernen Schüler und Eltern aus solchen Erlebnissen? Das, was mir ein Jurist aus seiner langjährigen Erfahrung mitteilte: «Nirgends wird so viel gelogen und betrogen wie in der Schule.»

Machtmissbrauch ist in vielen Berufen und Situationen des Alltags wiederzufinden. Was ihn aber in der Schule so besonders verwerflich macht, ist die Tatsache, dass die Kinder ihm aufgrund ihrer Jugend und Unerfahrenheit nichts entgegenzusetzen haben und ihm somit auf Gedeih und Verderb ausgeliefert sind.

Zahlreiche Schulen bauen regelrecht darauf auf: Schulleiter üben Macht gegenüber Kollegen, Schülern und Eltern aus, Lehrer gegenüber Schülern und Eltern, Kollegien gegenüber Schulleitern. Dieses Verhalten signalisiert jedem, der sich in die «Höhle des Löwen» begibt: «Schön die Füße stillhalten, bloß nichts kommentieren, nichts kritisieren, nichts verändern wollen, nur die Eitelkeiten streicheln ...» – ansonsten wird es haarig für den Betroffenen. Die Angst schwebt durch die Schulflure wie ein unsichtbarer Geist.

Immer wieder erlebte ich es, dass Eltern nicht auf Ungerechtigkeiten hinwiesen, geschweige denn gegen sie protestierten – aus Angst, dass das eigene Kind Nachteile davon hat: «Ach, wissen Sie, wir sind froh, dass unser Lukas gerade mit Frau Habicht ganz gut auskommt und nicht bei ihr auf dem Kieker steht. Wir möchten uns da gerne raushalten, dafür haben Sie doch sicherlich Verständnis ...» Ein vielleicht nachvollziehbares, aber in der Konsequenz fatales Verhalten, weil es dem Lehrer Narrenfreiheit gibt.

Und wenn dann doch jemand den Befreiungsschlag aus diesem Teufelskreis wagt, sich nicht abwimmeln, unter Druck setzen lässt und rechtlichen Beistand sucht, dann werden Eltern mit einem ernsthaften und berechtigten Anliegen in einen Topf geschmissen mit überdrehten Eltern, die Klage führen, weil die vermeintlich geschmacklosen Vorhänge im Klassensaal das Auge ihrer ach so verwöhnten Tochter kränken. Leider haben völlig unsinnige rechtliche Auseinandersetzungen in der Schule zugenommen, und die verderben natürlich das Streitklima. Hier zeigt sich aber auch, dass Schulen es schlichtweg an der Vermittlung von Werteprofilen mangeln lassen.

Die Aussagen der Anwälte, mit denen ich über gerechtfertigte Klagen von Eltern gesprochen habe, sind ernüchternd: «Da ist für Otto Normalverbraucher rechtlich kaum etwas zu erreichen», «Schulangelegenheiten bearbeite ich nicht mehr, da hat man keinerlei Chance», «Schule ist ein rechtsfreier Raum.»

Ist die Inkompetenz gar nicht von der Hand zu weisen, dann muss ein Lehrer gehen, zum Beispiel, wenn die Beschwerden der Eltern überhandnehmen und sie ständig bei den Behörden vorstellig werden. Dann kommt auch mal von Seiten der Behörde der Tipp an den Schulleiter, dem Drama ein Ende zu setzen, indem man die betreffende Lehrkraft an eine andere Schule versetzt. Auch Beschwerden von Kollegen oder andauernde Streitigkeiten innerhalb des Kollegiums können zu einer Versetzung führen – wohlbemerkt zu einer Versetzung und nicht zu einer Entlassung. Das sind dann die unter Kollegen als «Wanderpokale» bezeichneten Lehrer, die von Schule zu Schule, von Klasse zu Klasse weitergereicht werden. Es ist fatal: Den Kündigungsgrund «Unfähigkeit» gibt es nicht.

Wen wundert es dann, dass Lehrer, die ein gravierendes Fehlverhalten an den Tag legen, Kritik daran in der Regel sehr gelassen hinnehmen? Was kann ihnen schon drohen? Fürchten sie die Ächtung oder Missachtung der Schülerschaft oder der Kollegen? Fehlanzeige, damit gibt es kein Problem, das perlt ab: Die Schüler sind abhängig von ihnen, die Kollegen sitzen im selben Boot.

In den seltensten Fällen geht es so aus wie in Berlin 2012. An der Friedrich-Bayer-Sekundarschule in Steglitz sollte ein 63-jähriger Geschichtslehrer zu einem dunkelhäutigen Mädchen gesagt haben, dass sie als Nigger Glück habe, ein Mensch zu sein. Als das Mädchen sich beschwerte, wurden Gespräche mit den Beteiligten und dem Schulpsychologen geführt – und dabei blieb es, es gab keinerlei Konsequenzen für den Lehrer. Erst als die Schülerin Anzeige erstattete, kam ein Disziplinarverfahren gegen den Lehrer in Gang. Aus seiner bereits vorhandenen Ermittlungsakte ging hervor, dass er schon früher mit rechtsradikalen Äußerungen negativ aufgefallen war und u. a. das Vernichtungslager Auschwitz als Arbeitslager abgetan hatte. Als vermeintlicher Rechtsextremist war er schon 2000 für sieben Jahre bei vollen Bezügen (!) vom Dienst suspendiert worden, bis man ihn 2007 wieder in den Schuldienst hatte zurückkehren lassen. Nun wurde er erneut suspendiert. (*«Schülerin beleidigt – Rassismus-Vorwurf: Lehrer suspendiert»,* «Berliner Zeitung» *vom 10. 9. 2012.)*

Familienalbtraum Schule

Angesichts solcher Geschichten wie den eben geschilderten verwundert es nicht, dass viele Eltern der Schulzeit ihrer Kinder eher mit Skepsis oder Bangen entgegensehen. Einer meiner Schulleiter begrüßte Eltern bei den Info-Abenden immer mit der Frage: «Na, meine Damen und Herren, geht's Ihnen gut, oder haben Sie schon ein Kind in der Schule?» Was als Scherz gemeint war, hat einen ernsten Hintergrund: In einer Forsa-Umfrage vom August 2012 gab fast die Hälfte der 1000 befragten Mütter und Väter in Deutschland an, dass der Schulalltag das Familienleben belaste.

Eine Menge Angst schwebt schon mit dem Eintritt ins Schulleben mit. Gutgemeinte Ratschläge von Freunden à la «Genießt die Zeit mit eurem Kind, solange es noch nicht in der Schule ist, von da an geht der Spaß verloren, und der Stress fängt an» tragen auch nicht gerade zur Euphorie bei, wenn es um den ersten Schultag geht.

Immer häufiger höre ich bereits von Kindergartenkindern, dass sie eigentlich gar nicht so gerne zur Schule gehen möchten. Auf meine Frage, woran das liege, höre ich Antworten, die mich betroffen machen: «Wenn ich da was nicht kapiere, dann verdiene ich später nicht genug Geld.» Oder: «Wenn ich nicht gut in der Schule bin, dann macht das meine Eltern traurig.»

Wer macht diesen armen Kleinen solche Angst vor der Schule? Sind wir wirklich alle, Politik, Schule und Elternhaus, dieser Wahnvorstellung verfallen, dass Angst ein guter Lehrmeister ist? Das Gegenteil ist der Fall: Angst lähmt unser Handeln und löst höchstens Fluchtinstinkte oder Wut aus.

Viele Eltern fühlen sich vom Zeitpunkt der Einschulung an komplett überfordert: Darauf zu achten, dass es ihrem Kind in

der Schule gutgeht, dass es sozial integriert ist und im Klassenverband leistungsmäßig mithalten kann, kann sehr stressig und
zeitraubend sein. Als Mutter von fünf Kindern kann ich das
gut nachempfinden, mir ging es genauso. Sind speziell Mütter
dann auch noch voll berufstätig, kommen sie schnell an die
Grenzen ihrer körperlichen, aber vor allem psychischen Kapa-
zitäten. Ich habe immer den Eindruck, dass Politiker nie wirklich wissen, wovon sie reden, wenn sie über die Vereinbarkeit
von Familie und Beruf sprechen. Allein *ein* Schulkind zu haben
ist eigentlich schon ein Fulltime-Job.

Ich habe dazu in dem regionalen Familienmagazin «Stadt-
LandKind» vom Oktober 2016 einen sehr bezeichnenden Artikel mit dem Titel «Was, verdammt noch mal, läuft falsch
in unserem Schulsystem?» der Bloggerin «shy» gefunden. Die
berufstätige Mutter von zwei Kindern beschreibt ihren belas-
tenden Alltag mit Schule folgendermaßen: «Was läuft hier
falsch, dass ich als Mutter zweier Kinder an manchen Tagen
Stunden darauf verwende, Vokabeln abzufragen, nicht verstandene Grammatik zu erklären, Übungsblätter im Internet
zu suchen, auszudrucken und hinterher zu erklären?» Außerdem beklagt sie, dass in der WhatsApp-Gruppe des Sportver-
eins immer häufiger Trainingsabsagen in die Runde geschickt
werden, versehen mit traurigen oder weinenden Emojis: Das
Kind könne nicht kommen, es sei nicht mit den Hausaufgaben
fertig geworden. Der Artikel dieser Mutter gibt wieder, was
tagtäglich auf Familien einprasselt: Der gesamte Tagesablauf
richtet sich nur noch nach der Schule.

Als die Gymnasien merkten, dass sie bei der Umsetzung
von G8 kläglich versagen, hat man die Eltern klammheimlich
als vollwertige Größe in den Lernprozess einbezogen. Aber
eventuell vorhandene Defizite müssen im Unterricht erkannt

und ausgeglichen werden. Es darf nicht Standard sein, dass Eltern stundenlang mit ihren Kindern lernen müssen oder Lehrer gleich in der ersten Unterrichtsstunde des Schuljahres Visitenkarten von Nachhilfelehrern verteilen, wie es mir aus Schulen in Nordrhein-Westfalen berichtet worden ist. Was ist das für ein Armutszeugnis? Welche Kapitulation vor den Rahmenbedingungen, wenn ich als Lehrer von Anfang an davon ausgehe, dass der Unterrichtsstoff gar nicht im Rahmen des Unterrichts vermittelbar ist?

Nicht nur, dass die Eltern mit der familiären Hausaufgaben- und Nachhilfe zeitlich und inhaltlich überfordert sind: Auch die Kinder haben ein Recht auf Freizeit, müssen ihren Hobbys nachgehen können und nicht nach einem achtstündigen Schultag auch noch zwei Stunden an Hausaufgaben sitzen. Und die Unterstützung einfach an professionelle Nachhilfelehrer auszulagern, ist auch nicht die Lösung, denn das können sich nur die Begüterten leisten. Alleinerziehende, Familien mit mehreren Kindern oder mit niedrigem Einkommen haben das Nachsehen.

In Bayern, erzählte mir eine Lehrerin, ziemt es sich für einen anständigen Paten, schon zur Taufe ein ordentliches «Nachhilfe-Konto» für das Patenkind anzulegen, wüsste man doch um die hohen Anforderungen und plane deshalb schon einmal gleich Nachhilfe mit ein.

So reißen sich also Tag für Tag Millionen von Eltern ein Bein aus für ihre Kinder in der Schule – oder aber eben nicht, weil sie es nicht schaffen, weil sie erschöpft sind oder aber nicht verstehen, was die Schule von ihnen als Eltern erwartet.

Dabei sollte es für Lehrer selbstverständlich sein, die Eltern mit ins Boot zu nehmen – und das, bitte schön, auf Augenhöhe, egal aus welchem Bildungsmilieu die Eltern entstammen. Stattdessen werden Eltern von vielen Lehrern als lästiges Übel empfunden. Wie oft heißt es vor Elternsprechtagen: «Oh nee, bei mir haben sich Mutter und Vater Müller eingetragen, die sind immer so ätzend.» Oder: «Hoffentlich kommen Murats Eltern nicht, die verstehen doch eh wieder nur die Hälfte.» Ein Kollege sagte immer zu mir: «Die Eltern können mir erzählen, was sie wollen, letztlich bestimme ich, wo es langgeht.»

So entsteht ein fataler Kreislauf aus Überforderung, Unzufriedenheit und Versagensängsten auf Seiten der Eltern und ihrer Kinder, der vielen Familien unendlich zusetzt und das familiäre Miteinander oft nur noch auf Schulthemen und damit in Zusammenhang stehende Probleme reduziert.

Wegen der negativen Erfahrungen, die die Kinder mit ihren Lehrern und den schlechten Lernbedingungen an vielen Schulen machen müssen, geht für viele Familien ein großes Stück Lebensqualität verloren – das muss ein Ende haben!

Die Macht des Mülls

Bevor wir einen genaueren Blick ins Lehrerzimmer werfen, möchte ich noch ein grundsätzliches Thema behandeln: das Erscheinungsbild von Klassen- und Lehrerzimmer, ja der Schule insgesamt. Die desaströsen Zustände verschimmelter, baufälliger, asbestverseuchter Schulgebäude mit sanitären Einrichtungen, die jeder Beschreibung spotten und Einrichtungsgegenständen, die Jahrzehnte auf dem Buckel haben oder gar ganz fehlen, sind eine Schande für ein reiches Land wie Deutschland.

Ich kenne Schulen, die ihre Aula nicht nutzen können, da Einsturzgefahr besteht. Es gibt in diesen Schulen keine Theateraufführungen, keinen Chor, der singt, kein Orchester, das probt oder ein Konzert vor Publikum gibt. Feierliche Zeremonien, wie Zeugnisverleihungen oder Verabschiedungen von Schülern und Lehrern, finden ebenfalls nicht statt.

In einer Schule in Rheinland-Pfalz, an der ich beschäftigt war, sind die Deckenplatten in der Sporthalle während der Sportstunde heruntergekracht – obwohl sie erst wenige Jahre alt waren. Da ist wohl am falschen Ende gespart worden.

Ich habe an einer Schule Hauswirtschaft unterrichtet, in deren Schulküche derart breite Risse in den Wänden waren, dass Blumen und Unkräuter von draußen durch die Wand wuchsen und dann in voller Pracht in der Schulküche erblühten. Wir brauchten sie dann für unsere Tischdekorationen einfach nur abzuschneiden. Praktisch! Die vier mit schwarzem und grünem Schimmel überzogenen Deckenplatten in der Ecke der Küche verdarben einem allerdings trotzdem regelmäßig den Appetit.

Diese Beispiele zeigen: Es ist eine Katastrophe, wie unsere Politiker Schulen in jeglicher Hinsicht unterversorgt und zu Dreckställen verkommen lassen. Vielleicht sollte man sie einmal zwingen, eine durchschnittliche deutsche Schülertoilette aufzusuchen oder, wenn man ihnen nicht ganz so übel mitspielen will, sie sechs Stunden auf Ministühlen verbringen zu lassen, auf denen großgewachsene Oberstufenschüler von 1,95 Metern täglich gezwungen sind zu sitzen.

Es gibt definitiv einen Sanierungsstau an deutschen Schulen, und die Mühlen der deutschen Bürokratie, die das ändern könnten, mahlen langsam. Gleichzeitig würde ich mir aber mehr Lehrer und Schulleiter wünschen, die dagegen aufbegehren: Schließlich sollte es auch in ihrem ureigenen Interesse sein, ein gutes, sauberes, funktionales Arbeitsumfeld zu haben. Nur so, davon bin ich überzeugt, kann Unterrichten gelingen.

Was ein sauberes Schulgebäude mit gutem Unterricht zu tun hat? Eine ganze Menge, denn was einige auf den ersten

Blick als belanglose Äußerlichkeit empfinden mögen, spielt beim genaueren Hinsehen eine wichtige Rolle im schulischen Alltag. Ein Mensch, der nicht nur innerlich mit sich im Reinen ist, sondern sich auch in gepflegter Umgebung bewegt, lernt besser. Nicht umsonst plädieren Arbeitsplatzexperten für einen aufgeräumten, sauberen Arbeitsplatz: Menschen arbeiten dann nachweislich effektiver, gründlicher und systematischer. So schreibt der Spezialist für Selbstmanagement Lars Bobach: «Nur mit einem aufgeräumten Arbeitsplatz bist du produktiv und kannst verlässlich gute Arbeit abliefern. Ein chaotisches Arbeitsumfeld bremst dich aus wie der Bremsfallschirm einen Dragster.» («8 Tipps, für einen aufgeräumten und produktiven Schreibtisch», www.larsbobach.de am 14.1.2015.)

Wenn man sich vor diesem Hintergrund so manches Klassenzimmer anguckt und sieht, welches Chaos sowohl auf Schüler- als auch auf Lehrertischen herrscht, dann erklärt sich so manches in Bezug auf die unzureichenden Leistungen einiger Schulklassen.

Oft kann man an den Müllbergen vor den Schulgebäuden nämlich schon erkennen, wie es in den jeweiligen Klassenräumen zugeht und wie die Stimmungslage der dort Lehrenden und Lernenden beschaffen ist. Mir hat zumindest häufig schon der morgendliche Weg ins Gebäude gezeigt: Heute ist höchste Sensibilität geboten im Umgang mit einigen Schülern. Vor allem montags, wenn die Kinder aus schwierigen Familienverhältnissen am Wochenende mal wieder die menschliche Beziehungshölle durchleiden mussten, lag eine regelrechte Müllspur vom Schultor bis in den Klassenraum.

Vermüllte, stinkende Klassenräume sind an deutschen Schulen keine Seltenheit, doch das Problem wird allzu oft einfach ignoriert. Am Ende müssten die Lehrer ja noch bei sich selber anfangen! Als ich in einer der Schulen, an denen ich tätig war, das überbordende, allgegenwärtige Müllproblem ansprach, schauten mich die Kollegen nur irritiert an und fragten, was genau ich denn meinen würde mit «Müllproblem». Für das Kollegium war dieser Zustand nicht mehr störend, es empfand ihn anscheinend als normal. Es hatte vor dieser Situation kapituliert und sich mit ihr, wie man so schön sagt, «arrangiert». Manche haben sich gar an der Verwahrlosung der Schule beteiligt. Da wurde dann auch gerne mal nach einem Schulfilm der Essens- und Getränkemüll im Klassenzimmer liegen gelassen. Wen stört's? Warum ein eh schon marodes, schimmliges Gebäude denn auch noch sorgfältig pflegen? Also schmeißt man seinen Müll dahin, wo eh schon alles vermüllt ist.

In diesem Zusammenhang sei an den sogenannten Broken-Windows-Effekt erinnert, der von dem amerikanischen Psychologieprofessor Philip Zimbardo bereits im Jahr 1969 nachgewiesen wurde. Dazu entfernte er an einem in der New Yorker Bronx abgestellten Auto das Kennzeichen und ließ die Motorhaube etwas offen, um den Eindruck zu erwecken, dass das Auto vom Besitzer aufgegeben worden war. Bereits nach zehn Minuten zerlegten die ersten Vandalen den Wagen und weideten ihn schließlich komplett aus. Ähnlich erging es einem Auto, das vor der Universität von Palo Alto geparkt worden war: Hier musste es zwar zunächst mit Beulen «präpariert» werden, aber auch hier fingen die Menschen nach einer Weile an, es vollends zu zerstören.

Wir alle kennen diesen «Broken-Windows-Effekt» aus unserer eigenen Jugend: Kinder finden beim Herumstreunen eine alte verlassene Industriehalle mit kaputten Fenstern, schnell greifen sie alle, selbst diejenigen, die von Haus aus nie eine Scheibe einschlagen würden, zu Steinen und schmeißen auch die restlichen Scheiben ein. Oder denken Sie einmal zurück an die Geburtstagsfeiern im Jugendalter. Wo wurde sich eher danebenbenommen? In Wohnungen, in denen alles picobello war, oder dort, wo es chaotischer zuging, die Schuhe nicht ausgezogen werden mussten und das dreckige Geschirr vom Vortag noch herumstand? Die Antwort kennt jeder.

Es klingt banal und einfach, so einfach, dass man sich wundert, warum keine Konsequenzen daraus gezogen werden: Unsere Umgebung prägt unser Verhalten. Im günstigsten Fall wirkt sie förderlich, im schlechten trägt sie nicht nur zur Verwahrlosung des Ortes selbst bei, sondern auch, davon bin ich überzeugt, zur Verwahrlosung der Umgangsformen und der Menschen. Und gute Umgangsformen sind wiederum die Basis für gelingenden Unterricht.

In diesem Zusammenhang lohnt sich der Blick nach Japan: Dort ist das Bestreben, in einer sauberen und gepflegten Atmosphäre zu lernen und zu lehren, sehr ausgeprägt. Es ist eine Frage der «Corporate Identity»: Wir alle wollen zusammen in einer sauberen Umgebung lernen, deshalb ist gemeinsames Saubermachen selbstverständlich. In vielen japanischen Schulen ist das tägliche, gemeinsame Putzen Pflicht, und zwar im gesamten Schulgebäude (außer dem Lehrerzimmer): Toiletten, Sporthalle, Musiksaal, Physik- und Chemieräume und in den Gängen. Meiner Ansicht nach ist dies etwas, das wir auch in Deutschland übernehmen sollten – an allen Schulen, nicht nur an den sogenannten Problemschulen, bei denen die hygienischen Zustände sowieso zu wünschen übriglassen.

Enja Riegel, preisgekrönte und inzwischen pensionierte Schulleiterin in Wiesbaden, hatte das ebenfalls erkannt und erfolgreich für ihre Schule umgesetzt. Sie schickte das Personal der Reinigungsfirma gegen alle Widerstände der Schulaufsicht nach Hause und putzte mit ihren Lehrern und Schülern die Klassensäle und das Schulgebäude selber. So sparte sie nicht nur Tausende von Euro, die sie in sinnvolle Schulprojekte investieren konnte, wie zum Beispiel Theaterprojekte unter professioneller Anleitung. Sondern sie brachte die Schüler dazu, selber Verantwortung für den Zustand der Schule zu übernehmen, in der sie sich ja schließlich wohl fühlen wollten. Wer weiß, dass er im Zweifelsfall selbst den Dreck wegmachen muss, schmeißt beim nächsten Mal seinen Müll nicht einfach durch die Gegend. Und wer selbst einmal eklige Kloschmierereien entfernen musste, wird sich wahrscheinlich demnächst auf der Toilette ordentlich benehmen.

Festzuhalten bleibt: Das gemeinsame Putzen und Aufräumen fördert Ordnung, Disziplin und Verantwortung. Wenn, ja wenn die Lehrer mit gutem Beispiel vorangehen.

Was hat er nun ergeben, unser Blick hinter die Klassenzimmertür? Nichts Gutes. Wir haben zu viele unwillige, unsichere, ungeeignete Pädagogen getroffen, die sich zu wenig engagieren und keine Vorbildfunktion für ihre Schüler übernehmen wollen oder können. Das ist besonders schlimm, wenn man bedenkt, was der Bildungsforscher John Hattie in seiner Studie «Visible Learning» herausgefunden hat. Für diese Studie hat er mehr als 800 Metaanalysen zum Thema Bildung und Bildungsfortschritt ausgewertet, insgesamt gut 50 000 Einzelstudien mit 250 Millionen Schülern. Rund 140 verschiedene Faktoren, die für den Lernerfolg verantwortlich sein sollen, hat er untersucht, mit dem Ergebnis: Keiner der betrachteten Faktoren ist wirklich relevant für den Lernerfolg von Schülern.

Es liegt ausschließlich am Lehrer und seiner Persönlichkeit, ob Unterricht gelingt.

IM LEHRERZIMMER

Ging es im ersten Teil um das Verhalten der Lehrer in den Klassenzimmern, sollen nun die Verhaltensweisen der Lehrer untereinander in den Blick genommen werden. Wie ist die Stimmung in den Kollegien? Was befördert oder verhindert ein gutes Miteinander, eine angenehme Schulatmosphäre und damit gelingende Bildung? Und wo bildet sich das besser ab als in dem Raum, wo sie alle aufeinandertreffen – dem Lehrerzimmer?

Verbotene Zone

Betrachten wir doch einmal konkret diese so heikle Räumlichkeit. Hier sitzen sie nun alle, jeder an seinem angestammten Platz, an Tischen in Gruppierungen, die nach Alter der Lehrer, politischer Gesinnung und gemeinsamen Interessen zusammengesetzt sind.

Für Schüler und Eltern ist es eine Tabuzone; sie unaufgefordert zu betreten wird auf das Schärfste geahndet. Selten habe ich es erlebt, dass auf den Wegweisern innerhalb des Schulgebäudes das Lehrerzimmer überhaupt ausgewiesen war – so als wäre es nicht existent. Jede Abstellkammer und jeder Vorbereitungsraum ist einfacher zu finden. Dahinter steckt System: Die Lehrer wollen gar nicht gefunden werden, das Lehrerzimmer ist ihr Heiligstes, ihr Rückzugsort und ihr Schutz vor den Schülern – und deren Eltern.

Die Tür wird nur selten geöffnet. Es sei denn, der Schüler oder das Elternteil hört überhaupt nicht auf zu klopfen. Dann aber nur einen kleinen Spalt, als stünde ein unangenehmer Vertreter vor der Tür, der sogleich seinen Fuß in die Tür schiebt, um Einlass zu erzwingen. Ich habe dieses Verhalten bisher in fast jedem Lehrerzimmer beobachtet.

Auch in der gesamten Schülerschaft sind Lehrerzimmer häufig mit übertriebenem Respekt, ja fast schon Angst verbunden. Warum das so ist, werde ich wohl nie begreifen.

Eine Ahnung bekommt man, wenn man einen Blick hineinwagt – und feststellt, dass das Lehrerzimmer nicht nur dringend benötigter Schutzraum vor der als feindlich wahrgenommenen Schülerschaft ist, sondern auch der Schauplatz für Nervenzusammenbrüche, Intrigen und andere Dramen.

Ich habe den Eindruck, dass in kaum einer anderen Berufsgruppe so viel geheult und geklagt wird wie bei den Lehrern: «Ich habe schon wieder montags früh die Busaufsicht, das geht echt gar nicht!», «Die Klasse 10c ist einfach nur furchtbar, die sind alle so dumm!», «Wer hat schon wieder das Papier im Kopierer nicht nachgefüllt?», «Ich sehe nicht ein, dass ich in der 7b Vertretung in Erdkunde machen soll, schließlich habe ich Deutsch und Geschichte als Fächer, das mache ich nicht mit», «Der Timo aus der 9a ist so ein Kotzbrocken, ich ertrag den nicht mehr!», «Hast du den Hartmut gesehen, der macht schon wieder einen Ausflug mit seiner Klasse», «Na, wenn ich mir Kollegin Elisabeth so anschaue, macht die es auch nicht mehr bis zur Pension», «In der Mittagspause bei der Gesamtkonferenz gibt es immer nur diese fetten Würstchen, die ich nicht mag» – ich könnte endlos fortfahren.

Vor allem um Banalitäten wird gestritten bis aufs Blut. Eine Situation möchte ich Ihnen nicht vorenthalten: Man stelle sich ein Lehrerzimmer mit rund fünfzig Lehrern vor, in der Küche des Lehrerzimmers köchelte abgestandener Kaffee auf der Warmhalteplatte der altersschwachen Kaffeemaschine vor sich hin. Nur Mutige oder verzweifelte Kaffeejunkies wagten sich an das ekelhafte Gebräu. Dann aber kam sie, die Gesamtkonferenz mit dem glorreichen Vorschlag einer Kollegin, doch eine neue, fortschrittliche Variante des Kaffeebrühens zu erwägen und zu diesem Zwecke einen kleinen Obolus von jedem Kollegen zu erbitten. An dieser Stelle gellte ihr laute Empörung der «Gesundheitsfraktion» entgegen: «Keinen Cent von mir dafür, schließlich trinke ich nur Tee und die Hildegard ja auch.» Tumultartige Szenen folgten mit Beleidigungen in alle Richtungen: Der Dieter wäre ja sowieso ein Ferkel, der würde nie die Kaffeeränder seines Bechers auf dem Tisch oder der Küchenzeile wegmachen, und wer weiß, welche Schweinerei er erst bei Kaffeepads anrichten würde, und auch die Irmgard, die ja nicht mal mit den einfachsten technischen Herausforderungen klarkäme, wäre mit einer solchen Maschine total überfordert und würde sie deshalb bestimmt bald ruinieren, dann wäre das ganze Geld umsonst ausgegeben.

Auch wenn ich als Lehrerin einen hohen Geräuschpegel mehr oder weniger gewohnt war, kam ich jetzt an meine Grenzen. Da zu Hause noch haufenweise Hausarbeit und meine Familie auf mich wartete, meldete ich mich artig, wenn auch entnervt, und bat um Gehör: «Um der Diskussion ein Ende zu bereiten, würde ich den Tagesordnungspunkt ‹Kaffeemaschine› gerne eigenverantwortlich übernehmen.» Einer meiner größten Fehler meiner gesamten Lehrerlaufbahn, wie sich herausstellen sollte. Denn was dann geschah, ließ mich noch nachts von Kollegen träumen, die sich mit Kaffeepads bewarfen: Der stets übermotivierte Jungmathematiklehrer bot sich an, die Bedarfsermittlung und statistische Dokumentation zu übernehmen. Das bedeutete vier Wochen akribischster Erhebungen, wer wann wie viel Kaffee trinken wollte – ohne realen Kaffee allerdings, da die alte Maschine vorschnell entsorgt worden war. Lange Rede, kurzer Sinn, das Lehrerzimmer spaltete sich in zwei verfeindete Lager der Kaffee- und Nicht-Kaffeetrinker, man unterstellte sich gegenseitig, bei der Anzahl der täglich getrunkenen Tassen gelogen zu haben, außerdem hätte man ja in neuerlichen Untersuchungen gelesen, wie ungesund Kaffee sei, was die Gegenseite mit der Erkenntnis beantwortete, dass Kaffee, ganz im Gegenteil, Krebs vorbeugen würde. Die Schüler, der Unterricht, die dort bestehenden Probleme wurden plötzlich zur absoluten Nebensache. Rufen wir uns noch mal in Erinnerung: Wir sprechen hier von einem Betrag von 80 Cent pro Person! Ich habe dann schließlich aus eigener Tasche eine Maschine gekauft, um nie wieder, solange ich an der Schule arbeitete, das Wort Kaffeemaschine hören zu müssen.

So sind sie, die lieben Lehrer, groß im Kleinen. Da können sie sich an Banalitäten richtig festbeißen und allen damit auf die Nerven gehen. Wer Energie hat, sich mit solcherlei Petitessen zu beschäftigen, hat, das wage ich hier mal zu behaupten, durchaus noch zeitliche und energetische Ressourcen.

Ich erinnere mich an eine Kollegin, die ein ganzes Kollegium mit ihrem Putzfimmel tyrannisierte. Ständig hatte sie überall Putzmittel verteilt mit den dazugehörigen Anweisungen, was man wie, wie oft und mit welchem Lappen, Schwamm oder Tuch man es bitte zu desinfizieren und zu putzen habe. Nach Gebrauch des Kopierers sollte zum Beispiel jedes Mal die gesamte Tastatur desinfiziert werden, außerdem die Türklinken von Lehrerzimmer, Klassenzimmern, ferner Tageslicht-projektoren und Schlüssel. Natürlich hielt sich niemand daran, das war weder umsetzbar noch wirklich sinnvoll. Wochenlang führte die Lehrerin deshalb beim Schulleiter und dem Personalrat Beschwerde gegen die Kollegen. Wir seien ignorant und schuld daran, wenn sie erkrankte, zumal die Feinstaubbelastung durch den Kopierer sowieso wahnsinnig schädlich sei. Als ein Kollege äußerte, die «Feinstaub-Else» möge ihm doch bitte mit ihrem Getöse nicht mehr auf den Geist gehen, war der Krach perfekt. Wochenlang putzte besagte Kollegin demonstrativ alles, was ihr in den Weg kam, alleine. Aus Rache wegen seiner Ignoranz bekam besagter Kollege dann gelegentlich «rein zufällig» einen Sprühstoß Desinfektionsmittel ab.

Ein weiteres Beispiel habe ich in einer Realschule erlebt. Das alljährliche Schulfest stand an, und eine Kollegin erklärte sich bereit, zu IKEA zu fahren und den Einkauf zu übernehmen.

Tags darauf präsentierte sie ihren Einkauf in der Planungsgruppe. Kollegin Ursula hatte sofort nichts anderes zu tun, als den Beutel mit den 100 Teelichtern für 2,49 Euro zu öffnen und ihn auf Vollständigkeit zu überprüfen. Mit dem Ausdruck tiefster Genugtuung, die Abgründe des betrügerischen, ausbeuterischen Kapitalismus enttarnt zu haben, teilte sie uns nach einer Weile mit, dass nur (!) 99 (!) Stück (!) in der Packung seien. Das müsse man sofort reklamieren! Pädagogisch wertvoll ließ sie in ihre Ausführungen immer wieder sekundenlange Pausen einfließen, sodass auch der Letzte die tragische Botschaft verarbeiten konnte. Kollege Harald reagierte allerdings nicht angemessen: «Na ja, das wird beim Abfüllen passiert sein, kommt vor. Aber sag mal, hast du nichts Besseres zu tun, als diese Dinger zu zählen?» Wie konnte er nur? Nicht nur, dass Kollegin Ursula sich die Mühe gemacht hatte, den gesamten Beutelinhalt auf Vollständigkeit zu überprüfen, nein, jetzt wurde sie auch noch vorgeführt. Beleidigt verschränkte sie die Arme vor dem Körper. Um die angespannte Situation zu befrieden, erklärte sich die sanftmütige Elisabeth bereit, die Teelichter noch einmal durchzuzählen und sie auf Vollständigkeit zu überprüfen. Und, siehe da, es waren tatsächlich 100 Teelichter im Beutel. Kollege Dieter hatte vorsichtshalber mitgezählt. Ursulas Kommentar zu der doch eigentlich erfreulichen Wendung: «Mir ist das Ganze zu dumm hier, ihr könnt ohne mich weitermachen.» Sprachs und ging eingeschnappt davon. Ich möchte nicht wissen, wie die Schüler in der folgenden Stunde unter Ursula zu leiden hatten.

Sie finden es empörend und lächerlich, dass sich erwachsene Menschen so verhalten, die noch dazu Vorbildfunktion für unsere Kinder haben? Es kommt noch schlimmer.

Als ich nach den Sommerferien neu an einer Schule anfing, wurde ich Zeuge eines ganz besonderen Rituals: Der Schulleiter und die Konrektorin stellten einen Korb mit Klassenbüchern vor die versammelte Lehrerschaft auf den Tisch, daneben platzierten sie eine Keksdose. Die Klassenbücher waren in den Schulferien durch die Schulleitung auf Vollständigkeit überprüft worden. Was dann kam, versetzte mich, vorsichtig ausgedrückt, in Staunen. Die Konrektorin lobte die drei Kollegen, deren Klassenbücher am vorbildlichsten geführt waren, und forderte sie auf, sich ein Keks für das drittschönste, zwei Kekse für das zweitschönste und drei Kekse für das schönste Klassenbuch aus der Keksdose zu nehmen. Ich hielt dieses sonderbare Ritual für einen Scherz, aber meine Tischnachbarin erklärte mir sogleich im Flüsterton, dass es jeden Sommer nach den Ferien stattfände. Ich konnte es kaum glauben. Wo befand ich mich hier? Im Kindergarten?

Als wenn es in der Schule nichts Wichtigeres zu tun gäbe! Aber dieses Sich-Festbeißen an Banalitäten und -Abarbeiten an Nebenschauplätzen habe ich in Lehrerzimmern immer wieder erlebt. Offensichtlich müssen sich einige Lehrer auf diese Art ihren Frust von der Seele kämpfen. Eine andere Erklärung habe ich für dieses Verhalten nicht.

Haifischbecken Lehrerzimmer

Weniger banal wird es, wenn man als neuer Kollege das Lehrerzimmer zum ersten Mal betritt. Denn dann werden ziemlich schnell die Messer gewetzt, um den Neuankömmling gleich ins Glied (nach ganz hinten, selbstverständlich) zu verweisen. Erstaunlicherweise habe ich in über zwanzig Vertretungsjahren überall nahezu identische Szenarien erlebt und konnte den Begrüßungstext am Ende fast mitsprechen: «Herzlich willkommen, suchen Sie sich gerne einen entsprechenden Sitzplatz aus, wir sind hier alle sehr tolerant und aufgeschlossen, und wenn's recht ist, sag ich ‹du›, wir duzen uns nämlich alle.» Mindestens eine Kollegin oder ein Kollege wirft dann an dieser Stelle ein: «Ich würde aber bitte gerne beim ‹Sie› bleiben.»

Hämisches Grinsen dann, wenn ich mich auf die Suche nach einem freien Platz machte: «Also, hier passt es nicht so gut, da sitzt schon immer die Jutta und daneben der Thomas, und eigentlich sind alle anderen Plätze im Lehrerzimmer auch schon vergeben. Aber für die Vertretungslehrer haben wir immer einen kleinen Beistelltisch, der steht auf dem Flur, irgendwo ist bestimmt noch ein Stuhl übrig, da müsstest du mal den Hausmeister fragen. Der ist aber gerade auf dem Schulgelände unterwegs.»

Auf dem besagten Flur saßen dann, sofern es sie gab, die Schulsozialarbeiter und Integrationshelfer, wenn sie denn überhaupt einen Sitzplatz ergattern konnten – meistens standen oder liefen sie irgendwo im Lehrerzimmer herum.

In einer Schule wurde mir eine besondere Begrüßung zuteil. Nachdem mich der Schulleiter sehr nett begrüßt hatte, zischelte mir eine der beiden Hauswirtschaftskolleginnen zu: «Unsere liebe Kollegin Gertrud musste gehen, und jetzt haben wir Sie, das ist eine Frechheit, was mit uns hier gemacht wird.» Was mit besagter Hauswirtschaftsdame passiert war und warum sie die Schule wechseln musste, wusste ich nicht, noch weniger war ich verantwortlich dafür. Ich war lediglich an diese Schule gekommen, um dort Hauswirtschaft, Englisch und Sport in Vertretung zu unterrichten. Ich versuchte mich zu entspannen und wartete ab, was aus Richtung der Hauswirtschaftsfraktion auf mich zukommen würde.

In den folgenden Wochen bemerkte ich zunehmend, wie mich die beiden Kolleginnen ins Visier nahmen. Saß ich zeitgleich mit ihnen im Lehrerzimmer, steckten sie die Köpfe zusammen, guckten mich grantig an und tuschelten so offensichtlich über mich, dass es auch der Letzte im Lehrerzimmer merkte. Ich versuchte die beiden auszublenden und ihnen aus dem Weg zu gehen, was sich als schwierig herausstellen sollte, zumal ich mir mit ihnen die Schulküche teilte.

So kam der Tag, an dem ich von ihnen eine kurze, ziemlich unfreundliche Einführung in die Gepflogenheiten und Regeln besagter Schulküche bekam. Am Ende ihrer Ausführungen fehlte eigentlich nur noch der Zusatz: «... Zuwiderhandlungen werden mit einer Freiheitsstrafe von bis zu zehn Jahren geahndet.» Dann wurde mir noch sehr deutlich klargemacht, dass ich für meinen Unterricht in keinem Fall auf die

Vorratsschränke der beiden Lehrerinnen zurückgreifen dürfte. Hätte ich also das Päckchen Salz vergessen oder hätte es ein Schüler versehentlich verschüttet, hätte ich den Unterricht an der Stelle abbrechen müssen, anstatt mir ein oder zwei Prisen zu entleihen. Nun gut, ich hielt mich trotzdem an dieses Procedere.

Freitags gab ich in der fünften und sechsten Stunde Hauswirtschaftsunterricht. Es war eine lebhafte und zugegebenermaßen sehr anstrengende Lerngruppe mit einigen verhaltensauffälligen Schülern, denen man ein Schälmesser nicht unbedingt unbeaufsichtigt überlassen konnte. Dennoch waren alle für den Unterricht offen, und wir schafften es, ein leckeres Essen auf den Tisch zu bringen. Eines Montagmorgens vor Unterrichtsbeginn bauten sich die Hauswirtschaftskolleginnen im Lehrerzimmer auf, und schon fing die eine von ihnen an loszubrüllen: «Welches Schwein hat am Freitag unsere Schulküche verwüstet?» (Ja, sie sagte tatsächlich «Schwein».) Sie, wie auch ich, wusste genau, dass ich zuletzt in der Küche unterrichtet hatte. Ebenso wusste ich, dass die Schüler und ich die Schulküche sauber hinterlassen hatten, was ich ihr auch sagte. «Das hat man ja ganz deutlich gesehen, was Sie als aufgeräumt und sauber bezeichnen!», gab sie schmallippig zurück. Die unerfreuliche Auseinandersetzung führte sie bewusst im Lehrerzimmer vor versammelter Mannschaft, um, anders konnte ich das nicht interpretieren, meinem Ruf im Kollegium zu schaden.

Ich wusste noch, welche Schüler ich mit der Entsorgung des Mülls am Freitag zuvor beauftragt hatte. Also fragte ich sie in der nächsten Pause, ob sie eine Erklärung hätten, wie der Müll wohl auf den Küchenboden gekommen sein könnte. Schweigend tauschten sie Blicke aus, um sie dann auf die

Tische vor sich zu lenken. Erst nach einigen Minuten brach ein Schüler unter Tränen sein Schweigen und erklärte, dass er und sein Mitschüler wohl schuld an der Situation seien. Er erzählte, wie die Kollegin sie beide im Treppenhaus abgefangen und sie aufgefordert hatte, ihr den Müll auszuhändigen. Sie würde diesen entsorgen, es wäre aber nicht nötig, mir davon etwas zu erzählen. Ich war baff. Derartiges Mobbing hatte ich bis dahin noch nicht erlebt.

Ein Beispiel aus einer anderen Schule, deren Schuldirektor ein wahrer Kontrollfreak war und es dem gesamten Kollegium richtig schwermachte: Jeden Morgen stand er mit seiner Kaffeetasse in der Tür des Lehrerzimmers und hielt die Ankunftszeiten der einzelnen Lehrer fest. Nun kam ich an einem Wintertag wegen Glatteises zehn Minuten später an, war allerdings immer noch pünktlich für den Stundenbeginn. Der Schulleiter schaute auf seine Uhr, sah mich an und bat mich umgehend ins Direktorat. Auf meine Frage, was denn der Grund dafür sei, meinte er, er müsse mich wohl mal «updaten». Er fragte mich, wie es zu erklären wäre, dass ich heute später dran war als sonst. Ich erklärte ihm die Glatteis-Situation und verwies darauf, dass ich trotz allem ja pünktlich in der Schule angekommen sei. Darauf er: «Ich wollte nur rechtzeitig vorbeugen, dass das nicht mal ein echtes Zuspätkommen wird.»

Der Kontrollzwang dieses Schulleiters (der sich unter anderem auch in unangekündigten Unterrichtsbesuchen ausdrückte) schaffte im Lehrerzimmer unter den Lehrern eine entsetzliche Atmosphäre von Angst und Misstrauen, und als Resultat entstanden miese Komplotte, die vor allem gegen Kollegenneulinge und hilflose, von deren Gunst abhängige Referendare geschmiedet wurden, um so von sich selber abzulenken. Mich wunderte, dass das gesamte Kollegium diesen Quatsch mitmachte, und als ich eine Kollegin einmal direkt darauf ansprach, sagte sie mir, dass ich mich am besten in den Pausen in meinem Klassenraum einschließen und morgens vor dem Unterricht den Kopf idealerweise die ganze Zeit in mein Fach stecken solle, um geschäftig zu tun. Auf diese Weise würden sich alle behelfen, um einigermaßen Ruhe vor dem «Duo Infernal» – so die Bezeichnung für den Direktor und die Konrektorin – zu bekommen. Jeder freute sich, wenn die Schulleitung sich auf einen anderen Lehrer eingeschossen hatte, dann atmete der Rest des Kollegiums auf, ja, beförderte sogar die Anfeindungen des Schulleiters gegen die betreffenden Kollegen. Alles nur, um nicht selber wieder in seinen Fokus zu geraten.

Eine Kollegin, die Pausenaufsicht hatte, ließ einmal aus Versehen den Schlüssel der Damen-Lehrertoilette in der Tür stecken, weil sie zu einem Zwischenfall auf den Pausenhof gerufen worden war. Nach der Pause stellte sich der Schulleiter in die Lehrerzimmertür und brüllte über alle Köpfe hinweg, welcher «Idiot» denn den Schlüssel in der Toilettentür steckenlassen hätte. Er wusste allerdings bereits durch die Aufmerksamkeit einer «netten Kollegin», wem das Missgeschick mit dem Schlüssel passiert war. Irmgard hatte sich durch ihre Arbeit im Personalrat, einer Institution ähnlich einem Betriebsrat, unbeliebt gemacht und war so in den Fokus der Schulleiters geraten, der nun keine Gelegenheit ausließ, sie seinen Unmut über ihr Engagement spüren zu lassen. Niemand wollte deshalb im Personalrat mitarbeiten, um nicht, wie Irmgard, zwischen die Fronten zu geraten. Mein Kopfschütteln über das Szenario brachte mir natürlich ein nächstes «Update» im Direktorat ein.

Gewehrt hat sich niemand gegen dieses Verhalten. Aber die Tatsache, dass fast ein Viertel des gesamten Kollegiums seit Jahren immer wieder Versetzungsanträge stellte, spricht für sich. Die Atmosphäre im Lehrerzimmer war vergiftet.

Auf meinem täglichen Weg zur Schule empfand ich zunehmend Unwohlsein bei der Vorstellung, gleich wieder dieses Lehrerzimmer zu betreten und auf Menschen zu treffen, die sich aufgegeben hatten, ja, die sich nicht einmal einen guten Morgen wünschten. Ich zählte die Tage, bis meine Dienstzeit an dieser Schule zu Ende sein würde. Als man mir zum Ende meiner Vertretungszeit eine Festanstellung anbot, lehnte ich dankend ab. Kein Geld der Welt oder Beamtentum hätte mich jemals an dieser «Anstalt» verbleiben lassen.

Richtig gefährlich wurde es mal, als die lieben Kollegen an einer anderen Schule mich nicht vorwarnten, was einem auf ihrem Pausenhof, vor allem als weibliche Lehrkraft, blühen konnte. Ob es aus Nachlässigkeit war, aus Boshaftigkeit oder aus Neugierde, um zu sehen, wie die Neue sich so schlägt – ich weiß es nicht. Fest steht nur, dass die Sache auch ganz anders hätte ausgehen können.

Besagte Schule besaß eine ausgesprochen herausfordernde Schülerklientel. Die Kinder kamen aus schwierigsten familiären Verhältnissen, hatten oft langzeitarbeitslose Eltern, die mittags noch in den Federn lagen, wenn man als Lehrer versuchte, sie zu erreichen. Den Kindern mangelte es nicht nur an basalen Dingen wie anständiger Kleidung oder einem Pausenbrot, sondern vor allem auch an immateriellen Dingen wie einer guten Erziehung und liebevollen Zuwendung. Viele der Schüler kannten weder Bitte noch Danke, sie waren teilweise so frustriert, dass sie entweder kein Sterbenswörtchen sagten oder sich regelmäßig auf dem Schulhof prügelten. Das war auch der Grund, warum es zwei voneinander getrennte Schulhöfe gab. Die älteren Schüler von Klasse acht bis zehn waren auf einem extra Schulhof untergebracht, damit sie die Jüngeren nicht aus Frust verletzten oder quälten. Eines Tages hatte ich zum ersten Mal Aufsicht auf dem besagten Pausenhof der «Großen». Ein paar männliche «Spaßvögel» aus dem Kollegium hatten mich gebeten, sie doch bitte zu vertreten. Da wusste ich weder, dass sich die Lehrerinnen normalerweise weigerten, auf diesem Hof Aufsicht zu machen, noch war ich mit der aggressiven Atmosphäre auf dem Pausenhof vertraut. Insofern glaubte ich anfangs an einen Zufall, als der erste Basketball nur knapp an mir vorbeiflog, doch dann klatschte der erste Volltreffer an meinen Kopf, weitere sollten folgen. Da mein Protest nichts nutzte und mir nur Feixen und Grinsen entgegenschlugen, brachte ich mich vor der Eingangshalle zum Schulgebäude in Sicherheit. Kaum war ich nicht mehr zu sehen, fing die erste Keilerei auf dem Schulhof an. Bei meinem Versuch zu schlichten wurde ich plötzlich selber Teil des Geschehens und bekam ordentlich welche verpasst, teilte notgedrungen auch aus. Meine lieben Kollegen, die ich zwischenzeitlich mit verzweifeltem Blick in Richtung Lehrerzimmerfenster und mit wildem Gestikulieren um Mithilfe bat, drückten lediglich ihre Nasen an der Fensterscheibe platt, um sich das Szenario aus sicherem Abstand zu Gemüte zu führen.

Später, als ich völlig ramponiert im Lehrerzimmer ankam, hatte einer der Kollegen doch tatsächlich die Chuzpe, mich zu fragen, ob mir denn irgendetwas weh täte. Ich habe ihm damals ein paar Takte gesagt, die ich an dieser Stelle nicht unbedingt wiederholen möchte. Am Ende meines Schultages fuhr ich mit blauen Flecken und Beulen übersät meine fünfzig Kilometer nach Hause.

Meine Familie betrachtete mich erschrocken. Nachdem der

erste Schock vorbei war, sagte mein Mann nur trocken: «Und das alles für die paar Kröten.» Irgendwo hatte er ja recht. Mich wurmte es allerdings, was mir auf dem Schulhof widerfahren war, und ich grübelte über eine Lösung nach. Ich wollte nicht akzeptieren, dass nur Lehrer in den Pausen dieser Meute gewachsen sein sollten – und ich wollte mich von den anderen Kollegen nicht kleinmachen lassen. Dann hatte ich eine Idee. Als ausgewiesene Freundin von Win-win-Situationen kam mir der Gedanke, beim nächsten Footballspiel Frankfurt Galaxy gegen Rhein Fire, das ich in Frankfurt besuchen wollte, die Bande prügelnder Chaoten mitzunehmen und ihnen zu zeigen, dass man seine unkontrollierten Kräfte nicht an Frauen oder Schwächeren auslässt, sondern sie idealerweise im Rahmen sportlicher Regeln und unter seinesgleichen auslebt. Ich wusste, dass die meisten von ihnen noch nie irgendeinen Sport gemacht hatten oder auch nur bei irgendeiner Sportveranstaltung gewesen waren.

So beschloss ich, sie einem «Probetraining» zuzuführen, von dem sie vorher nichts wissen sollten, da sie ansonsten mit Sicherheit nicht mitgekommen wären. Das war möglich, da mein Sohn Kontakt zu den Spielern hatte und versprach, selber mitzukommen, falls mein Projekt an den Start gehen sollte. Gesagt, getan, ich rief bei der Ticket-Hotline an und fragte nach ermäßigten Tickets für Schulen – und tatsächlich gab es ein unschlagbares Angebot von 10 Euro pro Person für Bus und Eintrittsticket bei mindestens 25 Teilnehmern. Die Idee war geboren, jetzt gab es noch eine große Hürde zu überwinden, den Schulleiter. Der lachte zwar über meine Idee und fand sie «herausfordernd», aber durchaus erfolgversprechend. Allerdings schloss er auch nicht aus, dass die Aktion in einem Fiasko enden könnte. Er verwies darauf, dass ich das gesamte

Vorhaben als meine Privatsache anzusehen habe, er mir aber jegliche Art von Hilfestellung, was die schulische Vorbereitung anbelangte, geben würde.

Also druckte und verteilte ich in den nächsten Tagen Flugblätter, auf denen ich die Fahrt ankündigte – die Teilnahmebedingungen: Keiner der Schüler durfte sich bis zur Fahrt irgendetwas zuschulden kommen lassen. Ich beobachtete, wie die Schüler in kleinen Grüppchen zusammenkamen und über die Fahrt nach Frankfurt zum American Football sprachen. Tags darauf kam dann der erste Schüler zu mir und wollte genauere Informationen haben. Er lebte in einem Heim, wollte gerne mitfahren, aber wusste nicht, ob er die 10 Euro für die Fahrt nach Frankfurt bezahlt bekommen würde. Nebenbei entschuldigte er sich dafür, dass er mir Tage zuvor absichtlich einen Ball an den Kopf geworfen hatte. Ich versprach ihm, seine Heimleitung zu kontaktieren.

Lange Rede, kurzer Sinn, es kam in der Tat eine Gruppe von zehn bis zwölf Schülern zusammen, über die ich keine Klagen mehr zu hören bekam. Nicht genug, um in den Genuss der Ermäßigung zu kommen, also mobilisierten meine Söhne kurzerhand noch einige Freunde. Es konnte losgehen.

Als ich am Reisetag die Burschen einen nach dem anderen in den Bus einsteigen sah, vor allem auch die Fußball-Kumpel meines Ältesten samt ihrer Bierkästen, rutschte mir mein Herz doch etwas in die Hose – hatte ich mich mit meinem Vorhaben nicht doch übernommen? Ich war sehr froh, meinen zweitältesten Sohn und seine Freunde als Aufpasser dabeizuhaben. Wir kamen wohlbehalten mittags in Frankfurt an, genossen die mehrstündige Pre-Game-Show mit all ihren typisch amerikanischen Attraktionen von Bull-Riding bis hin zum Barbecue nach XXXL-Manier. Die Hauptattraktion bildete aber das «Probetraining», auf das die Schüler nicht vorbereitet waren. Sie bekamen passende Football-Ausrüstungen, und dann führte sie mein Sohn einer Herausforderung der besonderen Art zu. Eben waren sie noch in Ballbesitz, schon wurden sie blitzartig durch einen überraschenden «Tackle» der anderen Footballer von den Füßen geholt. Ich würde lügen, wenn ich behaupten würde, es nicht ein klein wenig genossen zu haben, die verzweifelten Blicke der Jungs zu sehen.

Der Tag endete gegen zwei Uhr morgens, als ich den letzten Schüler zu Hause abgegeben hatte. Es war ein großartiges Erlebnis für alle Beteiligten, ohne Ausfälle durch Alkohol oder Prügeleien – und Frankfurt Galaxy hatte noch dazu in den letzten zwei Sekunden den Sieg nach Hause bringen können. Die Schüler und ich wussten, wir sind quitt, und es hat allen Spaß gemacht.

Das Erlebte hatte eine große Streuwirkung in der Schülerschaft, beim nächsten Spiel hatten wir dann sofort einen Bus mit über 50 Plätzen voll. Sowohl Eltern also auch Tanten von Schülern und Betreuer von Heimkindern kamen mit. Leider war nie ein einziger Kollege mit dabei. Ob sie ein schlechtes Gewissen hatten, neidisch waren oder schlichtweg kein Interesse hatten, weiß ich nicht.

Neid auf die lieben Kollegen

Viele engagierte Lehrer sehen sich Kollegen und Schulleitern gegenüber, die sie aus unterschiedlichsten Gründen ablehnen, drangsalieren, vorführen oder sogar gezielt mobben. Oft findet Kollegen-Mobbing über Jahre statt, und ähnlich, wie es Lehrer auch bei Schülern praktizieren, schießt sich ein Großteil des

Kollegiums auf diese Person ein: aus Neid, Missgunst oder einfach aus Frust und Langeweile.

Vor allem die hochmotivierten, fröhlichen und bemühten Referendare verlieren in diesem Haifischbecken aus Intrigen und Mobbing binnen weniger Wochen ihr Lächeln. An diesem Punkt denken dann viele schon einmal darüber nach, ob sie wirklich ihr ganzes Berufsleben lang auf Tauchstation gehen wollen.

Neid und Missgunst sind tatsächlich zwei nicht zu unterschätzende Faktoren im Lehrerdasein. Die neidvolle Frage, was kann die Kollegin, was ich nicht kann, warum ist sie beliebter bei Schülern, im Kollegium oder bei der Schulleitung, zerfrisst viele Kollegen fast und lässt Ideen für perfide Intrigen-Spielchen in ihnen reifen.

Im Lehrerzimmer wird in der Tat eine große Neidkultur gepflegt. Wenn ein Lehrer sich nach Kräften bemüht, sein Bestes gibt, er sich mit den Schülern versteht und von den Schülern und Eltern ganz offen und ehrlich gelobt wird, darf er nicht damit rechnen, dafür an seinem Arbeitsplatz vom Schulleiter oder den Kollegen die gebührende Anerkennung zu bekommen. Voneinander lernen zu wollen ist keine ausgewiesene Stärke der Lehrerschaft. Da wird dann plötzlich gemutmaßt, dass es beim Erwin ja nicht ganz mit rechten Dingen zugehen kann, wenn die Schüler aus der Chaos-Klasse 8c, die ja immer schwach waren, sich plötzlich so eklatant verbessert haben.

Neid und Missgunst werden meist noch – unbeabsichtigt – von den Schülern verstärkt, weil Kinder keinen Hehl aus ihrer Zu- oder Abneigung machen. Unverblümt äußern sie sich bei anderen Lehrern über deren Kollegen, ob er fair benotet oder gut erklären kann oder eben nicht. «Der Herr Peter, der ist immer so ungerecht, der meckert mit uns ständig rum, wenn wir unsere Haushefte vergessen haben. Dabei vergisst der selber jeden Tag irgendwas.» – «Bei der Frau Claaßen kapiert man in Mathe überhaupt nichts, die Frau Reimers, die wir vorher hatten, war viel besser.»

Zum Geburtstag des beliebten Lehrers wird gratuliert, gesungen, gebastelt und gebacken. Den unbeliebten Lehrer fragt noch nicht einmal jemand nach seinem Geburtsdatum. Natürlich tut das weh, doch sollte es die Sache jedes einzelnen Lehrers sein, darüber nachzudenken und zu hinterfragen, warum Schüler ihn nicht gleichermaßen schätzen wie den Kollegen.

Kinder können in dieser Hinsicht sehr hart sein, und manche Kritik ist tatsächlich unter der Gürtellinie. Aber damit muss man als Lehrer leben. Als sich Internetforen wie «spickmich. de» als Plattform für Schülerkritik und Schülerlob etablierten, folgten schon im selben Jahr Klagewellen von Lehrern und Lehrerverbänden. Sie wurden sämtlich in allen Instanzen zurückgewiesen. Die Begründung der Richter: Die Beurteilung von Leistung sei eine durchaus gängige Praxis in unserer Zeit, und der Lehrerberuf könne und solle sich dem nicht entziehen.

Wie oft beschwerten sich Kinder aufgewühlt bei mir oder meinen Kollegen über Ungerechtigkeiten, Mobbing, Zurücksetzungen oder Demütigungen durch andere Lehrer. Dann stellt sich die Frage: Was mache ich als Kollege mit diesen Informationen? Der mitfühlende, auf eine positive Lösung des Lehrer-Schüler-Problems ausgerichtete Lehrer wird wohl versuchen, das Gespräch mit besagtem Kollegen zu suchen – das missgünstige Exemplar wird eher darüber nachdenken, wie es diese Informationen zu seinem Vorteil ausnutzen kann. Das tut er nämlich, der liebe Kollege, wenn er den Gerhard nicht mag oder sonst irgendwelche Vorbehalte ihm gegenüber hat.

Darüber hinaus bietet die vermeintliche Schwäche eines

Kollegen immer eine Steilvorlage, um sich selber zu profilieren, gerade wenn man eh neidisch ist auf den entsprechenden Kollegen. Da reicht es dann schon, im Lehrerzimmer hinter vorgehaltener Hand über den Kollegen zu tuscheln, um dann einen Frontalangriff zu fahren und beim Schulleiter vorstellig zu werden: «Ich wollte nur mal hinterlegen, also die Schüler in der 8b, die scheinen ein massives Problem mit dem Uwe zu haben. Aus zwei anderen Klassen kamen auch schon Beschwerden, aber ich will ja nichts gesagt haben. Anderen Kollegen ist es allerdings auch schon zu Ohren gekommen, wie schwierig das mit dem Uwe ist.»

Neidisch sind viele Lehrer auch auf den gesellschaftlichen Status ihrer Kollegen. Da wird die Unternehmergattin gleichermaßen zum Opfer wie der Kollege, dessen Frau aus einer wohlhabenden Familie stammt und der «doch eigentlich gar nicht mehr arbeiten bräuchte» – warum er sich denn die Schule überhaupt noch «antue» und sich nicht lieber zu Hause einen schönen Lenz machen würde ... Immer vorausgesetzt, er sei schön artig zu seiner Gattin, nicht wahr, haha.

Bei jeder sich bietenden Gelegenheit lässt man die anderen den Sozialneid spüren: So darf die Kollegin mit dem reichen Ehemann ihr Kind nicht eine Stunde im Lehrerzimmer mit Spielen beschäftigen, wenn der Babysitter erkrankt ist, während zwei anderen Kolleginnen das sehr wohl erlaubt wird. Auf diese Ungerechtigkeit angesprochen, argumentierte der Schulleiter: Die Kollegin könne sich im Gegensatz zu den anderen Müttern doch auch kurzfristig einen geeigneten Babysitter «leisten», sie besäße schließlich ausreichend Geld.

Und was lernen wir daraus? Immer schön den Ball flachhalten als Lehrer, wenn man nicht den Neid der Kollegen auf sich ziehen will. Es lebe das Mittelmaß!

Lehrer: Versuch einer Typologie

Kein Wunder, dass das Lehrerzimmer der Ort für Dramen ist: Denn hier stoßen sie ungeschützt aufeinander, die verschiedenen Lehrertypen, die man so oder ähnlich in jeder Schule beobachten kann. Nun findet sich in jeder Gruppe ein Spektrum verschiedener Charaktere. Doch gewisse Persönlichkeitsmerkmale scheinen sich im Schuldienst besonders zu verfestigen und herauszukristallisieren – und es sind nicht unbedingt die guten und angenehmen.

Schaue ich mir Bilder von Lehrerkollegien im Internet an, muss ich unweigerlich lachen. Es ist wie bei einer Boygroup: Schon auf den ersten Blick erkennt man die unterschiedlichen Typen.

Schauen wir sie uns doch mal im Einzelnen an. Dass es sich dabei nicht alleine um meine persönliche Wahrnehmung handelt, haben mir zahlreiche Leserbriefe zu diesem Thema bestätigt.

Der Platzhirsch

Er besitzt, wie die Bezeichnung es vermuten lässt, tatsächlich einen festen Platz im Lehrerzimmer, auf den sich andere Kollegen nur in selbstmörderischer Absicht setzen würden. Der Platzhirsch ist in der Regel in den Vierzigern, zieht die Strippen im Lehrerzimmer, verfügt über ein gut bis sehr gut funktionierendes Netzwerk innerhalb des Kollegiums und hält sich Lakaien, die ihm unangenehme Arbeit abnehmen. Dafür bekommen sie seinen vermeintlichen Respekt. Er genießt seine Dominanz, denn er ist der heimliche Schulleiter, der sagt, was zu tun ist und was nicht. Außerdem dominiert und manipuliert er den Personalrat, wie es ihm gefällt. Bei Schülern ist er unbeliebt, sie hassen seine Machtspielchen und Demütigungen, was ihn königlich amüsiert.

Ein Beispiel: Ich komme in eine neue Schule, um meinen Unterricht anzutreten. Der Schulleiter begleitet mich in Richtung Lehrerzimmer. Dort angekommen, fällt mir sofort das Türschild mit der Raumnummer «007» auf. Eine Steilvorlage für einen kleinen Scherz: «Hier verrät ja schon die Raumnummer das Unterrichtsprinzip von ‹Live and let die› mit der ‹Lizenz zum Töten›, was?» Zugegeben, kein Scherz, bei dem man sich ausschütten muss vor Lachen. Aber gar keine Reaktion? Ich blicke in ausdruckslose bis abweisende Gesichter. Einige wenige Lehrer schauen mich schmunzelnd an. Noch mehr Blicke wandern allerdings zum Kollegen Platzhirsch hinüber, denn der sitzt mit versteinerter Miene am Ende des zentral positionierten Lehrertisches (an dem selbstverständlich nur Auserwählte sitzen dürfen, wie sich später herausstellen sollte). Ein strenger Blick seinerseits genügt, um den Schmunzelnden das Lächeln im Gesicht gefrieren zu lassen. In Millisekunden schickt er mir mit seinem Schneidbrennerblick die Botschaft rüber: «Glaub ja nicht, du kannst hier mit irgendetwas punkten, mal ganz schnell hintendran und Mund halten.» Bestätigt wird mir seine Intention, als der Schulleiter mir vollmundig versichert, dass selbstverständlich freie Platzwahl im Lehrerzimmer herrsche. Kollege Platzhirsch rollt mit den Augen, grinst und sagt in meine Richtung: «Also, die zurzeit freien Stühle werden nachher von den anderen Kollegen besetzt, aber im Flur, da ist noch ein kleiner Tisch, da sitzen immer die Integrationshelfer, probieren Sie doch da mal Ihr Glück.»

Der Platzhirsch wurde in der folgenden Zeit mein spezieller «Freund», der mich und mein Tun auf Schritt und Tritt beäugte und nichts ausließ, mir Schwierigkeiten zu bereiten.

Interessanterweise habe ich diesen Typus Lehrer nie unter Musik-, Kunst-, Sport- oder Religionslehrern angetroffen. Häufig vertreten waren Deutsch-, Englisch-, Physik-, Mathe- und vor allem Biologielehrer. Es wäre eine gesonderte Betrachtung wert, warum das so ist.

Der Kopfnicker

Er buckelt in alle Richtungen, damit er seine Ruhe hat. Lehrer und Schüler sind von seiner Wendehals-Mentalität gleichermaßen genervt. Ihm gerät der Unterricht aufgrund seines fehlenden Rückgrates oft aus dem Ruder. Ist er gefordert, in Konferenzabstimmungen eine Position zu beziehen, wird er spürbar nervös, möchte er es sich doch mit niemandem verderben. Er bekommt dann plötzlich einen Magen-Darm-Infekt oder muss die erkrankte Großtante zum Arzt fahren. Manchmal fällt ihm auch ein, dass der Handwerker wegen eines Wasserrohrbruches vor seiner Wohnungstür wartet und er sofort nach Hause muss. Niemand würde es wundern, wenn er als Grund angeben würde, er habe um ein Haar seine eigene Hochzeit vergessen, so dumm sind seine Ausreden ... Der Kopfnicker überlebt den Schulbetrieb nur mit dem Gedanken an die nächsten Ferien.

Der Intrigant

Er hat entweder schon die Position des Platzhirsches inne oder ist scharf auf sie. Er versucht, alle Kräfte im Lehrerzimmer zu mobilisieren und hinter sich zu bringen. Wer nicht folgt, wird mit miesen Tricks fertiggemacht. Hierbei macht er auch vor Schülern nicht halt.

Er gibt Geheimnisse, die ihm von Kollegen anvertraut worden sind, an die Schüler weiter, und hofft, dass sie in der nächsten großen Pause auf dem Schulhof die Runde machen. Einer meiner Intrigantenkollegen brüstete sich in einem solchen Fall noch damit, dass er gerade wieder einmal den Beweis dafür geliefert habe, wie schnell sich Gerüchte in der Schule herumsprächen. Ein hämisches Grinsen begleitet seine Aussagen. Er selbst findet sich höchst clever.

Der Intrigant ist auch sofort zur Stelle, wenn ein Lehrer erfolgreicher ist als er selbst. Wie eine meiner Kolleginnen, die versuchte, einen ihr unliebsamen Kollegen auszustechen, indem sie Personalrat und Schulleiter den Tipp gab, sich doch mal mit Marcel zu beschäftigen: Bei dessen Benotung könne es nicht mit rechten Dingen zugehen; die Noten einzelner Schüler wären über die Maßen besser als bei den Vorgängern …

Der Intrigant ist eigentlich das erbärmlichste und zugleich mieseste Exemplar, das der Schulbetrieb zu bieten hat, zumal er zur Durchsetzung seiner Interessen alle unfairen Register zieht, die man sich nur vorstellen kann.

Der Verpeilte

In dieser Gruppe finden sich männliche wie weibliche Lehrer in etwa gleicher Verteilung wieder. Sie haben nach einem halben Jahr ihren Stundenplan noch nicht drauf, rennen alle Wege doppelt und dreifach, weil sie ständig ihre Materialien, Schlüssel oder Aktentaschen verlegen und danach suchen. Sie können Gerätschaften auch nach mehreren Jahren nicht bedienen, verwechseln Stifte für Whiteboards, Tageslichtprojektoren, Tafeln usw. Auch die Namen der Schüler merken sie sich bis zum Schuljahresende nicht. In extremen Fällen laufen sie mitten aus dem Unterricht, kommen nach zwanzig Minuten wieder zurück und wissen nicht mehr, wo sie waren oder was sie da wollten (so geschehen in der Klasse eines meiner Kinder).

Die Verpeilten kommen regelmäßig zu spät zum Unterricht

und zu Konferenzen und bringen dann den Satz: «Ach, ihr habt schon angefangen? Gibt's was Besonderes? Nebenbei bemerkt, ich müsste heute eine Stunde früher gehen, ich habe noch einen dringenden Friseurtermin … oder war der morgen? Ich muss noch mal nachgucken.»

Die Verpeilten regen das gesamte Kollegium auf, weil es das Gefühl hat, für sie mitdenken und handeln zu müssen. Sie schieben die Probleme aufgrund ihrer Überforderung vor sich her. Im Grunde verhalten sie sich wie jemand, der mit einem Schneeschieber Schnee wegräumen möchte und vergisst, sich zwischendurch des Schnees zu entledigen. So schiebt und schiebt er, bis er den schwerbeladenen Schneeschieber nicht mehr anzuheben vermag.

Der Narziss

Dieser meist männliche Zeitgenosse zeichnet sich durch übertriebene Eitelkeit bis hin zum krankhaften Narzissmus aus. Er braucht die ganz große Bühne. Schon morgens beim Betreten des Lehrerzimmers erwartet er Applaus und Lobeshymnen für seine neue Frisur, die neuen Klamotten oder schlichtweg für die Tatsache, dass er da ist. Gerne lässt er Schüler und vor allem Schülerinnen sein Alter schätzen – wehe dem, der sich zu seinen Ungunsten verschätzt. Besonders unangenehm wird es, wenn er versucht, Schülerinnen und Kolleginnen durch sich ständig wiederholende anzügliche Bemerkungen zu beeindrucken. Er hält sich selbst für einen «Womanizer», dem keine Frau widerstehen kann. Dass er oft eher das krasse Gegenteil ist, macht die Situation für alle Beteiligten nicht einfacher und ist vor allem Schülerinnen extrem peinlich. Der Narziss aber merkt nichts, gefällt sich in seiner Rolle und gibt sich ungewollt der totalen Lächerlichkeit preis.

Der Narziss hat auch ein weibliches Pendant. Im Gedächtnis geblieben ist mir eine Kollegin, die Bilder von sich in teils reichlich gewagten Outfits an vornehmlich männliche Schüler schickte. Sie sollten abstimmen, welches Kleid sie zum Abiball anziehen solle. Außerdem flirtete sie gerne ihre Schüler an: «Du hast so schöne breite Schultern, in deinen Armen würde ich mich richtig wohl fühlen …» Wurden ihre Avancen abgelehnt, quittierte die gekränkte Lehrerin das mit Fünfen. Die Beschwerden beim Schulleiter fruchteten nicht. Bis es eskalierte. Letztlich kam die Dame nicht wieder in den Schuldienst zurück …

Der Allwetter-Funktionshosenträger aka Bekehrer

Dieser Lehrertypus, den man in jedem deutschen Lehrerzimmer reichlich findet, ist alterslos und bei den Damen und Herren der Schöpfung gleichermaßen vertreten. Auffällig an ihm ist, dass er Kleidung bevorzugt, die über die Maßen praktisch und funktional ist, das heißt, er und auch sie tragen meist eine dreiviertellange Trekking- oder auch Multifunktionshose. Zu dieser meist im Farbton «Schlamm» gehaltenen Prachthose gesellt sich ein Sandalenmodell im selben Farbspektrum. Dieser Typ Lehrer unterrichtet meist Naturwissenschaften oder Erdkunde.

Gerne greift diese Spezies auch auf grelle Shirts mit «lustigen» Sprüchen und Motiven zurück, die, so vermute ich, den Schülern ihre «nahbare», «jugendliche» und «humorvolle» Seite zeigen soll. Ich erinnere mich an einen Lehrerkollegen mit einem T-Shirt, das einen Männerkörper vom Hals abwärts mit heruntergelassener Hose auf einer Kloschüssel beim Verrichten seines Geschäfts abbildete. Die Hand dieses Mannes griff zur leeren Klopapierrolle, daneben prangte der Text: «Was würde MacGyver tun?»

Auch überdimensionierte Smiley-T-Shirts finden in dieser Gruppe ihrer Abnehmer. Wie lächerlich sie sich mit dieser fehlgeleiteten Anbiederung bei den Schülern machen, bekommen diese Lehrer nicht mit.

Die weiblichen Exemplare haben häufig niedliche kleine Delfin- oder Bärchen-Anhänger an ihren Schlüsselbunden. Selbstgebastelte, gefilzte Perlenketten liegen mehrreihig um den Hals. Man gibt sich sozialkritisch, lacht wenig und meckert viel.

Alles weiß der Trekkinghosen-Träger bzw. die Filzketten-Trägerin besser, sie sind die klassischen Besserwisser, die zu jedem Thema eine Belehrung parat haben. Oft haben sie sich selbst Askese auferlegt in Sachen Ernährung. Äußert man in ihrer Gegenwart Sätze wie: «Och, ich könnte jetzt gut ein Schnitzel mit Pommes und Salat und dazu ein kühles Bier vertragen», ist alles verloren. Sie werden nicht müde, die Vorzüge veganen Essens zu preisen, Schweinefleisch zu verwünschen und mit ihm das dumme Volk, das so etwas isst. Weil sie einem das Gefühl vermitteln, aufgrund komplett falscher Lebensführung demnächst ins Gras zu beißen, geht man ihnen lieber aus dem Weg. Geschickte Schüler verstehen es allerdings, bei ihnen die richtigen Knöpfe zu drücken: «Herr Mayer, bevor wir jetzt mit dem Unterricht beginnen – ich habe da einen Bericht gelesen, dass Kurkuma super gegen Alzheimer wirkt. Was meinen Sie, stimmt das? Und wie viel sollte man denn davon essen?» Natürlich geht der gebauchpinselte Mayer darauf ein und beginnt, über die Vorzüge von Kurkuma zu referieren. Und ehe man sich's versieht, ist die Stunde vorbei. Und der Schüler freut sich über sein Ablenkungsmanöver, hatte er doch keine Hausaufgaben gemacht …

Der Hyperaktive

Dieser Lehrertypus ist gekennzeichnet durch seinen für jedermann zu erkennenden blinden Aktionismus. Er möchte sein Umfeld sowohl im Klassenraum als auch im Lehrerzimmer glauben machen, dass er vor lauter Pflichterfüllung und Dauerbelastung schier zusammenbricht. Prallgefüllte Aktentaschen oder Pilotenkoffer sind seine ständigen Begleiter. Doch damit noch nicht genug, eingeklemmt unter den Armen trägt er zig verschiedene Materialien, die alle von unglaublich großer Wichtigkeit sind. Natürlich erwartet er, darauf angesprochen zu werden, um dann ausführlich über ihre pädagogische Notwendigkeit zu referieren. Dabei lässt er sich nur ungern unterbrechen. Er redet auch noch weiter, wenn schon lange niemand mehr in der Nähe ist.

Der Hyperaktive meldet sich freiwillig für alles, sei es die Organisation von Projekttagen, Tagen der offenen Tür oder das Bespaßungsprogramm bei Gesamtkonferenz-Pausen. Dadurch ist er ständig überlastet und fordert mit weinerlicher Stimme Mitleid ein. Dieser Typus verursacht allein beim Zugucken Unwohlsein beim Betrachter.

Der Hyperaktive stürmt auch gerne ins Lehrerzimmer und fängt ansatzlos an zu reden: «Kurze Ansage an alle, ich habe am Wochenende ein super Schnäppchen gemacht in Sachen Deko-Materialien und hab da gleich mal richtig zugeschlagen bei Girlanden, Servietten, Strohhalmen, Pappbechern usw. Das wäre dann für jeden von euch ein Betrag von 30 Euro. Geht doch klar, oder?» Natürlich geht es nicht klar, Aufruhr und Gemecker wegen der Übergriffigkeit sind die Folge. Deprimiert und schmollend stellt der Hyperaktive fest, dass sein wertvolles Engagement einfach nicht angemessen gewürdigt wird. Doch da sitzt die Lösung, die schüchterne Referendarin, die sich nicht traut, die Nervensäge in ihre Schranken zu weisen: «Du, sag mal, hättest du nicht Lust, dir die Deko-Sachen mit mir zu teilen? Die kannst du später super im Unterricht verwenden.»

Schülern geht der Hyperaktive zuweilen so richtig auf die Nerven, erst recht, wenn sie sich in den tiefsten Niederungen der Pubertät befinden. Man stelle sich diesen Lehrertypus im Winterhalbjahr vor, morgens um acht Uhr im Klassensaal unter grellem, flackerndem Neonlicht in einer neunten Klasse, die unter größten Anstrengungen im Dunkeln den Weg in die Schule gefunden hat. Nun sitzen sie da in halbkomatösem Zustand, und sofort legt er los, der Hyperaktive: «Jetzt mal gleich die Fenster auf, ihr Lieben, durchatmen, mit der Armen kreisen, ja, so ist's gut, und dann begrüßen wir unseren Nachbarn zur Linken mit einem fröhlichen ‹Guten Morgen› und massieren ihm den Rücken.» Eine Flutlichtanlage in den Klassensaal zu stellen könnte keine schlimmere Wirkung auf die Schüler haben.

Das Kasperle

Er oder sie kommt in jedem Alter vor. Gewährt das Lehrerzimmer einen Blick auf Lehrerparkplatz oder Eingangsbereich vom Schulgebäude, dann hört man es schon, wenn das Kasperle im Anmarsch ist. Das liegt nicht an seinem lauten Gang, nein, es sind die Kollegen, die mit Blick aus dem Fenster ankündigen: «Meine Güte, jetzt ist es gleich wieder aus mit der Ruhe, und ich muss noch so viel vorbereiten.» Kaum ausgesprochen, tanzt das Kasperle pfeifend auf leichten Füßen herein. Pausen gibt es nur für den nächsten Witz: «Hey, kennt ihr den schon? Kommt ein Mann in eine Bar …?» Genervt, aber höflich lächeln einige Kollegen. Die anderen verdünnisieren sich schnell. Ein Mutiger redet Tacheles: «Mensch, Ralf, du kannst uns doch nicht jeden Morgen mit deinem Gepfeife und deinen Witzchen auf den Senkel gehen, wir haben hier alle noch was zu tun.» Irritiert und beleidigt zugleich zieht das Kasperle schließlich weiter zu seiner Klasse. Auf dem Flur lässt er dann noch ein paar lustige Kommentare los: «Na, Olli, hat dir deine Mutter wieder einen geilen Pulli gekauft? Superschick! Die Farbe steht dir hammermäßig!» Olli aus der Siebten möchte natürlich am liebsten sofort im Erdboden versinken, zumal die umstehenden Mädchen aus der Parallelklasse sofort den verwendeten Jargon aufnehmen und sich über ihn lustig machen: «Geil, dein Pulli, Olli, echt hammermäßig und superschick!» Lautes Gelächter ist die Folge, aber das registriert das Kasperle schon nicht mehr, schließlich muss er jetzt in die Klasse, seinen nächsten Witz loswerden.

Statt mit einer angemessenen Begrüßung den Elternabend zu eröffnen, begrüßte ein Vertreter dieser Spezies die Eltern tatsächlich einmal mit dem folgenden Witz: «Kommt ein Zirkusclown mit seinem Sohn in die Schule und will sich beim Schulleiter über den Klassenlehrer beschweren. Der Schulleiter fragt, was denn der Grund der Beschwerde sei. Darauf hält ihm der Clown ein Schreiben hin: ‹Sehr geehrte Familie XY, hiermit spreche ich Ihrem Sohn eine Verwarnung wegen ungebührlichen Verhaltens im Unterricht aus, er macht im Unterricht ständig den Clown ...›»

Der liebe Kollege konnte sich kaum halten vor Lachen über sein eigenes Witzchen. Den Eltern konnte man indes die Fremdscham ziemlich deutlich im Gesicht ablesen: Diesen Mann sollen unsere Kinder ernst nehmen?

Die Klageweiber

Wie der Name schon sagt, handelt es sich bei dieser Spezies fast ausschließlich um Frauen. Sie klagen über den Zustand des Schulgebäudes, die Arbeitsbedingungen, die Kollegen, die Schüler, die Eltern, einfach alles. Sie sehen sich ständig als Opfer irgendwelcher Missstände, an denen sie natürlich keinerlei Schuld tragen. Oft findet man sie im Hauswirtschaftsunterricht wieder. Sie beschriften in der Schulküche akribisch Mehl-, Zucker- oder Salzgefäße. Ich habe Kolleginnen erlebt, die Linien an den Rand der Aufbewahrungsgefäße zeichneten, um damit selbst minimalsten Salz-, Mehl- oder Zuckerschwund zu dokumentieren. Bei nächster Gelegenheit beklagten sie dann im Lehrerzimmer die mangelnde Moral und Kollegialität des Kollegiums, der Gesellschaft und der Menschheit insgesamt.

Erstaunlicherweise arrangieren sich viele Schüler oft mit diesem wehleidigen Typ Lehrerin, weil sie das Fach Hauswirtschaft einfach gerne mögen. Die anderen ärgern ihn gerne, weil er so herrlich theatralisch jammern kann. Dann geht es richtig zur Sache, und die Schüler fliegen reihenweise aus dem Unterricht.

Der Dorian Gray der Turnhalle

Dieser nicht altern wollende Lehrertypus, seines Zeichens meistens Sport-, Erdkunde- oder Englischlehrer, hat ein Dauer-Abo im Sonnenstudio, trägt rund um die Uhr Adidas- oder Nike-Sportanzüge. Schließlich hat er ja keine Zeit, sich andauernd umzuziehen. Dass Sportklamotten bei Schulfeierlichkeiten weder erforderlich noch angebracht sind, vergisst er.

In der Regel kommt er sehr entspannt daher, pflegt einen lockeren Kontakt mit Schülern und Kollegen, hält aber gerne

Abstand zu «Problemkollegen»: Die gehen ihm auf die Nerven, vor allem, wenn sie Sport nicht für wichtig halten und sich gegen jegliche Art von Sportfesten aussprechen. Für Kollegen, die ihn spüren lassen, dass sie Sport für ein verzichtbares Unterrichtsfach halten, hat er kein Verständnis und meidet sie. Er macht sein eigenes Ding und ist deshalb meist gut gelaunt, hat er doch in seinem Sportunterricht selten Probleme mit Schülermotivation: Ball in die Mitte – läuft bei mir!

Der Vergeistigte

Er durchlebt seinen Schulalltag in der vollen Überzeugung, dass aus ihm eigentlich etwas ganz Großes hätte werden sollen und er seine Perlen, sprich seine Intelligenz und Begabung, hier vor die Säue wirft. Den Frust darüber lässt er die Schüler gerne spüren. Bei Kollegengeburtstagen gibt er gerne den launigen Dichter und erwartet dafür Standing Ovations – wenn sie ausbleiben, dann schmollt er für alle deutlich sichtbar und droht damit, dass er bei so wenig Wertschätzung nicht noch einmal etwas zu Gehör bringen würde. Kollegen senden dann gerne kurze Stoßgebete gen Himmel.

Das weibliche Pendant versäumt nie zu erwähnen, dass sie in jungen Jahren mit Sicherheit Karriere als Theaterstar hätte machen können, wenn ihre Eltern sie nur gelassen hätten. Stattdessen säße sie nun hier und müsse bei minderbegabten Schülern dramaturgisches Spiel unterrichten. Während sie über ihr verkanntes Talent schwadroniert, schießen ihr Tränen des Selbstmitleids in die Augen …

Schulleitern gehen die Vergeistigten mit ihren Allüren zum Teil richtig auf die Nerven, zumal sie sich meist zu schade sind, einen der üblichen Dienste zu übernehmen. Eine Vertreterin dieser Spezies weigerte sich zum Beispiel immer wieder standhaft, Pausenaufsicht zu führen: Das sei nun wirklich unter ihrem Niveau.

Schüler genießen es, diesen in den Wolken schwebenden Tagträumer mit Neigung zu Arroganz und Überheblichkeit durch schnöden Schülerblödsinn wieder auf den Boden der Schul-Tatsachen zurückzuholen.

Die Infantile: Pippi Langstrumpf und Co.

Dieses ausschließlich weibliche Exemplar ist am Ende ihrer Dreißiger angekommen, meint aber oft auch noch mit Ende vierzig, die Pippi Langstrumpf geben zu müssen. Diese Lehrerin kommt gerne auf ihrem selbstbemalten Fahrrad zur Schule. Der Fahrradrahmen ist in Lila gehalten und mit gelben Punkten versehen. Der mit orangefarbenen und lindgrünen Plastikblumen geschmückte Fahrradkorb ergänzt den Eindruck, dass hier jemand einfach nicht erwachsen werden will. Ihre Oberteile zieren meist Motive, die entweder Walt Disneys Zeichentrickfilmen entliehen sind oder Pippi Langstrumpf im Takatuka-Land zeigen. Nicht selten trägt diese Lehrerin blondgefärbte Zöpfe, die ihr ein Stück Jugend zurückbringen sollen. Auch Janosch wird gerne zitiert oder diese schööööönen und so waaaaahren Zitate aus dem «Kleinen Prinzen» von Antoine de Saint-Exupéry. Eine Tigerente ziert den Rucksack, Hello-Kitty-Locher und Prinzessin-Lillifee-Ordner schmücken das Lehrerpult.

Schüler wie Schülerinnen finden Lehrerinnen mit solchen Kleinkind-Allüren gruselig und schrecklich verstörend. Ernst nehmen kann sie keiner, worunter die Infantile sehr leidet, weshalb sie sich regelmäßig im Lehrerzimmer bei ihren Kollegen ausweint über die ach so gemeinen Kinder.

Der Pfundskerl

Dieser Lehrertypus ist über die Maßen gutmütig, solange man ihn nicht ärgert. Er gehört zu den unaufgeregten Exemplaren, lächelt gerne und hat ein Herz für seine Mitmenschen, besonders aber für die Schüler, die ihm anvertraut sind. Die Arbeit mit den Kindern nimmt er sehr ernst. Zickige Lehrerinnen mögen ihn nicht besonders, denn er lässt ihre Anfeindungen einfach an sich abprallen. Schüler lieben ihn und vertrauen ihm ihre Sorgen an, ist er doch so etwas wie der feste Anker in der rauen See des Schullebens. Daher nennen sie ihn auch ganz unverhohlen ihren «Lieblingslehrer», das sagen sie allerdings nicht nur ihm ganz direkt, sondern natürlich auch den Kollegen: «Nachher haben wir wieder bei Frau Huber oder Herrn Claasen, da freuen wir uns schon richtig auf die Stunde.» Die Tatsache, dass dieser Lehrer oder diese Lehrerin beliebt ist, löst bei vielen Kollegen Neid aus. Dann wird im Lehrerzimmer getuschelt: «Also ich weiß nicht, der Martin lässt es irgendwie an Distanz zu den Schülern fehlen, das müsste ihm mal irgendwer sagen, dass das so nicht geht.» Oder es fallen Sätze wie: «Die Sabine müsste auch mal lernen, sich von den Schülern abzugrenzen, sie badet ja förmlich in ihrer Beliebtheit.» Oder: «Die Melanie ist ja nur so beliebt, weil sie immer so gute Noten vergibt.»

Statt ihn auszubooten und gegen ihn zu intrigieren, sollten sich die anderen Kollegen lieber etwas von dem Pfundskerl abgucken: seine positive Grundeinstellung, seine Herzenswärme, seine pädagogische Kompetenz. Doch der Neidfaktor im Lehrerzimmer ist so dominant, dass Lehrer dieser Kategorie oft unter Mobbing zu leiden haben und überdurchschnittlich schnell, zum Leidwesen der Kinder, die Schulen wechseln.

Der Choleriker

Der Choleriker ist ein ganz besonders schwieriges Lehrerexemplar, weil niemand so wirklich weiß, warum er eigentlich gerade wieder so ausrastet. Das wissen weder die Schüler noch die altgedienten Kollegen, die ihn schon seit dreißig Jahren kennen. Seine Wutanfälle kommen scheinbar aus dem Nichts. Eben noch reißt er einen Witz, um dann die Kinder niederzubrüllen, dass sie aufhören sollen zu lachen. Lachen sie allerdings gar nicht, kann das zu einem ebenso großen Wutanfall führen. Der Choleriker bekommt selbst vorsichtige Kritik schnell in den falschen Hals. Im Extremfall schmeißt er dann auch schon mal Gegenstände nach den Schülern. Tafelkreide gehört dabei zu den harmlosen Dingen. Ich habe einen cholerischen Lehrer erlebt, der ein Messer (!) in Richtung eines Schülers geworfen hat, das dann Gott sei Dank in einer Kork-Wandtafel steckengeblieben ist.

Schüler fürchten sich regelrecht vor diesen Lehrern, und je nach Ausprägung seiner cholerischen Natur kommt es vor, dass Schüler seinen Unterricht nicht mehr besuchen wollen oder nachts Albträume von ihm haben. Gerade unsichere Schüler können in Gegenwart des Cholerikers nicht mehr klar denken. Ob man etwas bei ihm lernt, ist daher eine Frage seiner Tagesform. Eltern laufen in der Regel Sturm gegen diese Kollegen. Endlose, unangenehme Elternabende und ein genervter Schulleiter sind die Folge. Sein Verhalten ändert der Choleriker trotzdem nicht, er braucht diese Tobsuchtsanfälle einfach, um seinen Frust über seinen Job zu kanalisieren. *Ihm geht es hinterher schließlich besser.*

Zugegeben, die Typologie ist überspitzt, aber ich wette, Sie haben den einen oder anderen Charakter aus Ihrer eigenen Schulzeit wiedererkannt – und wenn Sie selbst Lehrer sind, Ihre Kollegen (oder sich selbst?). Die verschiedenen Charaktertypen prallen im Lehrerzimmer aufeinander, was die Stimmung dort bisweilen zusätzlich anheizt. Wie sagte ein Kollege einmal zu mir? Das Lehrerzimmer sei das Kondensat aller denkbaren charakterlichen Macken von Menschen. Ich kenne Lehrer, die halten sich deshalb nur so lange wie unbedingt nötig im Lehrerzimmer auf. Sympathien – und vor allem Antipathien – werden hier schnell verteilt und Feindschaften teilweise über Jahrzehnte hinweg sorgsam gepflegt.

Natürlich kann man eine solche kleine Charakterstudie auch für Schüler anlegen: Da gibt es den Clown, den Anführer, den Mitläufer, den Nerd, den Streber, den Sozialen usw. – aber sie darzustellen, soll hier nicht Thema sein. Vielmehr möchte ich darauf hinweisen, welche Dynamik entsteht, wenn alle diese unterschiedlichen Typologien aufeinandertreffen und ihre, nennen wir es Besonderheiten, ungehindert ausleben. «So ist das Leben», «das ist normal», «Menschen sind nun mal alle unterschiedlich, damit muss man klarkommen», könnte man kommentieren. Doch ganz so einfach ist es nicht. Denn die Tatsache, dass in der Schule eine spezielle Lernsituation herrscht bzw. herrschen sollte, verlangt ein besonderes Miteinander, damit es nicht ein ständiges Gegeneinander wird. Und da muss der Lehrer ein ausgeprägtes Maß an Selbstreflexion mitbringen und die Bereitschaft, an sich und seinen Unzulänglichkeiten zu arbeiten – oder sie so zu kanalisieren, dass er sich auf das entsprechende Gegenüber mit seinen besonderen Bedürfnissen einstellen kann. Leider konnte ich diese Bereitschaft nur sehr selten erkennen – mit fatalen Folgen. Man stelle sich einen Lehrer der Typologie des «Verpeilten» vor, der in Klassen unterrichtet, die mit zahlreichen Schülern der Typologie «Chaot» ausgestattet sind. Der Chaot braucht unbedingt klare Strukturen, Ruhe und extreme Aufmerksamkeit. Alles Dinge, die der verpeilte Lehrer erst recht braucht, sie aber selbst nicht herstellen kann. Es ist nicht viel Phantasie nötig, um sich vorzustellen, dass Unterricht hier nicht funktionieren kann. Schüler und Lehrer werden ständig aneinandergeraten und keinen gemeinsamen Nenner finden.

Politik macht Schule

Bei der Lagerbildung im Kollegium spielt auch die Frage eine Rolle, ob man das «richtige» Parteibuch besitzt. Zwar legen Paragraph 60 BBG und Paragraph 33 des Beamtenstatusgesetzes fest: «Beamtinnen und Beamte dienen dem ganzen Volk, nicht einer Partei», doch hier klaffen meiner Erfahrung nach Theorie und Praxis weit auseinander. Dass in Schulen ein breites politisches Spektrum abgebildet wird, wie es in einer demokratischen Gesellschaft die Regel ist, ist eher die Ausnahme. Vielmehr ist im Lehrerzimmer der politische Mainstream gefragt, ansonsten gibt's Probleme mit Schulleitung und Kollegen. In einer meiner Wirkungsstätten hatte eine Lehrerin sogar schon mit Mobbing zu kämpfen, weil ihr Partner (!) in einer Partei politisch aktiv war, die dem Schulleiter und den Kollegen nicht passte – und ich rede hier nicht etwa von einer radikalen Partei.

Auch bei der Besetzung des Schulleiterpostens spielt die Parteizugehörigkeit eine zentrale Rolle. In der Regel wird er mit einem Lehrer besetzt, der sich als Anhänger der Schulpolitik der regierenden Landespartei zu erkennen gibt. Wer Schulleiter werden will, sollte also gründlich abwägen, ob er sich nicht besser schnell ein passendes Parteibuch anschafft oder ob es einen Parteiwechsel in der Landespolitik geben wird, den es zu antizipieren gilt.

Wer ein guter Zuhörer oder Beobachter ist, stellt sehr schnell fest, welches Parteibuch man in der betreffenden Schule besitzen sollte. Im Lehrerzimmer bilden sich die entsprechenden Fraktionen: Unmengen von Materialien, Taschen, Hefte und Bücher machen allen Neulingen, die wagen sollten, sich auf diesen Platz zu setzen, deutlich: «Hier sitzen wir! Erst wenn wir dir auf den politischen Zahn gefühlt haben, darfst du dich eventuell zu uns gesellen.»

Spätestens wenn die nächsten Landtags- oder Bundestagswahlen anstehen, erkennt man es an den eingeladenen Politikern, welche Parteifahne unsichtbar auf dem Schuldach weht. Solche Einladungen sind übrigens in den vier Wochen vor einer Wahl nicht erlaubt, werden dennoch ständig ausgesprochen und von den Politikern dankend angenommen ...

Lehrer mit einer anderen politischen Gesinnung werden ausgeschlossen («Der passt einfach nicht zu uns»), gerne auch mal beschimpft («Ihr in eurem politischen Verständnis seid ja noch nicht im Hier und Jetzt angekommen») oder mehr oder weniger subtil gemobbt («Stefan, ich weiß nicht, ob du bei der nächsten Projektwoche zum Thema Umweltschutz eine Gruppe übernehmen solltest, das Thema ist ja nicht gerade dein Ding. Sonst kannst du dir ja von der Maike helfen lassen, die ist da fit.»)

Lehrer ohne Rückgrat richten sich deswegen gerne (und sei es nur vordergründig) politisch nach dem Schulleiter aus: Sich in seinem Dunstkreis zu bewegen bedeutet, wichtige Vorzüge zu genießen. Lehrer praktizieren diese Anbiederei teilweise bis hin zur Selbstverleugnung. Wer das Spiel nicht mitspielt oder sogar dagegenhält und kritisiert, wird ganz schnell ins Abseits gestellt. «Zufällig» bekommen dann genau diese Kollegen die ungünstigen Stundenpläne, wohingegen die Schulleiterlieblinge für sich schon mal Freitag und Montag als freie Tage verbuchen dürfen.

Auch Klassenfahrten mit reizvollen Zielen sind den Parteifreunden vorbehalten. Man möchte diese Tage natürlich unter Gleichgesinnten verbringen. Da kann dann auch schon mal der Andreas mitfahren, der mit der betreffenden Klasse eigentlich überhaupt nichts zu tun hat – Hauptsache, die «Fraktionen» sind unter sich. Den Unterrichtsausfall in der Schule kann der Rest stemmen.

Kollegen haben mir immer wieder von haarsträubenden Situationen im Lehrerzimmer berichtet, wenn sie politische Aussagen machten, die dem «inner circle» nicht gefielen, oder sie das bildungspolitische Programm der Partei kritisierten, die der Schulleiter favorisierte. Dabei war das regelmäßige Stehlen des Pausenbrotes (ja, tatsächlich!) aus dem Lehrerfach noch der harmloseste Akt, um ihnen klarzumachen, dass man ihnen als «Abtrünnige» das Leben schwermachen werde. Böse erwischt hat es auch eine Referendarin, die sich kritisch zum «Gesinnungsdruck», wie sie es nannte, in ihrem Kollegium äußerte. Sie berichtete, dass die mühsam über Wochen gesammelten Anschauungsmaterialien, die sie für ihre Vorführstunde zum zweiten Staatsexamen brauchte, unmittelbar vor der Stunde aus ihrem Fach verschwunden waren. Man muss kein Verschwörungstheoretiker sein, sondern nur lange genug unter Lehrern gearbeitet haben, um einen Zusammenhang zwischen dem Verschwinden der Unterlagen und ihrer offen geäußerten Kritik zu vermuten. So wird dann also schon einem Referendar deutlich signalisiert: Pass dich an – oder unser Unmut wird dich mit aller Härte treffen.

Ich musste jedenfalls immer in mich hineinschmunzeln, wenn es an meinen Arbeitsstätten Projektwochen gab mit so schönen Themen wie «Wir leben Vielfalt». Da wird sie dann in großen Lettern auf den Plakatwänden offensichtlich: die Verlogenheit der Lehrerschaft.

Der K(r)ampf der Geschlechter

Charaktere und politische Ausrichtung, Sympathien und Antipathien – das alles spielt eine Rolle für die Stimmung im Lehrerzimmer. Hinzu kommt, auch heute noch, das Geschlechterverhältnis. Da der Frauenanteil im Lehrerzimmer meist sehr hoch ist, soll den Kolleginnen mein besonderes Augenmerk gelten. Vorab vielleicht noch eine Bemerkung: Auch hier werde ich wieder pauschalisieren. Natürlich gibt es die anderen, die versierten, engagierten, entspannten Lehrerinnen. Aber die Charaktere, die ich beschreiben will, finden sich so häufig, in einer so großen Anzahl – und ihr negativer Einfluss ist so groß –, dass ich mir die Verallgemeinerung an dieser Stelle erlaube.

Vorausschicken möchte ich in diesem Zusammenhang den Leserbrief einer selbständigen Musikpädagogin, die seit 23 Jahren eine Musikschule betreibt und im Alltag viel mit Regelschulen kooperiert. Sie schrieb: «Mir hat Ihr Artikel sehr gut gefallen! Er liegt ausgeschnitten auf meinem Schreibtisch, und ich traue mich nicht, ihn an Kitas und Schulen meiner Umgebung zu schicken. Ich bewundere Ihren Mut und hoffe, dass Sie viel Zustimmung und wenig Schmähung dafür erhalten werden. So ein Text sollte die Selbstreflexion in einem Pädagogen-Team anregen. Mein Erleben war bisher so, dass es unglaublich schwierig bis unmöglich ist, eine Kommunikation auf Augenhöhe mit Rektorinnen und Klassenlehrerinnen herzustellen und zu erhalten. Ausnahmen gibt es natürlich. Aber besonders die Frauen schotten sich ab. Männliche Lehrkräfte sind etwas sachlicher, meistens jedoch genauso uninteressiert an einem fachlichen Austausch. In den Kitas ist es ähnlich. Auch hier wimmelt es nur so von neidischen und selbstbezogenen Frauen.»

Ja, das klingt hart. Aber ich teile die Einschätzungen dieser Musikpädagogin. Meiner Auffassung nach haben viele Frauen, die sich für das Lehramt entscheiden, keine realistische Vorstellung davon, was sie in diesem Beruf erwartet. Treffen diese falschen Erwartungen dann auf die Realität, mündet das in Unzufriedenheit und Frustration, die nur allzu oft an den Kindern und den anderen Kollegen ausgelassen werden. Auf die Gründe, warum viele Frauen diesen Beruf wählen, bin ich bereits im ersten Teil des Buches eingegangen: Weil sie sich finanzielle Sicherheit und eine gute Vereinbarkeit von Familie und Beruf erhoffen – und manche auch, weil sie sich in der traditionellen Rolle der Frau, die sich um die Kleinen kümmert, am wohlsten fühlen.

Aber leider sind die Schüler dann eben oft nicht die süßen Kinder, die die Lehrerin anhimmeln. Die niedlichen Kleinen können sich zu wahren «Monstern» entwickeln, die jede sorgfältig geplante Stunde in ein Horrorszenario verwandeln. Von der Vorstellung artig schreibender und bastelnder Kinder muss sich dann so manche Grundschullehrerin desillusioniert verabschieden – Frustration ist vorprogrammiert.

Die Lehrerin als sanftmütige, sich kümmernde, stets huldvoll lächelnde Mutterfigur, umgeben von strahlenden und dankbaren Kindern, ist also, wenn es sie überhaupt einmal gab, die Realität längst vergangener Tage, als das Gros der Kinder bereits erzogen eingeschult wurde. Heute verlagern sich Erziehungsaufgaben immer mehr in die Schule. Es heißt also, nicht nur die eigenen Kinder zu erziehen, was hart genug ist, sondern in vielen Fällen neben der Kompetenz- und Wissensvermittlung diese Aufgabe auch für die Schüler zu übernehmen. Was die Situation zusätzlich verschärft: Vor der Klasse kann man sich nicht mal eben zurückziehen, kurz privatisieren oder den Raum verlassen. Nein, es gibt zu jeder Zeit, jeder Minute, jeder Sekunde eine Schüler- oder Kollegenreaktion und Interaktion, die einem das eigene Unvermögen widerspiegeln – und das teilweise auf sehr brutale Art.

Da liegen, wenn man nicht die entsprechende Persönlichkeit, das Selbstbewusstsein und das richtige Rollenverständnis hat, die Nerven schnell blank. Ich habe Situationen in Lehrerzimmern erlebt, in denen junge Lehrerinnen losheulten und kaum zu beruhigen waren, weil ein Schüler auf der Jungen-Toilette geraucht hatte oder ein Fußball wiederholt auf dem Flachdach der Eingangshalle gelandet war. Das sind doch keine Gründe, um in Tränen auszubrechen! Da verdonnert man den Schüler dazu, jeden Tag die Aschenbecher vor der Schule zu leeren bzw. neben seinem Ball auch noch den Restmüll vom Dach zu holen, der sich dort seit Jahren angesammelt hat, und dann hat sich die Sache.

Ich gebe zu: Gerade das Grundschullehramt ist in jeder Hinsicht ein Knochenjob, der durch zusätzliche Herausforderungen in den Bereichen Integration und Inklusion den Lehrern alles abverlangt. Aber genau deshalb sollte man sich gut überlegen, ob man diesen Beruf wirklich ausüben kann und will. Verklärung ist mit Sicherheit der falsche Ansatz. Trotzdem scheinen immer noch viele Lehrerinnen genau das zu tun: zu idealisieren und zu verklären. Mit weitreichenden Konsequenzen für sich selbst, für die Kinder und ihre Kollegen.

Wie die Arbeit eines Menschen aussieht, der in einem Job verharrt, den er eigentlich gar nicht mag, kann sich auch der Phantasieloseste vorstellen. Diese Lehrerinnen sind von Schülern und im Kollegium gleichermaßen gefürchtet. Sie keifen und streiten, was das Zeug hält, fühlen sich ständig persönlich von ihren Kollegen angegriffen und nicht genügend respektiert. Sie überbrüllen diejenigen, die anderer Meinung sind, und schlagen sich bei Wortbeiträgen anderer Konferenzteilnehmer, deren Meinung sie nicht teilen, auch schon mal gerne mit der flachen Hand vor die Stirn, um deutlich zu machen: «Wie kann man nur so blöd sein? Hört gefälligst alle auf mich.» Wie oft habe ich es bei Besprechungen erlebt, dass dieser Lehrerinnentypus so lange lauthals in Diskussionen herumgemeckert hat, bis eine genervte, gutmütige Seele schließlich seufzend einlenkte, man solle der Kerstin doch um des lieben Friedens willen nachgeben.

Der Begriff «Work-Life-Balance» spukt diesen Lehrerinnen jeden Tag durch den Kopf, schließlich war er doch einer der wichtigsten Gründe, warum sie diesen Beruf ergriffen haben. Aber mit der angeblichen Vereinbarkeit von Familie und Beruf ist das so eine Sache. Zum einen ist man nach einem Vormittag mit einem Haufen quirliger Energiebündel derart geschafft, dass man auf alles andere Lust hat, nur nicht auf den Trubel mit den eigenen Kindern zu Hause. Zum anderen sind da ja immer noch die Elternanrufe mit Endlosdiskussionen, ob der Emil denn jetzt eine Gymnasialempfehlung bekommt oder nicht.

Sie kriegen sie also einfach nicht hin, diese Balance. So nehmen sie sich jeden Tag aufs Neue als Getriebene eines Systems wahr, das ihnen wahnsinnig viel abverlangt. Was in der Tat so ist. Nur: Diese Lehrerinnen neigen dazu, ausschließlich andere dafür verantwortlich zu machen. Sie projizieren ihr eigenes Unvermögen auf ihre unmittelbare Umgebung. Ständig meckern sie über Schüler, Eltern, Kollegen, Schulleiter, Hausmeister, Putzkolonnen und so weiter. Irgendwer muss ja schuld sein an ihrer desolaten, frustrierenden Situation.

Und, ich muss es leider so sagen: Sehr oft sind es junge Frauen, die aus Überforderung und Verletzlichkeit eine Schneise von Missstimmung, Streit und Passivität ins Kollegium und die Schülerschaft schlagen.

Kaum sitzt man im Lehrerzimmer neben solchen Vertreterinnen oder steht gemeinsam am Kopierer, gehen sie los, die Tiraden: Wie schlimm die Asi-Eltern von Ramon sind. Dass Kollege Heinz schon wieder vergessen hat, seine Kaffeetasse wegzuräumen. Dass Kollegin Marion ja nun wirklich nicht mehr solche Röcke anziehen kann. In ihrem Alter! Dass die Schulsekretärin sie heute Morgen einfach so abgekanzelt hat, dabei brauche sie dringend einen Termin beim Schulleiter. Und dass die Heidrun doch nun endlich mal in Rente gehen solle, die gehe einem wirklich auf die Nerven mit ihrem IT-Analphabetismus, alles müsse man ihr dreimal erklären ... So geht das endlos weiter.

Wer sich nicht rechtzeitig in Sicherheit bringt oder auf Durchzug schaltet, wird in ihre Negativitätsspirale mit hineingezogen. Wie soll man da dann hochmotiviert in die nächste Klasse gehen? So können selbst einige wenige von ihnen die gesamte Atmosphäre im Lehrerzimmer vergiften. Ich erinnere mich in diesem Zusammenhang an eine meiner Arbeitsstätten in Nordrhein-Westfalen, wo manchmal schon ein fröhliches

«Guten Morgen» reichte, um von den entsprechenden Kandidatinnen angeraunzt zu werden: «Haben Sie immer noch nicht mitgekriegt, dass wir uns hier an der Schule nicht grüßen?!» «Entschuldigung, vergrüßt», gab ich reichlich irritiert zurück.

Den Gedanken jedoch, für ihre Lebensplanung eventuell den falschen Beruf gewählt zu haben, lassen diese Lehrerinnen gar nicht erst zu. Was bleibt, ist Verbitterung, die über die Jahre merklich zunimmt. Und dann?

Viele ältere Lehrerinnen verarbeiten den Schulstress anders. Wenn sie nicht schon innerlich aufgegeben haben und nur noch der Gedanke an die baldige Pensionierung sie morgens das Schulgebäude betreten lässt, tun sie alles, um mit den jüngeren Frauen mitzuhalten oder noch besser zu sein. Sie geben sich ihnen gegenüber abgeklärt, schließlich haben sie Erfahrung. Doch sie sind alles andere als entspannt, denn unter ihrer Fassade brodelt die jahrelange Frustration.

Außerdem treten bei altgedienten Pädagoginnen oft erhebliche Erschöpfungszustände und andere psychosomatische Erkrankungen auf (bei ihren Kollegen auch, aber nicht so stark und weniger häufig – dazu später mehr). Für mich liegt das auch daran, dass den Lehrerinnen mit zunehmendem Alter der Kontakt zu den Schülern verlorengeht und diese wachsende Distanz ihnen zu schaffen macht. Diese Distanz ergibt sich nicht nur aus dem immer größer werdenden Altersunterschied zwischen Schülern und Lehrern, sondern auch in dem Unvermögen der Lehrerinnen, sich auf die Lebenswelt der Kinder einzulassen. Sie gehen nicht mit der Zeit, sondern fahren ihren Stiefel wie vor zwanzig Jahren. Vor allem die angebotene Fortbildung in Sachen Digitales sagen sie immer wieder ab. Diese Problematik ist beim männlichen Pendant nicht derart massiv ausgeprägt.

Damit kommen wir zum Verhältnis von Frauen und Männern im Lehrerzimmer. Ich könnte Seiten darüber schreiben, welche Fronten sich zwischen ihnen bilden, wie die unterschiedlichen Parteien sich gegenseitig auszubooten versuchen oder welche unausgesprochenen Hierarchien es gibt. Das würde hier jedoch den Rahmen sprengen, zumal darüber, wie Männer und Frauen in der Arbeitswelt miteinander agieren, welche Mechanismen bei der Kommunikation etc. eine Rolle spielen, schon sehr viel Kluges geschrieben worden ist. Ich will mich deshalb auf einige wenige grundsätzliche Dinge beschränken, die sich aus der spezifischen Konstellation im Lehrerzimmer ergeben.

Das Ausmaß der Differenzen zwischen männlichem und weiblichem Lehrpersonal hängt meiner Erfahrung nach nicht selten vom Schultyp ab. In den Berufs- und Hauptschulen, in denen ich gearbeitet habe, war das Verhältnis zwischen Lehrerinnen und Lehrern relativ ausgeglichen. Möglicherweise, weil die berufsbezogenen Fächer mit ihren scharf umrissenen Anforderungsprofilen weniger Spielraum für pädagogische Profilneurosen bieten. Vielleicht auch, weil an diesen Schulen die Herausforderungen in Hinblick auf Gewalt, Disziplinlosigkeit und Erziehungsdefizite so groß sind, dass man schlichtweg keine Zeit hat für einen zusätzlichen Kleinkrieg zwischen den Geschlechtern.

An Grundschulen, Gesamtschulen, Realschulen oder Gymnasien sieht es anders aus. Ja, auch dort kann die Arbeit mit den Kindern anstrengend sein, aber es gibt, verglichen mit den anderen Schulformen, doch mehr Raum für persönliche Befindlichkeiten – vor allem, wenn man merkt, dass man im Schuldienst eigentlich nicht richtig aufgehoben ist.

Ich habe immer wieder erlebt, dass die Damen als vermeintlich «schwaches Geschlecht» vehement einen Sonderstatus einfordern, ungeachtet dessen, dass sie in den meisten Kollegien schon rein zahlenmäßig dominieren. Sie wollen als gleichberechtigt und gleichwertig wahrgenommen werden, wenn es ihnen aber in den Kram passt, berufen sie sich auf ihr Geschlecht, das doch besonders schutzbedürftig sei und deshalb bestimmter Privilegien bedürfe – für manche meiner Kolleginnen war es zum Beispiel unzumutbar, als Frau Pausenaufsicht zu machen.

Ich hatte den Eindruck, dass männliche Kollegen in solchen Fällen weitestgehend auf Gegenwehr verzichteten, als wollten sie sagen: «Der Stress im Klassenzimmer reicht mir, da muss ich mich nicht noch mit keifenden Kolleginnen auseinandersetzen.» Eine sehr gesunde Einstellung, mag man meinen. Wenn sie allerdings dazu führt, dass Konsequenzen bei etwaigem Fehlverhalten ausbleiben und diesen Lehrerinnen quasi Narrenfreiheit zugestanden wird, halte ich sie für äußerst bedenklich. Denn dann wird eben der schüchterne, etwas unsichere Kollege Paul der Lächerlichkeit preisgegeben und lauthals ob seiner zurückhaltenden Art verhöhnt – irgendwo müssen die Damen ja ihren Frust loswerden. Gegenwehr befürchten müssen sie nicht. Wäre Paul allerdings eine Greta, wäre dieselbe Situation ein Fall für die Frauenbeauftragte, den Personalrat und mit Sicherheit ein Thema auf der nächsten Gesamtkonferenz-Agenda.

Bevor hier jetzt das Bild der armen, unterdrückten Männer entsteht, die von ihren Kolleginnen drangsaliert werden – nein, ganz so ist es nun auch nicht. Viele Lehrer sind die geschickteren Taktierer. Wie ein ausgefuchster Tennisspieler lassen sie den Gegner (ihre Kolleginnen) hin- und herlaufen, platzieren ihre Bälle mal rechts, mal links, bis der Gegenspielerin die Zunge raushängt – und dann setzen sie einen gemeinen Netzroller …

Lehrer nutzen außerdem die dominante, übermotivierte, perfektionistisch veranlagte Art vieler Kolleginnen und überlassen ihnen großzügig und selbstlos die mit viel Aufwand betriebenen Projektwochen, Schulfeste oder Abschlussfeiern. Die Herren tragen sich zwar auf der Organisationsliste ein, zu den anberaumten Vorbereitungsterminen glänzen sie dann aber durch Abwesenheit, getreu dem Motto: «Lass die mal, wenn sie sich schon so in den Vordergrund drängen müssen, dann sollen sie ihren Kram auch alleine machen. Außerdem ist an dem Tag das Champions-League-Finale, ich bin da raus.»

So befinden sich die Herren der Schöpfung in der Situation, sich einerseits einiges von den Damen in Sachen Übergriffigkeit und Dominanzgebaren bieten lassen zu müssen, vor allem was das Durchsetzen von eigenen persönlichen Interessen im Schulbetrieb anbelangt, wie zum Beispiel die Anschaffung von Schulmaterialien, die dann nur ihrem spezifischen Fach dienen. Andererseits nehmen die Männer solches Verhalten aber auch hin, schonen sie doch auf diese Weise gekonnt ihr Nervenkostüm und ziehen heimlich, still und leise mit ihren männlichen «Verbündeten» ihr Ding durch.

Vielleicht ist diese Vermeidungsstrategie auch ein Grund dafür, dass weibliches Lehrpersonal weitaus häufiger vom Burnout betroffen ist als das männliche: Studien haben ergeben, dass Lehrerinnen ihre Arbeit wichtiger nehmen als Lehrer, dass sie mehr an ihre Grenzen gehen und möglichst perfekt sein wollen. (*«Unterschiede in der kognitiven Belastung sowie in der subjektiven Einschätzung des Belastungserlebens von Mathematik- und Deutschreferendarinnen und -referendaren» von Gaby Gawlitza 2015, nachzulesen u. a. in der Schrift der Gewerkschaft Erziehung und Wissenschaft Landesverband Saarland 5/15, S. 4 f.*)

Tatsächlich konnte ich beobachten, dass vor allem Lehrerinnen sich immer wieder mit einem völlig überzogenen Perfektionismus geißelten. Es machte sie schier verrückt, wenn in einem Team etwas ausgearbeitet werden sollte und ihre Kollegen sie nach stundenlangen Diskussionen irgendwann mehr oder weniger offen dazu aufforderten, jetzt doch aber mal den Ball flach zu halten, schließlich ginge es bei der Planung des Schulfestes nicht um eine Doktorarbeit. Da wurden die Herren vor versammeltem Kollegium schon mal lauthals als inkompetent, faul und desinteressiert tituliert. Die meisten jedoch gaben sich, so habe ich es zumindest erlebt, «imprägniert» und ließen die Kritik weitestgehend an sich abperlen.

Zusammenfassend kann man sagen, dass auf das Verhältnis der Geschlechter im Lehrerzimmer der alte Witz zutrifft: «Männer haben wohl noch die Hosen an, aber die Frauen entscheiden, welche.»

Der Schulleiter: Führungspersönlichkeit oder Frühstücksdirektor?

Die Überschrift könnte auch lauten: Der Schulleiter, verzweifelter Kämpfer zwischen den Fronten. Denn Hand aufs Herz, wer möchte denn heute noch Schulleiter werden? Eine Schule zu leiten, und zwar gut zu leiten, ist eine riesige Aufgabe. Dafür sollte man gewappnet sein. Man denke nur neben den fachlichen Herausforderungen an die zunehmende Anzahl prozessfreudiger Eltern, unmotivierter Schüler, frustrierter, bockiger Lehrer, deren hohen Krankenstand, Gewalt- und Drogenprobleme an der Schule und nicht zuletzt ein Ausmaß an Verwaltungs- und Managementaufgaben, das seinesgleichen sucht. Hinzu kommt, dass man oft Richtlinien des Bildungsministeriums durchsetzen muss, die man selbst nicht für richtig hält – und die Kollegen auch nicht. Ach so, und ein wenig unterrichten, was eigentlich das Kerngeschäft von Schule sein sollte, muss der Leiter auch noch. Überflüssig zu erwähnen, dass die Unterstützung «von oben», sprich von den Behörden, meist ziemlich mau ausfällt.

Die Entscheider der Kultusministerien begreifen erst langsam, dass die heutige Position des Schulleiters kaum noch etwas gemein hat mit der früherer Generationen, wo derjenige Schulleiter wurde, der den vermeintlich besten Unterricht machte und der von der Mehrheit des Kollegiums unterstützt wurde, weil er als pädagogischer «Überzeugungstäter» galt und sich für «seine» Schule engagierte.

Bildungspolitiker stellen gerne heraus, was sie als Entlastung für Schulleiter und Schulen politisch auf den Weg gebracht haben. Sie mussten in den vergangenen Jahren feststellen: Es war nicht genug. Der Posten des Schulleiters war nicht attraktiv genug, als dass sich ausreichend Bewerber gefunden hätten, um die Versorgung unserer Schulen mit motivierten Führungskräften zu sichern. Man betrachte dabei allein die finanzielle Situation eines Grundschulleiters: Er verdient nur ca. 400 bis 500 Euro brutto mehr als eine normale Lehrkraft und liegt damit auf der gleichen Einkommensstufe wie ein Junglehrer am Gymnasium. Wen wundert's, dass Schulleiterposten nicht mehr besetzt werden? Kein finanzieller Anreiz heißt keine besetzten Stellen. In Bayern hat man es begriffen und die Besoldung erhöht, was zu einem drastischen Rückgang nicht besetzter Schulleiterposten führte. Sven Tresselt, Berater für Lehrer, Referendare und Schulleiter, beschreibt die Lage wie folgt: «Seit 2006 gibt es mit STELLA eine Stellenbörse für Schulleitungsstellen im Internet, die regelmäßig zwischen 300 und 400 offene Beförderungsstellen aufweist. Im November 2013 waren es 715 und im November 2016 immer noch 466!» *(www.tresselt. de.)* Er erklärt die große Zurückhaltung von Lehrkräften, Leitungspositionen zu übernehmen, mit der ansteigenden Aufgabenfülle, mit der sich Schulleiter zunehmend konfrontiert sehen: Sie reicht von wirksamer Erster Hilfe bei Unfällen über Lernstandserhebungen bis zum Konfliktmanagement. Doch wo lernt ein Schulleiter diese Dinge? An der Uni? Nein, er lernt zu keinem Zeitpunkt seiner Lehrerausbildung, wie das Berufsprofil eines Managers aussieht und ob er als Lehrer überhaupt für diesen Job geeignet ist.

Es gibt also nur wenige, die sich an diese Aufgabe wagen: Die einen sind die mutigen Überzeugungstäter im Schuldienst, die sich berufen sehen, eine Schule in die Zukunft zu führen und Schüler nachhaltig positiv zu prägen. Sie bewundere ich für ihre Stärke, ihren Idealismus und ihr Engagement. Die anderen, und die sind leider in der Mehrzahl, möchten sich schlichtweg entweder den täglichen Widrigkeiten des Unterrichtens weitestgehend entziehen, erhoffen sich, auf dieser Position Macht ausüben zu können, oder wollen ihrer Profilierungssucht Genüge tun.

In Nordrhein-Westfalen muss man vor der Ernennung zum Schulleiter ein sogenanntes Eignungsfeststellungsverfahren (EFV) absolvieren.

Gerne wäre ich bei solch einem Verfahren einmal Mäuschen, denn wenn hier die Beobachter und Rückmeldung gebenden Herrschaften ihre Funktion ernst nehmen, dann scheint mir dieses Überprüfen eine herausfordernde, schwierige Angelegenheit zu sein. Die Teilnehmenden sollen u. a. in vier Kernkompetenzen bewertet werden:

1. Rollenklarheit (etwas, das ich jedem Schulleiter wünsche –

die meisten tappen dabei allerdings meist im Dunkeln oder lassen sich Rollen aufdrängen, die sie entweder nicht mögen oder die sie nicht imstande sind auszufüllen).

2. Innovation (aktive, innovative Schulleiter habe ich in meinen Lehrerjahren leider kaum kennenlernen dürfen, dazu waren sie mit dem Bewältigen des Alltagsgeschäftes viel zu sehr beschäftigt).

3. Managementqualitäten (als gute Manager habe ich in zwanzig Jahren nur drei Schulleiter kennengelernt).

4. Kommunikation (auch hier gibt es bei vielen Schulleitern noch Luft nach oben: Entweder sie sprechen nur mit einigen wenigen Kollegen, um Informationen unters «Lehrervolk» zu bringen, oder aber sie machen dann Ansagen, wenn es ihnen passt – und nicht, wenn möglichst viele Kollegen anwesend sind. Wer zu dem Zeitpunkt gerade eine Freistunde hat oder erst später zur Schule kommen muss, der hat dann eben Pech gehabt, sofern ihn kein anderer Kollege informiert. Viele Schulleiter sitzen Probleme auch gerne aus und verweigern jegliche Kommunikation und Transparenz. Sie tauchen einfach ab, haben angeblich Termine außer Haus oder sind einfach nicht zu sprechen).

Die Anforderungen sind also hoch, und das Studium bietet keine Möglichkeit, sich speziell auf diesen Posten vorzubereiten. Umso mehr verwundert es mich, in Lehrerforen auf Nachfragen von Erstsemestern zu stoßen, wie sie denn am einfachsten und schnellsten Schulleiter oder Schulleiterin werden. In Lehramtsstudentenkreisen scheint offensichtlich noch nicht angekommen zu sein, wie hoch die Herausforderungen an den Schulleiter sind und dass sie einen reichen, langjährigen Erfahrungsschatz voraussetzen.

Da sich die Kultusminister inzwischen ihre Wohnungen

mit Brandbriefen von überforderten Schulleitern und deren Kollegien tapezieren könnten, haben sie sich beispielsweise in Nordrhein-Westfalen, Niedersachsen und Bayern inzwischen Förder-, Stütz-, Lift- und sonstige Kurse für Schulleiteraspiranten ausgedacht. Sie lassen sie Eignungstests absolvieren – um sie dann in der Praxis wieder ins kalte Wasser fallen zu lassen. Nachhaltigkeit geht anders. Denn was die meisten Schulleiter aus diesen Veranstaltungen mitnehmen, hört sich visionär und großartig an, im Schulalltag verpuffen jedoch oftmals alle Bemühungen.

Dabei kommt dem Schulleiter gerade innerhalb einer angstgetriebenen, unsicheren, inkompetenten und mit überbordender Selbstgefälligkeit ausgestatteten Lehrerschaft, die leider an viel zu vielen Schulen anzutreffen ist, eine Schlüsselfunktion zu.

Ich muss in diesem Zusammenhang an Enja Riegel denken, die ehemalige Direktorin der Helene-Lange-Schule in Wiesbaden, die bei der Veröffentlichung der ersten PISA-Studien-Ergebnisse 2001/2002 als beste deutsche Schule abgeschnitten hatte. Sie erzählte, dass sie zu Beginn ihres Dienstantritts bei der ersten Konferenz vom gesamten Kollegium in schwarzer Trauerkleidung (!) empfangen worden ist. Ihr eilte der Ruf voraus, eine fordernde Persönlichkeit zu sein, dem wollte man gleich am ersten Tag demonstrativ und unmissverständlich etwas entgegensetzen. Die Tatsache, dass Enja Riegel es trotz dieser massiven Gegenwehr geschafft hat, das Lehrerkollegium umzukrempeln und nach zwanzig Jahren Dienst an dieser Schule mit einer Abschiedsfeier geehrt zu werden, die es in Schulkreisen in diesem Ausmaß wohl noch nie gegeben hat, spricht für sich. Für mich ist sie ein Beweis dafür, dass ein einziger starker und positiv ausgerichteter Mensch selbst seine Gegner in den

Bann ziehen kann. Enja Riegel ist es gelungen, andere für ihre Vorstellung zu begeistern, ihren Worten Taten folgen zu lassen. Ihr Erfolgsrezept, wie sie selber sagte, war die bewusste Abkehr von dem, was man ihr und der Schule aufzwingen wollte. Ihrer Auffassung nach besitzt jede Schule einen individuellen Charakter, der von der Lehrer- und Schülerschaft abhängig ist. Modelle, die bildungspolitische «Schreibtischtäter» auf dem Reißbrett für «die Schule» entwarfen, hat sie deshalb selbstbewusst abgelehnt.

Wie man an diesem Beispiel wunderbar sehen kann, entscheidet der Schulleiter maßgeblich mit, ob Schule gelingt oder nicht. Lässt er alles einfach laufen, weil es ihm nur noch darum geht, bis zur Pensionierung einigermaßen ruhig über die Runden zu kommen, dann geht die Schule lerntechnisch und organisatorisch den Bach runter. Gleichgültigkeit und Desinteresse sind keine guten Eigenschaften für einen Schulleiter. Ich habe in einer Hauptschule unterrichtet, wo der Schulleiter noch nicht mal mehr meine Papiere sehen wollte, die meine Lehrbefähigung dokumentierten. Ich hätte also irgendwer sein können, der gerade einmal Lust hatte zu unterrichten.

Ein anderer Schulleiter begrüßte mich, ohne mir auch nur einmal in die Augen zu schauen, nuschelte dann, er habe noch andere Termine und ich solle doch bitte auf die Kollegin warten, die würde sich meiner annehmen. Das tat sie dann auch lustlos und genervt, nachdem ich eine Stunde auf sie hatte warten müssen.

Solche desinteressierten Schulleiter gehen auch gerne Konflikten aus dem Weg, meiden alles, was nach Ärger aussieht, und ducken sich weg, wenn es eigentlich einer klaren Aussprache oder Ansage bedürfte, zum Beispiel bei einem Streit im Kollegium – und auch generell bei Auseinandersetzungen.

Ich erinnere mich da zum Beispiel an einen Fall in einer Hauptschule, an der ich unterrichtete. Hier waren zwei Klassen ohne Aufsicht, da es der Schulleitung nicht gelungen war, zwei Lehrer, die gerade ihre Freistunden im Lehrerzimmer verbrachten, dazu zu bewegen. Die beiden hatten sich konstant und so vehement geweigert, dass sowohl Schulleiter als auch Konrektorin ihre Mission für gescheitert erklärten und einfach weiter ihren Tätigkeiten nachgingen, als wäre das Problem damit gelöst.

Natürlich kam, was kommen musste: Einige Schüler der einen waren sich mit Schülern der anderen Klasse nicht grün und fingen an, sich auf dem Flur zu prügeln. Es dauerte nicht lange, bis eine handfeste Keilerei im Gange war. Ein beherzter Junglehrer stellte sich der Situation und kassierte selber noch ein paar Fausthiebe. Er rannte daraufhin ins Direktorat, in der Hoffnung, dort vom Schulleiter Hilfe zu bekommen. Nachdem der sich die Situation hatte schildern lassen, gab er dem jungen Kollegen allerdings lediglich den Auftrag, einen Meldebogen beim Schulsozialarbeiter abzuholen, diesen auszufüllen und ihn dann wieder abzugeben. Das war alles.

Glücklicherweise halfen ein paar herbeigeeilte Lehrer dem inzwischen zurückgekehrten jungen Kollegen, die Streithähne zu trennen und die Situation zu deeskalieren.

Wie soll man ein solches Schulleiter-Verhalten deuten? Ist es mangelnde Durchsetzungskraft gegenüber Kollegen, ist es Resignation vor gewalttätigen Schülern oder pures Desinteresse?

An irgendeinem Punkt seiner Laufbahn scheint sich dieser Schulleiter entschieden zu haben, nur noch auf Sparflamme zu arbeiten. Doch Sparflamme ist nicht das, was eine Schule braucht. Hier sind Führungskräfte gefragt, die im wahrsten Sinne des Wortes für ihre Schule «brennen». Da muss ein Funkeln in den Augen sein, wenn ein Schulleiter von seiner Schule und seinen Schülern spricht, so wie bei Schulleiterin Gisela Grimme, die von Bundeskanzlerin Angela Merkel den Pokal für die beste Schule Deutschlands 2017 entgegennehmen durfte. Ihre Berufsbildende Schule in Hameln betreut 2000 Schüler aus 34 Nationen. Der Erziehungswissenschaftler Michael Schratz von der Universität Innsbruck und Sprecher der Jury begründete die Auszeichnung folgendermaßen: «Durch das dichte Geflecht aus passgenauer pädagogischer Förderung und Fürsorge erzielen die Schüler hier Erfolge, die an anderen Schulen kaum jemand für möglich hielt.» *(«An Deutschlands bester Schule sind Handys erlaubt», Spiegel Online vom 29. 5. 2017.)* Die Schüler der erfolgreichen Berufsschule aus Niedersachsen fassten den Grund für ihr Gelingen in einem kurzen Satz zusammen: «Weil man uns vertraut.»

Leider habe ich viele rückgratlose Schuldirektoren kennengelernt, denen ihre eigene Bequemlichkeit wichtiger war als der Einsatz für Schüler und Kollegium – «Frühstücksdirektoren», wie Kollegen ihre konfliktscheuen Schulleiter gerne nennen. Das kann man bisweilen wörtlich nehmen; so klärte mich ein Kollege auf, als ich neu an eine Schule kam: «Übrigens, wenn bei uns Unstimmigkeiten auftauchen und unser Schulleiter sich nicht traut, eine schmerzhafte Entscheidung gegen einen Kollegen oder eine Kollegin zu treffen, dann frühstücken wir das Problem einfach weg.» Und in der Tat war es so: Standen knifflige Gespräche an, wurde einfach ein «gemütlicher» Frühstückstermin anberaumt, anstatt die problematischen Themen anzusprechen. Etwas Krampfigeres und Unproduktiveres habe ich selten erlebt.

Das Verhalten des Schulleiters spiegelte sich in der Atmosphäre wider, die an der jeweiligen Schule herrschte. Denn, wie wir auch am Beispiel von Enja Riegel gesehen haben: Die Persönlichkeit des Schulleiters prägt ganz entscheidend die Atmosphäre. Ist er offen gegenüber Neuem? Fördert er Kreativität? Steht er für klare Regeln? Vertraut er Lehrern und Schülern?

An einer Schule in Rheinland-Pfalz habe ich in einer lernschwachen Klasse Englisch unterrichtet. Vor allem das Vokabellernen war in dieser Klasse ein Problem, und ich grübelte, wie ich es den Schülern schmackhaft machen konnte. Eines Tages bemerkte ich, wie einer der Schüler im gegenüberliegenden Gebäude einem Mann zuwinkte. Ich fand heraus, dass es sein Großvater war, der in einem Altenheim auf der anderen Straßenseite lebte. Das brachte mich auf eine Idee: Ich schlug den Schülern vor, «Wer wird Millionär» mit Vokabeln zu spielen; die Herrschaften vom Altenheim seien der Zusatzjoker. Wir sind dann mit einer kleinen Delegation rübergegangen, und die Senioren waren begeistert von der Idee. Sie setzten sich von da an regelmäßig zusammen und durchforsteten Englisch-Wörterbücher. Wir alle hatten einen Riesenspaß. Als unser Vokabelspiel dem Schulleiter zu Ohren kam, wurde er fuchsteufelswild. Was ich mir einbilden würde? Als Vertretungslehrerin hätte ich eine schriftliche Genehmigung für das Verlassen des Schulgeländes einzuholen. Ich traute meinen Ohren kaum – so kann man natürlich auch Engagement im Keim ersticken.

Ein weiteres Beispiel: Als ich vor einigen Jahren eine Stelle an einer Realschule antrat, tat ich das mit leichtem Unbehagen, denn ich hatte unglaubliche Geschichten über den Schulleiter und seinen überbordenden Kontrollwahn gehört. Er soll die korrekte Durchführung der Wandertags-Vorhaben überprüft haben, indem er per Fahrrad die Wege abfuhr, um zu kontrollieren, wie lange man dafür bräuchte. Damit wollte er sicherstellen, dass sich die Lehrer nicht vorzeitig verdünnisierten und die Kinder nach Hause schickten. Ein Lehrer, der mit seinen Schülern eine Kurzreise per Bahn unternommen hatte, berichtete, dass der Schulleiter eine Strecke von mehreren Kilometern auf sich genommen hatte, um am Zielbahnhof zu überprüfen, ob der Lehrer die angemeldete Fahrt nicht nur vorgegeben hätte. Diese Geschichten schienen mir arg übertrieben – allerdings nur so lange, bis ich am nächsten Ausflug beteiligt war. Wir wollten zu einem Grillplatz wandern, um dort Spiele im Freien durchzuführen und anschließend zu grillen. Am Ziel angekommen, bestückten wir den vorhandenen Grill und entzündeten die Kohlen. Wir wollten gerade anfangen zu essen, als plötzlich lautes Motorengeräusch die Idylle störte. Ich traute meinen Augen kaum, wer da aus seinem Auto stieg: der Schulleiter. Er wolle, erklärte er mir, schauen, ob ich das Grillen vorschriftsmäßig durchführen würde. Außerdem fragte er mich, wie mein weiterer Zeitplan aussähe, dass ich ja nicht zu früh mit den Kindern wieder an der Schule ankommen solle und vor allem Sorge dafür tragen möge, dass kein Müll zurückbliebe. Einigermaßen verdattert schaute ich ihn an, nickte zu allem und sah ihm fassungslos hinterher, als er wieder wegfuhr.

Nach Ende des Grillens verstauten wir unser Gepäck und räumten auf. Kaum waren wir hinter der ersten Abbiegung verschwunden, sahen wir aus den Augenwinkeln, dass der Schulleiter noch einmal an den Grillplatz gefahren war, um zu überprüfen, ob wir tatsächlich alles sauber hinterlassen hatten.

Man mag über dieses Verhalten lachen, denn lächerlich ist es. Allerdings tyrannisierte dieser Schulleiter das gesamte Kollegium mit seinem Misstrauen und ruinierte so die Arbeitsatmosphäre. Das Kollegium lebte ständig in der Angst, etwas falsch zu machen oder sonst wie den Unmut dieses Schulleiters auf sich zu ziehen, was sofort übelste Moralpredigten zur Folge hatte. Wie sich das anfühlte, erlebte ich eines Tages am eigenen Leib. Ich hatte nicht mitbekommen, dass ich kurzfristig eine weitere Vertretungsstunde hätte übernehmen sollen, und war in meiner Freistunde in die Stadt gefahren, um eine Schülerin bei ihrem Hotelpraktikum zu besuchen. Plötzlich kam eine Kellnerin mit dem Telefon in der Hand auf uns zugerannt und rief schon von weitem, dass die Schule am Apparat wäre und wohl etwas Schlimmes passiert sei. Aufgeregt ging ich ans Telefon und hörte nur noch schrilles Gekeife, wie blöd ich eigentlich sei, nicht mal einen Plan könne ich richtig lesen und so weiter. Ich eilte in den Unterricht und kam zehn Minuten zu spät. Nach der Stunde wurde ich dann direkt ins Direktorat zitiert, wo Schulleiter und Konrektorin derart über mich herfielen, dass ich, wenn ich nicht eine neunte Klasse in Klassenleitung und eine zehnte Abgangsklasse in Englisch gehabt hätte, auf der Stelle meinen Dienst quittiert hätte.

Nun wusste ich ja, dass meine Anstellung an dieser Schule zeitlich begrenzt sein würde. Doch für meine Kollegen war dieses Verhalten eine Qual. Die Folge war ein angespanntes, verängstigtes und genervtes Kollegium. Wie man in einer solchen Atmosphäre guten Unterricht machen soll, ist mir persönlich schleierhaft. Hier trieb ein Schulleiter-Duo sein Unwesen, das seinen Job nicht zum Wohle der Schüler betrieb, sondern vielmehr Genuss dabei zu empfinden schien, Schüler, Eltern und Kollegen zu befehligen und sie bei «Straffälligkeiten» mit Sanktionen zu überhäufen. Ich hatte jedenfalls den Eindruck, dass der Hauptantrieb für ihr Handeln der Wunsch nach Macht war.

Welches ist wohl die am häufigsten gedroschene Phrase von Schulleitern gegenüber Kollegen und Eltern? «Ich freue mich auf eine vertrauensvolle Zusammenarbeit!» Was folgt, ist jedoch meist ein Verhalten, das signalisiert: Was interessiert mich mein Geschwätz von gestern?

Nicht umsonst ist einer der meistzitierten Sprüche in Bezug auf Schulleiter und ein schlechtes Arbeitsklima in einer Schule: «Der Fisch stinkt vom Kopf her.» Das mussten auch das Kollegium und die Schüler einer Realschule erfahren – ihr Schulleiter traute sich nicht mehr zu, selbst zu unterrichten, und suchte ständig nach Gründen, den Unterricht ausfallen zu lassen. Schüler und deren Eltern habe ich oft klagen hören, dass der Schulleiter, der immerhin Mathe in der Abschlussklasse gab, fast nie pünktlich in den Unterricht kam oder komplett fernblieb mit der Begründung, er habe noch so viele wichtige Telefonate führen müssen. Das war dann übrigens derselbe Schulleiter, der in Referendarprüfungen das schlechte Zeitmanagement des Lehramtsanwärters bemängelte und ihn deswegen vor dem gesamten Kollegium demütigte.

Solche Schulleiter können sich nur an ihrer Position halten, weil sie alle um sich herum demoralisieren und in Angst und Schrecken versetzen oder einen kleinen Kreis von ihnen ergebenen Getreuen um sich herum versammeln, die sie durch ein geschicktes System von Geben und Nehmen bei der Stange halten. Allen voran ist hier der Konrektor bzw. die Konrektorin zu nennen, die die «Drecksarbeit» machen (wie sie selber immer gerne sagen): Sie erstellen die Stundenpläne für die Schule, koordinieren den Schulbetrieb und müssen somit die Prügel einstecken, wenn etwas schiefgeht. Konrektoren sind auch Ansprechpartner für Kollegen mit speziellen Stundenplanwünschen, die in der Regel einmal pro Halbjahr geäußert werden können. Hier machen sich die guten Beziehungen zur Schulleitung bezahlt. Da ist dann zum Beispiel die Kollegin Susanne, die gerne freitags frei hat, damit sie sich tagsüber mental auf ihren abendlichen Sportkurs vorbereiten kann. Samstag und Sonntag reichen für die Regeneration nicht aus, deshalb braucht sie auch noch den Montag frei, damit sie sich Dienstag wieder die «Blagen» antun kann. Von dieser Argumentation hat mir tatsächlich ein Kollege erzählt. Und das Schlimmste: Die Lehrerin ist mit dieser Forderung durchgekommen. Was lernt man als Junglehrer daraus? Buhle schnellstmöglich um die Gunst der Schulleitung, dann hast du eine fast hundertprozentige Chance auf einen moderaten und angenehmen Stundenplan. Hier hat dann Kollege Martin, der relativ neu im Kollegium ist, noch einiges dazuzulernen, denn er verfügt über keine Seilschaften und muss deshalb bei seinen Wünschen hintenan stehen – obwohl er alleinerziehender Vater von zwei Kindern ist. Für ihn heißt es also: Montags vor der ersten Stunde Busaufsicht. Wer will denn schon, gerade im Winter, mit Sicherheitsweste und Kelle morgens um halb acht am Zebrastreifen stehen? Anschließend müssen dann sechs Stunden Unterricht abgehalten werden, um nach der Unterrichtszeit noch das Protokoll der Deutsch-Arbeitsgruppe für Fachlehrer zu führen – die neuen Kollegen müssen sich auch mal engagieren, nicht wahr, haha?!

Andere, privilegierte Kollegen hingegen lehnen freitags mit dem Schulleiter am Bistrotisch im Lehrerzimmer und gönnen sich das verdiente Glas Sekt zum Wochenabschluss. Diesen Kollegen aus dem «inner circle» werden umfängliche Privilegien eingeräumt. Im Gegenzug bekommt der Schulleiter Insider-Informationen, an die er ansonsten nicht gelangen würde. Seine Günstlinge übernehmen für ihn quasi Spionagearbeit im Kollegium. So kann er taktieren und weiß mehr oder weniger über die Schwächen und Mängel einzelner Lehrer Bescheid.

Ist er keine charakterfeste Person, fällt er allerdings viel zu oft auf die Unaufrichtigkeit seiner «Informanten» herein, die ihre Position nutzen, um Kollegen, die sie nicht mögen oder auf die sie neidisch sind, ins schlechte Licht zu rücken, oder die andersherum Kollegen protegieren, mit denen sie befreundet sind. Ein ekelhaftes, manipulatives Vorgehen, aber durchaus beliebt und gepflegt in Lehrer- und Schulleiterkreisen.

Dabei gibt es in einigen Bundesländern die Instanz des Lehrerrats, hierzu heißt es beispielsweise in den Handreichungen des Ministeriums für Schule und Weiterbildung des Landes Nordrhein-Westfalen vom August 2013: «Lehrerräte sind ein wichtiges Bindeglied zwischen Kollegium und Schulleitung. Sie sind einerseits Organ der Schulmitwirkung, nehmen andererseits aber auch personalvertretungsrechtliche Aufgaben wahr.» Schön und gut, aber in der Praxis missbrauchen einige Lehrer ihre Position im Lehrerrat erheblich, um gnaden- und rücksichtslos ihre eigenen Interessen beim Schulleiter durchzusetzen.

An einer der Schulen, an der ich (wie meistens in meinen Vertretungsstellen) zweieinhalb Jahre gearbeitet habe, bekam ich diesen Missbrauch einmal selber zu spüren. Nachdem ich meine Klassen mit Haupt- bzw. Realschulabschlüssen verabschiedet hatte, wurde eine weitere Vertretungsstelle in der Schule ausgeschrieben. Zur Disposition standen ein Kollege, der sich schon seit mehreren Jahren von Vertretungsjob zu Vertretungsjob hangelte, ein Mann, der das zweite Staatsexamen versiebt hatte und seit kurzem an der Schule Vertretungsunterricht gab, und ich. Der Mann hatte einen Bruder an der Schule, der zugleich Mitglied im Lehrerrat war.

Mir war schnell klar, dass ich keinerlei Chancen hatte, die Stelle zu bekommen, obwohl mir der Schulleiter Tage zuvor noch bestätigt hatte, dass er den Text des Stellenangebots auf mich zugeschnitten habe, weil er mich gerne halten wolle. Aber da hatte er nicht mit dem Lehrerratskollegen gerechnet und welche Geschütze er auffahren würde. Seine ständigen Tuscheleien am Lehrerzimmertisch, gepaart mit vielsagenden Blicken in meine Richtung, ließen mich ahnen, welche Pläne dort geschmiedet wurden. Diese müssen sehr unfair mir gegenüber gewesen sein, und der Schulleiter wollte oder konnte dem offenbar nichts entgegensetzen. Als feststand, dass ich die Stelle nicht bekommen würde, sondern der Mann mit den verwandtschaftlichen Beziehungen, entschuldigte sich im Nachhinein ein Lehrerratsmitglied bei mir, er habe diese «Mauschelei» nicht mitgetragen – er wolle, dass ich das weiß.

Nach all den Negativbeispielen sei gesagt: Ja, es gibt sie, diese Schulleiter, die ihren Job hervorragend ausüben. Nicht nur Enja Riegel oder Gisela Grimme, die ausgezeichnet worden sind. Ich habe selbst einige von ihnen persönlich erleben dürfen. Diese Schulleiter hatten Standing, sie kannten all ihre Schüler mit Namen, ließen es sich nie nehmen, jedem Kind einen guten Morgen zu wünschen, sie fragten nach dem Gesundheitszustand erkrankter Eltern. Streits unter Schülern haben sie gerecht und klug geschlichtet. Sie handelten schnell und konsequent. Außerdem waren sie hervorragende, vorbildliche Lehrer. Es waren gestandene Schulleiterpersönlichkeiten, die Eltern bei Problemen mit Lehrern nicht auf den «Instanzenweg» verwiesen und somit versuchten, sich aus der Verantwortung zu ziehen. Sie waren geschickt, menschlich und hochkompetent.

Einer von ihnen, ein Mathematik- und Sportlehrer, mühte sich wirklich um jedes Kind, versuchte im Gespräch mit aufbegehrenden, pubertären Sprösslingen in vielerlei Herangehensweisen zu erforschen, was das jeweilige Kind beschäftigte und warum es den Blödsinn tat, den es immer wieder verzapfte. Seine Körperhaltung rang einem vom ersten Augenblick Respekt ab, strahlte sie doch Würde in Verbindung mit Verlässlichkeit aus. So empfanden es nicht nur die Eltern, sondern vor allem auch die Schüler. Zwar waren sie manchmal genervt von seiner «Pingeligkeit» im Matheunterricht in Bezug auf ein perfekt sortiertes Etui mit Farbstiften, Lineal, Geodreieck und Zirkel, aber im Nachhinein haben sie immer davon geschwärmt, wie viel besser sie durch farbiges Unterstreichen mathematische Zusammenhänge verstanden haben und wie sehr ihnen die abverlangte Ordnung in Heften und Ordnern geholfen hat.

Wer Lehrerkollegien kennt, weiß, wie schwer es für diesen Schulleiter gewesen sein muss, die Menagerie von Lehrertypen mit den unterschiedlichsten Befindlichkeiten zu der gewünschten Leistung zu ermuntern – erinnern Sie sich nur an die schwarz gekleideten Lehrer, von denen Enja Riegel an ihrem ersten Tag in der neuen Schule empfangen worden ist. Und auch bei diesem Schulleiter wurde ich Zeugin, wie intrigant und verlogen sich Teile des Kollegiums ihm gegenüber verhalten haben: Da er ihnen eine ähnliche Disziplin abverlangte, wie er sie selber an den Tag legte, hatte er sich bei einem Großteil von ihnen unbeliebt gemacht.

Auf sein Geheimrezept angesprochen, wie er es trotzdem hinbekommen habe, sich nicht beirren zu lassen, sagte er: «Ich habe meinen Job immer sehr gerne gemacht. Und die Arbeit mit den Kindern, die hatte für mich etwas mit Liebe zu tun.» Worte, die ich so vorher und auch nachher nie wieder von einem Lehrer oder Schulleiter gehört habe.

In guter Erinnerung geblieben ist mir auch der Schulleiter, den ich kurz vor der Pensionierung an einer Dualen Oberschule kennengelernt habe. Schon als ich die Schule zum ersten Mal betrat, spürte ich die nette Atmosphäre. Die Lehrer begrüßten mich freundlich und leiteten mich zum Sekretariat, wo ich ebenso zuvorkommend von zwei sympathischen Sekretärinnen begrüßt wurde. Im Folgenden entwickelte sich ein informatives, launiges Gespräch mit Schulleiter und Konrektorin. Ich fühlte mich auf Anhieb wohl und konnte mir sofort vorstellen, an dieser Schule meine Arbeit aufzunehmen. Ich bewunderte das Schulleitergespann, das sich so einig war und sich nicht zu verstellen schien. Sie waren beide absolut authentisch, keine Paragraphenreiter, sondern Realisten, die genau wussten, aus welch schwierigen Verhältnissen ihre Schülerschaft kam und dass sie jeden Tag wieder neu ausloten mussten, wie sie das pädagogische Credo von Fördern und Fordern umsetzen konnten. Der Schulleiter brachte seinen Lehrern enormes Vertrauen entgegen, was gerade mich als Neuling an dieser Schule extrem motivierte. Dabei passte er sehr genau auf, wie die Lehrer sich verhielten, brachte aber selbst Kritik so charmant an die Frau oder den Mann, dass nie feindselige Stimmung im Lehrerzimmer aufkam.

Ein Vorbild für mich – und, das wäre mein Wunsch, auch eines für viele andere Schulleiter in Deutschland.

Lehrergesundheit – nur ein Schlagwort

Schon vor mehr als hundert Jahren war bekannt, dass die Lehrer-Psyche einer besonderen Belastung ausgesetzt ist: Man nannte das Krankheitsbild damals «Neurasthenie», Nervenschwäche. Sie ist also schon lange ein Thema, die «Lehrergesundheit» – ein Begriff, der mich, nebenbei bemerkt, immer schon irritierte, schließlich spricht man ja auch nicht von Dach-

deckergesundheit, Busfahrergesundheit oder Bauarbeiter-
gesundheit.

Lässt man einmal den Blick über Lehrerzimmertische
schweifen, bezweifelt man allerdings, ob hier der Begriff der
«Lehrergesundheit» schon mal gehört worden ist: Schalen mit
Süßigkeiten der ungesundesten Art, zuckerhaltige, aufput-
schende Softdrinks und Knabberkram stehen dort in Hülle und
Fülle. Aufforderungen, ein Vorbild zu sein und die den Schülern in ausufernden Projektwochen angepriesene «gesunde Ernährung» auch zu leben, werden mit einem «Och nöö, man
muss sich doch auch mal was gönnen!» quittiert.

Es sei denn, es handelt sich um Kooperationen mit großen
Firmen. So erzählte eine Kollegin zum Beispiel enthusiastisch
von einer Aktion der Firma «funny-frisch», die Gesundheitspa-
kete für Schulen anbieten würde. Da gäbe es neben jeder Menge Chipstüten (Lacher und Begeisterung im Kollegium) auch
Merchandising-Produkte wie T-Shirts und Fußbälle, die man
ja in der Schule immer gut gebrauchen könne. Neben «funny-
frisch» haben übrigens Dr. Oetker, Nestlé, Ritter Sport, Brandt
Zwieback, McDonald's, Kellogg's, Kölln Flocken, Ferrero, Bit-
burger und Warsteiner an Schulen für gesunde Ernährung und
Bewegung geworben. Wer jetzt denkt, hier würde der Bock
zum Gärtner gemacht: Willkommen im Club. Nichtsdestotrotz gibt es genug Schulen, die diese Kooperationen dankend
annehmen. Ist doch schön, wenn es nach den Bundesjugend-
spielen für die Lehrer noch ein anständiges Pils zur Grillwurst
gibt. Es lebe die Lehrergesundheit, Prost! Dass aber der junge
Physiklehrerkollege nicht imstande ist, bei den Bundesjugend-
spielen den Schlagball von der Fünfzehn-Meter-Linie an den
nächsten Schüler in der Warteschlange zurückzuwerfen, darüber breitet man lieber den Mantel des Schweigens.

Wenn sich das alles vielleicht auch lustig liest, so ist es doch alles andere als das. Gesundheit ist *das* große Thema unserer Zukunft. Leider scheint das in vielen Schulen noch nicht angekommen zu sein, Zielvereinbarungen oder Standards wie zum Beispiel das Verbot von Softdrinks habe ich jedenfalls an keiner «meiner» Schulen erlebt. So werden sich Kollegien weiterhin drum drücken und dagegen verwahren, etwas Verbindliches in Sachen Gesundheit für sich und die Schülerschaft in ihren Schulen umzusetzen – das würde ja auch zusätzliches Engagement voraussetzen. Die reine Partizipation an Projekten schon als großen Erfolg zu bewerten, so wie ich es erlebt habe, ist mir einfach zu wenig. Da wird dann den Eltern die «gesunde Schule» vorgaukelt und ein Schulevent in Sachen «Fit am Ball» ins Leben gerufen, und die Lehrerschaft sitzt geschlossen auf der Tribüne der Turnhalle und guckt den Schülern beim Fußballspielen zu.

In Erinnerung geblieben ist mir auch die standhafte Weigerung der überwiegenden Zahl des Kollegiums einer Realschule, lediglich Wasser als Getränk im Schulgebäude zu verkaufen – sie wollten einfach nicht auf ihre Softdrinks verzichten. So viel zum Thema Lehrergesundheit.

Wenn es also offenbar nicht um Dinge geht wie eine ausgewogene Ernährung oder gesunde Lebensführung am Arbeitsplatz – worum geht es bei der vieldiskutierten Lehrergesundheit dann? Ganz klar: um die psychische Belastung, unter der Lehrer stehen.

Nicht etwa OP-Schwestern, Polizisten, Ersthelfer oder Feuerwehrleute führen die Liste der Berufe mit besonders großer psychischer Belastung an. Die Studie «Lehrergesundheit – Baustein einer guten, gesunden Schule», die von der Universität Lüneburg in Zusammenarbeit mit dem Bundesverband der Unfallkassen, dem Gemeindeunfallversicherungsverband Westfalen-Lippe und der DAK erstellt worden ist, hat ergeben, dass der Lehrerberuf als einer der belastendsten überhaupt angesehen werden kann. Wer Kinder in der Schule hat, weiß von den vielen ausgefallenen Unterrichtsstunden durch den außergewöhnlich hohen Krankenstand in der Lehrerschaft.

Die Zahlen, die Professor Dr. Andreas Hillert in seinem Buch «Das Anti-Burnout-Buch für Lehrer» nennt, sprechen ebenfalls für sich: «Bis zu 50 Prozent der Lehrer quittieren aufgrund psychosomatischer oder psychiatrischer Erkrankungen den Dienst – erschöpft, überfordert und ausgebrannt.» Er attestiert den betroffenen Lehrern zu 60,9 Prozent depressive Störungen, zu 11,6 Prozent Angststörungen und zu 4,3 Prozent Tinnitus.

Die Diplompsychologin und Psychotherapeutin Anne Schröder, die in ihrer Praxis schon zahlreiche Lehrer betreut hat, kennt die Ursachen: «Häufig entstehen die Probleme aus der Bündelung verschiedener Faktoren: sehr multiple, unterschiedliche Anforderungen seitens der Schule und Eltern, oft verbunden mit einem angespannten Arbeitsklima und schlechter/unzureichender personeller Besetzung. Die individuelle Lebenssituation der Lehrer wird teilweise zu wenig berücksichtigt, zum Beispiel bei der Erstellung der Stundenpläne.»

Außerdem hätten sich die Anforderungen an Lehrer geändert: Neben dem Lehrauftrag nähmen erzieherische Aufgaben sowie die Integration von ausländischen Kindern oder Kindern mit Handikap mehr Raum ein. Auch die Eltern würden oft als «fordernder» erlebt.

Hinzu kommt meiner Erfahrung nach noch der schlechte Leumund des Berufs: Machen Sie doch einmal eine Spontanbefragung in der Fußgängerzone Ihres Wohnortes, wer sich vorstellen könnte, Lehrer zu sein. Ich bin mir ziemlich sicher, dass die mit Abstand größte Zahl der Befragten antwortet: «Um Gottes willen, Lehrer? Für kein Geld der Welt.»

Anne Schröder weist darauf hin, dass darüber hinaus das Leistungsdenken in den letzten Jahren weiter angestiegen sei, Erfolge und Perfektion würden immer wichtiger. Dies erhöhe zusätzlich den Druck, dem Lehrer (und natürlich auch Schüler) ausgesetzt sind, und erschwert es, sich abzugrenzen.

Dies kenne ich gut aus eigener Erfahrung: Mein Perfektionismus und mein Anspruch, Familie und Beruf unter einen Hut zu bringen, brachte auch mich an den Rand meiner Kräfte. Bei fünf Kindern, einem schwerbehinderten Mann und einem Vollzeitjob im Schuldienst hatte ich eine Mammutaufgabe zu bewältigen, zumal, wenn man bedenkt, dass ich an den Schulen jedes Mal die Klassenleitung innehatte – und dies über mehr als zwei Jahrzehnte. Wechselnde Umgebungen, neue Lehrer, andere Schulformen und deren unterschiedlichen Schwerpunkte und Gepflogenheiten forderten meine ganze Kreativität und Kraft.

Einer meiner Schulleiter hat in einer Beurteilung über mich geschrieben: «Frau Wagner erledigt ohne Wenn und Aber alle Aufgaben, ohne dass man sie lange darum bitten muss, dabei ist sie sich für nichts zu schade.» Diese Beurteilung ging mir lange nicht aus dem Kopf. Einerseits schmeichelte sie mir, andererseits schwang für mich dabei durchaus auch etwas Negatives mit: «Frau Wagner ist eine Arbeitsbiene, die nicht nein sagen kann und sicherlich irgendwann einmal fertig in der Ecke liegt. Nutzen wir sie also, solange es irgendwie geht.»

Ich fühlte mich in dieser Zeit, aus der die Beurteilung kommt, häufig so, als würde ich jeden Moment vor Erschöpfung einfach lang auf den Boden schlagen, ungebremst.

Es gelang mir erst nach Jahren, mich von meinem Perfektionismus zu verabschieden. Ich sah ein, dass damit niemandem gedient war, und er ergab auch keinen Sinn in einem System, in dem so viel von Improvisation, Spontaneität und intuitivem Handeln abhängig ist. Letztlich hieß das für mich auch, mich von Zwängen zu befreien, wie sinnlosen Lehrplänen Wort für Wort zu folgen oder mit viel Energie und Kampf unsinnige Regelungen durchzusetzen, wie beispielsweise das Trinkverbot im Unterricht. Doch vielen Kollegen fällt es schwer, sich abzugrenzen und einen Mittelweg zwischen Aufopferung und Engagement zu finden.

Wen wundert es also, dass immer mehr von ihnen über Überforderung klagen, die sich in vielen Fällen bis hin zum Burnout entwickelt?

In wohl kaum einem anderen Beruf ist die Qualität und das Gelingen der eigenen Arbeit so abhängig von anderen (Schülern, Eltern, Kollegen, Schulleitern) wie im Lehrerberuf. Jede Schulklasse kann den Unterricht durch eine konsequente Boykotthaltung komplett torpedieren, jedes Kollegium den Arbeitsalltag zur Hölle machen, jeder Schulleiter durch mangelnde Kompetenz jegliches Selbstbewusstsein abtöten.

Gesund bei der Arbeit zu sein und es auch zu bleiben, ist für mich in erster Linie davon abhängig, wie die Zusammenarbeit und die Kommunikation mit meinen Kollegen funktioniert: Ob es ein Miteinander gibt oder ein ständiges Gegeneinander. Leider ist in der Schule oftmals Letzteres der Fall. Lehrer, die sich bemühen, die sich selbst und ihren Schülern hohe Ziele setzen, erfahren viel zu wenig Unterstützung durch Kollegen oder ihren Schulleiter.

Wie häufig habe ich es erlebt, dass bereits angeschlagene Kollegen dem gezielten Mobbing ihrer Kollegen ausgesetzt waren, die deren geschwächte Position nutzten, um sich dem Schulleiter gegenüber als besonders «belastbar» zu profilieren – im Gegensatz zu Thomas, «der ja gar nichts abkann, der Arme». Wenn dieses Treiben vom Schulleiter weder bemerkt noch unterbunden, sondern sogar noch genährt wird, dann zehrt es zusätzlich an der Kraft der betroffenen Lehrer. Kein Wunder, dass sie versuchen, ihre Probleme geheim zu halten, um ja nicht im Kollegium in Ungnade zu fallen.

Viel zu viele Lehrer haben leider immer noch nicht begriffen, dass Schule nur im Team funktioniert, und zwar ausnahmslos. Meckern und verständnisloses, genervtes Kopfschütteln sind da wenig hilfreich.

Wer den Film «Fack ju Göhte» gesehen hat, erinnert sich vielleicht an die Szene, in der die Lehrerin Ingrid Leimbach-Knorr aus Überforderung einen Suizidversuch unternimmt und sich aus dem Fenster stürzt – aus dem Hochparterre. An sich ist diese Situation ja keine lustige, trotzdem wird im Kino herzlich gelacht, da die genervte Schulleiterin den Vorfall mit den Worten quittiert: «Mensch, Ingrid, nicht schon wieder.»

Das ist natürlich überspitzt, eine Satire, aber die zugrunde liegende Haltung habe ich oft in der Realität erlebt, wenn ein Lehrer über psychische Probleme klagte oder gar ihretwegen ausfiel: «Wie nervig, wie kriege ich das denn jetzt wieder mit dem Vertretungsplan gebacken, da muss ein Vertretungslehrer her, und zwar schnell, sonst steigt mir das Kollegium aufs Dach.» Das letzte bisschen Empathie für den Kollegen oder die Kollegin geht also spätestens dann flöten, wenn die Lehrkraft für längere Zeit dem Schuldienst den Rücken kehrt und somit ihre Stunden unter den Kollegen verteilt werden müssen. Denn das bedeutet für die Kollegen, womöglich fachfremd zu unterrichten, mehr Stunden, neue Schüler kennenzulernen, dann auch noch die schwierige Klasse der Kollegin in Schach zu halten und dergleichen mehr. Da häufen sich dann die Nachfragen beim Schulleiter, wie man die «Sache mit der Jutta» denn langfristig lösen könne und ob es nicht in ihrem eigenen Interesse sei, wenn sie sich langsam, aber sicher mal in den frühzeitigen Ruhestand versetzen lassen würde. Die Anfrage an den Schulleiter wird dann noch in einem leicht vorwurfsvollen Unterton hervorgebracht: Er als Vorgesetzter habe ja schließlich die Pflicht, auf die «Lehrergesundheit» zu achten. Da haben wir sie wieder, die ominöse Lehrergesundheit. Ein Begriff, der gerne instrumentalisiert wird, wenn es um die Belastungen der Lehrerschaft geht, der aber in den seltensten Fällen mit präventiv wirkenden Maßnahmen verknüpft wird.

Auch von offizieller Seite werden kaum Vorkehrungen getroffen, um die psychologische Betreuung von Lehrern zu gewährleisten. Für Berlin-Spandau, um nur ein Beispiel zu geben, nennt die Senatsverwaltung für Bildung, Jugend und Wissenschaft auf ihrer Internetplattform unter dem Oberbegriff «Coaching für Lehrkräfte» die Namen von sage und schreibe zwei Psychologen. Für 58 Schulen und deren Lehrer. Das würde bedeuten, nur einmal ein kleines Kollegium von 30 Lehrern pro Schule angenommen, dass für 1740 Lehrkräfte genau zwei Therapeuten zur Verfügung stünden. In anderen Stadtteilen sind es drei oder vier Therapeuten, die in einem Schulpsychologischen Beratungszentrum ihre Arbeit zur Verfügung stellen. Kommt das dabei heraus, wenn der Staat sich der «Lehrergesundheit» widmet? Ist unser «Reparatursystem» tatsächlich effektiver und kostengünstiger als Prävention? Ich wage das sehr zu bezweifeln.

Allerdings darf nicht unerwähnt bleiben, dass viele Lehrer psychische Probleme mit in die Schule tragen, die privaten Ursprungs sind. Natürlich sind auch Lehrer keine Übermenschen, und wenn es zum Beispiel schwerwiegende familiäre Probleme gibt, erwartet niemand, dass man den Li-La-Launebär gibt. Doch man darf nicht vergessen, dass psychisch angeschlagene Lehrer irgendwann nicht mehr imstande sind, zielgerichteten Unterricht durchzuführen.

Schüler bemerken diesen Zustand sehr schnell und reagieren entweder ablehnend, mitleidig oder posaunen Äußerungen über den schlimmen Zustand des Lehrers laut durchs Schulgebäude: «Na, habt ihr jetzt die Frau Müller in den nächsten Stunde? Wir hatten die gerade in Deutsch, die kriegt überhaupt nichts mehr gebacken, einfach nur noch traurig, was mit der abgeht.»

Wenn eine frisch geschiedene Lehrerin nur noch heulend und wehklagend vor den Schülern steht und kein Unterricht mehr möglich ist, dann möchte ich nicht vom Schulleiter hören, dass man da bitte Verständnis aufbringen möge. Das hat mit Schule nichts zu tun, ist hochgradig unprofessionell und stört in höchstem Maße die Lernsituation. Mal ganz zu schweigen davon, dass der Schulleiter seiner Fürsorgepflicht für die Lehrerin in keinster Weise nachgekommen ist. Welche Auswirkungen das Verhalten besagter Lehrerin auf das Arbeitsklima hatte, vermag sich wohl jeder vorzustellen. Solche Situationen sind für den gesamten Schulbetrieb belastend. Eines geht dabei in jedem Fall verloren: die Leichtigkeit beim Lernen. Diese Leichtigkeit und der Spaß am Lernen sind aber genau das, was unsere Kinder brauchen.

Meiner Ansicht nach haben Schüler zu jeder Zeit ihrer Schullaufbahn ein Recht auf Lehrer, die ihr Bestes geben und eigene Befindlichkeiten in den Hintergrund stellen. Das ist mitnichten leicht, aber gerade deswegen gehören nur starke Persönlichkeiten in diesen Job, die über eine psychische Resilienz verfügen, die Charakterstärke besitzen. Es müssen vor allem Menschen sein, die sich sicher sind, auch unter widrigen Umständen nicht die Freude an ihrem Job zu verlieren. Denn das merken Schüler sofort und spiegeln das Verhalten entsprechend wider.

Sind die Überlastung und/oder die psychischen Probleme des Lehrer so groß, dass sie sich auf den Unterricht auswirken, müssen die Lehrer selbst die Notbremse ziehen, sich Unterstützung suchen – und Schulleiter und Kollegium müssen hierbei helfen, statt die Betroffenen allein zu lassen oder, noch schlimmer, zusätzlich kleinzumachen.

Was also tun für die vielthematisierte Lehrergesundheit? Die Psychologin Anne Schröder sieht drei Lösungsansätze: Zum einen müsse das Studium die angehenden Lehrer umfassender auf die späteren vielfältigen Anforderungen und die damit verbundenen Überforderungssituationen vorbereiten. Darüber hinaus müsse es zum anderen eine Art «Eignungsprüfung» vor Aufnahme des Studiums geben sowie die Verpflichtung zu dem Studium vorausgehenden Praktika. Hier gibt es zwar die ersten Ansätze (siehe auch S. 223 f.), aber die reichen nicht aus.

Und zuletzt, so Schröder weiter, müsse das Unterstützungsangebot verbessert werden. Das gelte nicht nur hinsichtlich einer offeneren Haltung der Schulleitung und des Kollegiums, die einen konstruktiven und lösungsorientierten Umgang mit auftretenden Schwierigkeiten und Beschwerden/Einschränkungen pflegen, sondern auch für die Etablierung von Lehrercoaches und für das niedrigschwellige Angebot psychologischer Hilfe.

Ich bin mir jedenfalls sicher, dass mir in all den Jahren ein psychologischer Beistand, ein professioneller Coach an der jeweiligen Schule geholfen hätten, die anstrengende Arbeit besser zu bewältigen und meine Erschöpfungszustände zu reduzieren. Hätte mir ein Coach zur rechten Zeit Unterstützung gegeben, Hinweise, was ich falsch mache oder besser hätte machen können, dann wäre allen damit gedient gewesen. Wie viel Zeit habe ich rückblickend vergeudet, um von Kollegen oder Schulleitern Rückmeldungen zu meiner Arbeit zu bekommen, die mir gar keine Rückmeldung geben wollten? Wie oft bin ich mit meinen Anregungen oder Ideen gegen unsichtbare Wände gelaufen, weil niemand Interesse an einem Austausch hatte? Da wäre es segensreich gewesen, wenn mich ein psychologisch ausgebildeter Ansprechpartner beraten hätte. Auch im Umgang mit schwierigen Schülern wäre er sicherlich, und nicht nur für mich, sondern für alle Lehrer, eine hilfreiche und meines Erachtens auch dringend notwendige Unterstützung, damit die «Lehrergesundheit» keine Worthülse bleibt.

Und, wie sieht es aus im deutschen Lehrerzimmer? Wir haben gesehen, dass es oft nicht weit her ist mit der Kollegialität im Kollegium, dass Neid, Missgunst und Machtinteressen oft das Verhalten der Lehrer untereinander bestimmen, dass Petitessen und Streit um Banalitäten, vor allem aber die eigene Befindlichkeit oft wichtiger zu sein scheinen als die Schüler, der Unterricht, das Unterrichten. Menschen sind verschieden, und keiner ist perfekt. Aber Lehrer sollten unseren Kindern ein gutes Miteinander, ein anständiges Sozialverhalten, die Fähigkeit zur Kommunikation, zur Selbstreflexion, vorleben – wie sollen sie sie sonst glaubwürdig von ihren Klassen einfordern?

IN DER AUS- UND
WEITERBILDUNG

Mein ehemaliger Literaturprofessor Dietrich Schwanitz schrieb
in seinem Buch «Bildung. Alles, was man wissen muss», Lehrer
gehörten deshalb nicht gerade zur beliebtesten Berufsgruppe,
weil «sie nie das Bildungssystem verlassen haben, um sich im
Leben außerhalb zu bewähren. Nach der Schulzeit wechseln sie
zum Studium an die Universität und gehen von da aus zurück
an die Schule, um Beamte zu werden.» Diese Tatsache möge
sich von Fall zu Fall in der Intensität unterscheiden, dennoch
könne man sehr vielen Lehrern eine gewisse Lebensfremdheit
nicht absprechen. Das werde auch immer wieder von Eltern
und Schülern kritisiert.

Damit hat Schwanitz meiner Meinung nach ein zentrales
Problem geschildert. In diesem Kapitel soll es deshalb darum
gehen, den Fokus auf die Aus- und Weiterbildung der Lehrer
zu richten und zu schauen: Wer wird eigentlich aus welchem
Grund Lehrer?

Lehrerausbildung – ein heilloses Durcheinander

Mein Vater war nicht gerade begeistert, als ich ihm eröffnete, dass ich Lehrerin werden wollte. Nach anfänglichem Schweigen fragte er mich mit kraus gezogener Stirn, ob ich es mir gut überlegt hätte, Pädagoge werden zu wollen: Erfahrungsgemäß würden Menschen, die längere Zeit einen Beruf ausüben, der mit «oge» aufhört, früher oder später problematisch. Was mein Vater wohl trotz aller Skepsis scherzhaft gemeint hatte, sollte sich im späteren Verlauf meiner Ausbildung immer wieder bestätigen.

Doch bevor ich auf den ganz normalen Alltagswahnsinn in der Lehrerausbildung eingehe, möchte ich einen Blick auf die Formalien richten. Grundsätzlich gibt es einiges zur Organisation der Lehrerausbildung in Deutschland zu sagen, obwohl das Wort Organisation eigentlich ein Euphemismus ist. War es früher das Erste und Zweite Staatsexamen, deren theoretische wie praktische Abschlüsse zum Lehramt befähigten, so sieht das heute anders aus. Trifft man allerdings Aussagen zum Stand der Ausbildung, sollte man berücksichtigen, dass es im Schulwesen morgen schon wieder ganz andere Vorgaben bei der Lehrerausbildung geben kann: Ständige Reformen und länderspezifische Sonderregelungen sorgen nicht gerade für Übersichtlichkeit und Planungssicherheit.

Grundsätzlich kann man Lehramt für die folgenden Schulformen studieren:

- Grundschullehramt
- Hauptschullehramt
- Realschul- / Mittelschullehramt
- Lehramt an Gymnasien
- Berufsschullehramt

- Lehramt an Sonder- und Förderschulen.

Besucht man die entsprechenden Internetseiten, um Klarheit über die einzelnen Bestimmungen zur Lehrerausbildung der jeweiligen Bundesländer zu bekommen, merkt man sehr schnell: Nichts Genaues weiß man nicht. Keiner hat eigentlich wirklich Ahnung. Aussagen wie: «Ich habe gehört …», «Ich glaube, da kann man …» oder «Ich denke, da muss man …» sind in den einschlägigen Foren Standard. In jedem Bundesland sieht die Lehrerausbildung eben ein bisschen anders aus.

Geht man von einer Regelstudienzeit von zehn Semestern aus, folgt danach das sogenannte Referendariat, auch Vorbereitungsdienst genannt. Viele Bundesländer haben den sogenannten Bachelor of Education als Ausbildungszwischenziel ins Leben gerufen. Mit ihm könnte man sich, falls man das Studium nicht bis zum Referendariat schafft, beruflich neu orientieren. Man stelle sich allerdings vor, ein «Bachelor of Education» bewirbt sich in der freien Wirtschaft um einen Posten – womit soll er bei seiner Bewerbung punkten? Dass er nun fachlich in katholischer Religion und Deutsch auf der Höhe ist? Zum Thema Menschenführung könnte er immerhin anführen, dass er schon Kinder während einiger Schul-Praktika unterrichtet hat. Sehen wir den Tatsachen ins Auge: Ein «Bachelor of Education» muss sich schon mit ganz besonders hervorragenden Eigenschaften hervortun, um einen Job in der Wirtschaft zu bekommen.

Deshalb (und weil sie ja schließlich Lehrer werden wollen) schließen die meisten Studierenden noch ein Masterstudium an, das sie mit einem «Master of Education» abschließen. Sachsen hält indes als einziges Bundesland am Staatsexamen-Studiengang fest; in Baden-Württemberg, Hessen, Mecklenburg-Vorpommern, Saarland, Sachsen-Anhalt und Thüringen existieren wiederum beide Möglichkeiten.

Der «Bachelor of Education» dauert in der Regel drei Jahre, gefolgt von dem zweijährigen Master-Studium und dem anderthalbjährigen Referendariat. Die Betonung liegt auf «in der Regel» – denn sind es in dem einen Bundesland anderthalb Jahre im Referendariat, sind es in dem anderen nach wie vor zwei Jahre. Unterschiede in den Anforderungen differieren von Nord nach Süd und von Ost nach West.

Festhalten kann man, dass sich die Lehrerausbildung aus vier Bausteinen zusammensetzt: einem fachwissenschaftlichen, einem fachdidaktischen, einem erziehungswissenschaftlichen und einem schulpraktischen. Grundvoraussetzung für das Lehramtsstudium ist das in Deutschland erworbene Abitur, das in allen Bundesländern gleichermaßen anerkannt wird. Allerdings bestätigt die Ausnahme auch hier wieder die Regel, denn in einigen Bundesländern ist es möglich, auch mit dem Fachabitur ein Lehramtsstudium aufzunehmen. Diese Voraussetzungen gelten übrigens auch für Quereinsteiger. Allerdings gibt es für diejenigen, die diese Anforderungen nicht erfüllen, noch die Möglichkeit des Seiteneinstiegs, der dann allerdings befristete Verträge vorsieht, ähnlich wie bei Vertretungslehrern.

Wie immer in Deutschland kocht auch im Bereich der Quereinsteiger jedes Bundesland sein eigenes Süppchen – und ob dann, sollte es klappen, irgendwann die Aussicht auf eine Festanstellung besteht, ist fraglich und von vielen unterschiedlichen Faktoren abhängig, zum Beispiel, ob in dem jeweiligen Bundesland gerade Lehrermangel herrscht oder nicht.

Neben den unterschiedlichen Abschlussformen spielt auch die Fächerkombination eine wesentliche Rolle. Leider wird da-

bei den heutigen Arbeits- und Lebensbiographien, die eine grö-
ßere Flexibilität und Mobilität erfordern, nur selten Rechnung
getragen: Während des Referendariats von einem Bundesland
in das andere zu wechseln, ist nicht ohne weiteres möglich. Da
müssen Fächerkombinationen stimmen oder andere Lehrer
zum Tausch bereit sein; erschwert wird der Umstand dadurch,
dass bestimmte Fächer des einen Bundeslandes in anderen
Bundesländern gar nicht existent sind: Bundesländer dürfen
nämlich eigenständig und unabhängig vom Bund beschließen,
welche Fächer sie für welchen Schultyp geeignet halten und
auf welche Fächer sie womöglich vollends verzichten. Deshalb
kann für einen Studenten ein Wechsel im Referendariat von
einem Bundesland ins andere zum Ende seiner Lehrerkarriere
führen – bevor sie überhaupt angefangen hat.

Das Problem bleibt für ausgebildete Lehrer, die umziehen
wollen, bestehen: Wenn es das Fach in dem entsprechenden
Bundesland nicht gibt, kann man es eben auch nicht unterrichten. Schon vor über dreißig Jahren war das so: In meinem
Fall war es das Fach Arbeitslehre / Technik, das ich an der Uni
Hamburg studiert habe und das speziell auf die Ansprüche der
damals aufstrebenden Gesamtschule zugeschnitten war. Es
beinhaltete Fächer wie Industriebetriebslehre, Arbeitswissen-
schaft, Steuerungs- und Regelungstechnik, Hauswirtschaft und
das Erlangen der Betriebserlaubnisse von Holz- und Metall-
bearbeitungsmaschinen. Mit dem Umzug in die Pfalz war die
gesamte Ausbildung für die Katz, denn zu der Zeit gab es das
Fach in Rheinland-Pfalz nicht. Erst 2006 wurde es unter dem
Namen «PIDS» (Praxis-In-Der-Schule) Leitfach in der Dualen
Oberschule, an der ich arbeitete. Hätte ich bereits zuvor eine
Festanstellung angestrebt, wäre ein komplettes Studium eines
anderen Faches mit Erstem und Zweitem Staatsexamen von-

nöten gewesen, da zwei Fächer Bedingung sind, um als Lehrer arbeiten zu können. Das habe ich mir und meiner Familie mit damals drei kleinen Kindern nicht antun wollen, zumal ich nach Vollendung dieses erneuten Studiums sowieso zu alt gewesen wäre, um eine Festanstellung zu bekommen. Das Erschreckende: Hier hat sich seit Jahren nichts geändert. Noch immer ist ein Wechsel zwischen den Bundesländern alles andere als einfach. Die einen nennen es Vielfalt und den Föderalismus in Sachen Bildung eine gute Sache, ich nenne es Chaos.

Und wie sieht es mit der Zulassung zum Lehramtsstudium aus? Ein Großteil der Fächer ist Numerus-Clausus-frei. Nun sagt ein mittelmäßiger oder gar schlechter Abi-Durchschnitt nicht unbedingt etwas über die Eignung als Pädagoge aus oder über welche menschlichen Qualitäten der Aspirant verfügt. Umgekehrt sind auch gute Fachnoten kein Garant für die Qualifikation für diesen anspruchsvollen Beruf. Aber man sollte als Lehrkraft schon Fachkompetenz und vor allem Interesse für das Fach mitbringen, das man ja idealerweise sein ganzes Berufsleben unterrichten wird. Und das bildet sich schon in der Note ab.

Oft genug wählen Abiturienten das Lehramtsstudium, die zu schlecht für andere, durch den NC reglementierte Studiengänge sind. Will man trotz eines schlechten Abiturs also unbedingt studieren, befindet man sich in einer komfortablen Position: «Da mach ich doch einfach einen auf Lehrer, mit Kindern umgehen sollte kein Problem sein.» Von solchen Äußerungen seiner ehemaligen Mitschüler berichtete mir einer meiner Söhne, als es darum ging, wie man denn nun nach dem Abi weitermachen wollte.

Und das ist kein Einzelfall: Larissa Sarand, die junge Frau, die ihr Referendariat abbrach, schreibt in der Rubrik «Lehrergeständnisse, wie Schule wirklich ist» Folgendes über ihre Motivation: «Wie viele andere habe auch ich mich aus Verlegenheit für dieses Studium entschieden. [...] Ich war naturwissenschaftlich, künstlerisch und musikalisch ebenso unbegabt wie desinteressiert, jedoch im Besitz von rund 200 Büchern. Also: Deutsch im Hauptfach. Zweitfach: Politische Bildung.» *(Spiegel Online vom 13.5.2016.)*

Man kann dieses Geständnis erfrischend offen finden – oder mit Erschütterung darauf reagieren, denn: Wer leidet denn später unter den Lehrern, die ihr Fach nur halbherzig unterrichten, noch dazu mit erschreckenden fachlichen Defiziten? Es sind die Schüler. Die Lehrerin einer meiner Söhne antwortete in schöner Regelmäßigkeit auf fachliche Fragen: «Oh, das muss ich mal zu Hause nachlesen, das weiß ich nicht.» Nach einer Weile haben die Schüler diesen Satz immer schon im Chor mitgesprochen ... Natürlich muss und kann ein Lehrer nicht alles wissen, darauf habe ich ja auch schon im Verlauf dieses Buches hingewiesen. Aber wenn das «Weiß-ich-nicht» zur Standardantwort gehört, habe ich doch ernsthafte Zweifel, ob derjenige den richtigen Beruf ergriffen hat.

Entlarvend ist in diesem Zusammenhang auch die Selbsteinschätzung der angehenden Lehramtsstudenten, die im Hochschul-Bildungs-Report von 2014 festgehalten wurde (initiiert vom Stifterverband und von der Unternehmensberatung McKinsey): Nur 47 Prozent gaben an, gut mit Kindern umgehen zu können, lediglich 32 Prozent sagten über sich, sie könnten gut erklären. 25 Prozent waren der Ansicht, sie könnten andere motivieren oder begeistern. Für selbstbewusst hielten sich 16 Prozent, für durchsetzungsfähig nur noch 13 Prozent. *(«Deutschland hat die falschen Lehrer», «Wirtschaftswoche» vom 20.8.2014.)* Und diese jungen Leute stehen dann wenige Jahre später vor unseren Kindern und Jugendlichen! Mir ist schleierhaft, wie es zur weitverbreiteten Ansicht kommt, man brauche für den Lehrerberuf keine sonderliche Begabung.

Fragt man heute junge Referendare nach ihrer Motivation, erhält man als häufigste Antwort: «Da hat man mit der Verbeamtung einen sicheren Job», bei Frauen verbunden mit dem Argument der besseren Vereinbarkeit von Familie und Beruf. Ich habe bereits darüber geschrieben, dass ich das für eine fatale Fehleinschätzung halte. Zu Hause geht es eigentlich erst richtig los: Unterricht auswerten und wieder vorbereiten, Klassenarbeiten korrigieren (ein sehr aufwendiges Geschäft, wenn man es richtig betreibt), Materialien für den Unterricht besorgen, Förderpläne oder Zielvereinbarungen schreiben und Elterngespräche führen, die sehr viel Zeit in Anspruch nehmen.

Oft hörte ich auch als Argument für den Lehrerberuf: «Ach, Schule kennt man, da weiß man, wie der Hase läuft, vor allem weht der Wind da nicht so hart wie in der freien Wirtschaft.» Der nächste Irrtum.

Ein Beispiel dafür ist meine ehemalige Kollegin, nennen wir sie Renate, die ihr Referendariat ursprünglich abgebrochen hatte, um auf Betriebswirtschaftslehre umzusatteln. Nach ein paar Berufsjahren in der freien Wirtschaft stellte sie fest, dass es zunehmend schwierig wurde, Beruf und Familie unter einen Hut zu bringen. So nahm sie mit 41 Jahren ihr Referendariat wieder auf und schloss es erfolgreich ab. Euphorisch und mit besten Absichten für die Schüler stürzte sich Renate auf die Arbeit als Klassenlehrerin. Sie war engagiert, voller Tatendrang, sie lachte gern, und – das machte sie im Kollegium zusätzlich suspekt – sie sah blendend aus: «Die hat sich doch verlaufen, was will die denn in dem Aufzug in unserer Schule?» Ja, mit der Toleranz, die eigentlich ein zentraler Wert im Unterricht sein sollte, haben es unsere lieben Lehrer nicht so. Vielleicht möchten Sie an dieser Stelle noch mal zum Kapitel über Neid und Missgunst unter Lehrern zurückblättern …

Nach wenigen Wochen war von Renates anfänglichem Optimismus jedenfalls nichts mehr zu spüren, Schüler wie Kollegen mobbten sie gleichermaßen. Die Schulleitung hatte sie, die ja immerhin Anfängerin in diesem Beruf war, der «Horrorklasse» der Schule zugeteilt, die zu übernehmen sich die erfahrenen Kollegen geweigert hatten. Unverantwortlich von der Schulleitung, zumal sie Renate – wie das gesamte Kollegium auch – in ihrem Elend nicht nur allein ließ, sondern sie zusätzlich mit Vorwürfen über den desolaten Zustand der Klasse überhäufte. Nachdem man ihr die Autoreifen auf dem Schulparkplatz aufgeschlitzt hatte, hat Renate den Schuldienst nach nur zwei Monaten hingeschmissen. Sie versicherte mir, nie im Leben wieder eine Schule zu betreten – außer zu den Elternabenden ihrer eigenen Kinder.

Selbst wenn die angehenden Lehrer den Beruf aus dem lobenswerten Wunsch ergreifen, Kinder zu unterrichten und ihnen etwas beibringen zu wollen, unterliegen sie also häufig der unrealistischen Vorstellung, dass die lieben Kleinen auch wirklich etwas lernen wollen und alles, was der Lehrer sich vorstellt, auch mitmachen.

Der zukünftige Lehrer begibt sich in das «Minenfeld Schule», ohne zu wissen, was der nächste Tag an Chaos und Verunsicherndem mit sich bringt. Eigentlich unverständlich, wenn man bedenkt, dass er oder sie schließlich als Schüler oder Schülerin den Alltag in den Klassen erlebt hat und wissen müsste, wie der Hase läuft. Vielleicht reden sie es sich schön (bei ihnen wird dann sicher alles ganz anders sein), vielleicht sagen sie sich auch «Augen zu und durch», weil sie nicht wissen, was sie sonst machen sollen.

Ich finde es in diesem Zusammenhang sehr problematisch, dass die zukünftigen Lehrer kaum Rückmeldung bekommen, ob sie für den Beruf überhaupt geeignet sind. Da gibt es dann häufig ein böses Erwachen, wenn der Referendar in den letzten Hospitationsstunden vor dem Prüfungstag, vor dem Zweiten Staatsexamen oder dem «Master of Education» vom Klassenlehrer beiseitegenommen wird: «Du, Stefan, mal ganz im Vertrauen: Ich glaub, der Lehrer-Job ist nichts für dich …»

Ich kenne Fälle, in denen sich die Schüler (!) zusammengerauft haben und zum Schulleiter gegangen sind, um ihm mitzuteilen, dass der Herr Fresen niemals ein guter Lehrer würde und sie bei ihm nichts gelernt hätten. Was ist das für ein System, das Menschen so etwas antut! Und zwar allen: dem Lehrerkandidaten und den Schülern, die ihn ggf. trotz mangelnder Eignung ertragen müssen.

Solange der Lehramtsstudent «nur» mit Fachlichem konfrontiert wird, kann er noch aus seinem eigenen Schulfundus schöpfen, doch je mehr er in das Studium eintaucht und es das erste Mal mit Fachdidaktikern zutun bekommt, desto größer werden meiner Erfahrung nach die Ängste und Zweifel. War er in der Schule und an der Uni noch gut in Mathe, stellt der Lehramtsstudent jetzt schmerzhaft fest, dass er massive Probleme hat, das Schülerverhalten zu antizipieren und seinen Unterricht entsprechend auszurichten und anzupassen. Vor allem, wenn er ja eigentlich immer eher der Eigenbrötler in der Schule war, der nicht unbedingt etwas über die Probleme seiner Klassenkameraden beim Mathe-Lernen wusste – hatte er selber doch keine. Kein Wunder, dass es ihm ein Rätsel ist, was der Fachdidaktiker in der Vorlesung eigentlich von ihm will.

Wirft man einen Blick nach Finnland, dem Mekka aller Bildungspolitiker und seit Jahren immer auf den obersten Rängen beim PISA-Test, stellt man etwas Interessantes fest: Hier wird im Studium ein großer Schwerpunkt auf die pädagogischen Fähigkeiten der zukünftigen Lehrer gelegt. Es gilt das Credo: Bevor ein einziger Schüler sitzenbleibt, tut es eher der Lehrer in spe – ich werde später noch genauer darauf eingehen. So müssen finnische Grundschullehrer z. B. in der Lage sein, bis zur sechsten Klasse 12 (!) Fächer zu unterrichten. Das ist nur möglich, wenn man pädagogisch und didaktisch fit ist und rechtzeitig Praxiserfahrung sammelt.

Langsam sickert diese Erkenntnis auch in Deutschland durch. In einigen Bundesländern (zum Beispiel Nordrhein-Westfalen und Bayern) müssen angehende Lehramtsstudenten als Voraussetzung für das Studium bereits vor dem ersten Semester ein Orientierungspraktikum absolvieren, damit sie möglichst bald sehen, ob sie sich überhaupt in der Rolle des Lehrers wiederfinden.

Doch auch während des ersten Teils des Studiums wird die wenig praxisbezogene Ausbildung nach wie vor kritisiert. Zwar hat man inzwischen mit der Einführung von zwei bis drei Schulpraktika darauf reagiert, doch auch hier unterscheiden sich Handhabung, Umfang und Dauer von Bundesland zu Bundesland: Werden sie in dem einen nur in Hospitationen durchgeführt, verlangt ein anderes dem Studierenden ein volles Semester hinter dem Lehrerpult ab. Doch in diesen Praktika ist immer noch wenig über den echten Schulalltag zu erfahren, zumal es meiner Ansicht nach völlig unzureichend ist, sie lediglich beobachtend zu verbringen. Es sind nämlich zwei verschiedene Paar Schuhe, ob ich mir den Unterricht eines anderen ansehe oder ob ich selber vor der Klasse stehe. Auf jeden Fall lernt man in dieser Zeit nicht das Unterrichten. Das dicke Ende kommt dann meist erst während des Referendariats.

Das Referendariat – der schmerzhafte Aufprall auf dem Boden der Realität

Hat der Lehramtsstudent erfolgreich die erste Phase des Studiums absolviert, in der er die fachlichen Grundlagen lernt und erste Einblicke in die Erziehungswissenschaft und Didaktik gewinnt, steht im zweiten Teil seiner Ausbildung der praktische Teil auf dem Stundenplan. Die Schulen werden den Referendaren von den jeweiligen Bezirksregierungen zugewiesen.

Der Referendar nimmt in der Schule eine besondere Rolle ein. Aufgrund seines Alters ist er den Schülern, gerade in der gymnasialen Oberstufe, den Berufsschulen oder weiterführenden Schulen, noch recht nahe, von seinen Rechten und Pflichten her ist er allerdings den Lehrern gleichgestellt. Dennoch wissen Schüler, dass die Person, die da vor ihnen steht und unterrichtet, selber noch eine Art Schüler ist und von anderen benotet wird.

Der Dokumentarfilm «Zwischen den Stühlen» von Jakob Schmidt, der drei Referendare bei ihrer Ausbildung in der Schule begleitet, zeigt dazu eine bezeichnende Szene. Einer der Referendare stellt sich am ersten Schultag vor der neuen Klasse mit Namen vor und ergänzt dann: «Ja, ich bin neu an eurer Schule, ein neuer Lehrer, beziehungsweise 'n halber Lehrer, ja.»

Der Referendar mag das zwar genau so empfinden – ob eine solche Aussage allerdings den Eindruck von Kompetenz und Souveränität hinterlässt, das wage ich zu bezweifeln.

Um pädagogische und didaktische Expertise zu erwerben, muss der Referendar in vielen Bundesländern erst einmal hospitieren. In Schleswig-Holstein, Hamburg und Niedersachsen entfällt die Hospitation, und der Referendar unterrichtet vom ersten Tag an. Sein Mentor bespricht mit ihm den Unterricht und gibt ihm idealerweise Ratschläge zum Umgang mit Schülern. In Fachseminaren werden dann sogenannte Module erarbeitet, die grundlegende pädagogische Themen beinhalten. Auch schulrechtliche Themen, wie zum Beispiel das Elternrecht, werden thematisiert. Im Unterricht arbeitet der Referendar selbständig und eigenverantwortlich, er gibt Noten, wählt im Rahmen des Lehrplans die Unterrichtsthemen aus und entwirft danach die Unterrichtsstunden. Von Zeit zu Zeit hospitiert der jeweilige Fachlehrer in seinen Stunden und bespricht die gegebenen Unterrichtseinheiten im Anschluss.

Diese Beschreibung lässt erahnen, dass hier unterschiedliche Anforderungen an den Referendar gestellt werden, die zuweilen schwer unter einen Hut zu bringen sind: Da gibt es die fachlich-methodischen Maßgaben der Fach- und Hauptseminarleiter, die es umzusetzen gilt, außerdem die Interessen des betreuenden Klassenlehrers an benotungsfähigen Stunden und das allem übergeordnete Ziel, einen eigenen Unterrichtsstil zu entwickeln und Praxiserfahrung zu sammeln. Doch gerade dieses Sich-Erproben kommt häufig zu kurz.

Dennoch: Meist bemühen sich die Referendare sehr, gehen gut vorbereitet in den Unterricht. Allerdings kann man schon nach einigen Wochen deutlich erkennen, welche Bereiche den Aspiranten Schwierigkeiten bereiten – abhängig von der Persönlichkeit und den Motiven, aus denen sie den Beruf gewählt haben.

Erfahrungsgemäß kann man drei Gruppen von Referendaren unterscheiden: Erstens die, die unbedingt Lehrer werden wollten, voller Überzeugung mit Kindern und für Kinder zu arbeiten, zweitens jene, denen das Beamtentum der größte Anreiz bedeutet, und drittens diejenigen, die unbedingt studieren wollten, für die sich notentechnisch allerdings «nur» ein Lehramtsstudium angeboten hat. Man kann sich vorstellen, dass die Herangehensweisen und die Motivation eines «Überzeugungstäters» eine andere ist als die eines, drücken wir es mal freundlich aus, Pragmatikers, für den der Lehrerberuf eine Notlösung war.

Nebenbei bemerkt gibt es natürlich keine Garantie, dass der hochmotivierte Referendar, der aus Überzeugung Lehrer werden möchte, in der Praxis tatsächlich erfolgreich ist, und umgekehrt kann sich so mancher Referendar, der lediglich aus Alternativmangel an der Schule gelandet ist, als wahres pädagogisches Naturtalent erweisen.

So oder so: In der Regel wird das Kollegium in einer Gesamtkonferenz darüber in Kenntnis gesetzt, dass sich in naher Zukunft ein oder mehrere Referendare an der Schule befinden werden. Ihnen wird ein Anleiter aus der Lehrerschaft zur Seite gestellt, der eine Klassenleitung innehat. Die Übernahme dieses Amtes ist freiwillig, und da wird es meist eng, denn natürlich kommt für den betroffenen Lehrer eine gehörige Portion Mehrarbeit hinzu.

Außerdem muss er die Bereitschaft mitbringen, unter den kritischen Blicken des Referendars zu unterrichten, er muss also jede Unterrichtsstunde bestens vorbereitet sein: Schließlich hat man ja Vorbildfunktion und will dem Neuling zeigen, was guter Unterricht ist. Der Anleiter ist der Maßstab der Dinge, denn das, was der Referendar vorführt, hat er bei ihm gelernt oder abgeguckt – insofern fällt es auch auf ihn zurück, wenn dieser im Beisein des Schulleiters und der Seminarleiter in den sogenannten Hospitationsstunden keine gute Figur abgibt. Unter Lehrern werden diese Stunden im Übrigen «Vorführstunden» genannt – der Name spricht für sich …

Da es sich angesichts dieser Umstände mit der Freiwilligkeit bei den potenziellen Anleitern meist in Grenzen hält, sieht sich der Schulleiter häufig gezwungen, Kollegen zu bestimmen (und zu hoffen, dass diese sich dann bei der Ehre gepackt fühlen und den Referendar ihre Unlust nicht spüren lassen). Im günstigsten Fall wählt er Lehrer aus, die über eine langjährige Praxiserfahrung verfügen und im Ruf stehen, guten Unterricht zu geben.

Dann ist der große Tag da. Schon bei der Vorstellung bekommt man einen Eindruck davon, wie sich die Lehrerschaft dem Kandidaten gegenüber zukünftig verhalten wird. Man kann diese Situation sehr gut mit einem Fahrschulwagen vergleichen, der langsam vor einem Autofahrer herfährt: Da gibt es diejenigen Autofahrer, die geduldig hinterherfahren und später beim Überholen noch ermunternd hinüberlächeln, aber auch die anderen, die fluchen und meckern, dass diese Schnecke von Fahrschüler einen nur aufhält. Auf die Referendare bezogen hört man dann im Lehrerzimmer: «Ach nee, schon wieder so 'n paar Grünschnäbel!» Oder: «Das sehe ich doch sofort, dass das nichts wird mit der einen da, der Blonden.» Oder: «Och bitte nicht, die krempeln hier dann wieder alles um und verwöhnen die Schüler, und wir haben dann hinterher die Arbeit, alles wieder in den alten Zustand zu bringen.»

Es gibt es aber auch diejenigen Lehrer, die ganz begeistert zu sein scheinen über die Ankunft der neuen. Erst bei näherem Hinsehen bemerkt man die egoistischen Motive dahinter: «Jetzt ist da endlich jemand anderes, auf dem in Zukunft rumgeprügelt werden kann», gab ein Kollege mir gegenüber ganz unumwunden zu. Diese Lehrer tun alles, um den Referendar innerhalb des Kollegiums schlechtzumachen, um sich selbst aus der Schusslinie zu bringen.

Leider habe ich sie viel zu oft erlebt, die Lehrerkollegen, die Referendaren mit Ignoranz und Arroganz begegnen. Sie wollen nichts von ihnen wissen, fühlen sich durch deren Elan oder neue Methoden, die sie aus der Uni mitbringen, verunsichert und beharren auf *business as usual*. Eigentlich sollte man meinen, dass die alten Hasen genügend Selbstbewusstsein und Standing hätten, um die Referendare als Bereicherung und nicht als Bedrohung zu empfinden, doch das Gegenteil ist der Fall. Sie gehen auf Distanz zu ihnen, geben gar keine oder nur knappe Antworten auf Fragen, betrachten das Treiben der angehenden Lehrer mit Argwohn oder sabotieren es gar, um zu zeigen, wer hier das Sagen hat.

Ich verstehe solche Kollegen nicht: Statt Angst zu haben vor der Energie, der Kreativität und dem Können eines Neulings, sollten sie doch die Größe besitzen zu fragen, womit er bei den Schülern solche Erfolge erzielt. Doch nur wenige Lehrer haben dieses Selbstvertrauen und diese Offenheit. Die meisten denken, sie schmälerten ihre eigene Expertise oder wirkten schwach, wenn sie signalisieren, dass sie sich von jüngeren, in der Praxis weniger erfahrenen Kolleginnen etwas beibringen lassen wollen.

In einer schwachen Minute gestehen sie sich und auch anderen allerdings ein: Im Grunde genommen bewundern sie den Elan und die Frische der Referendare und weinen alten Zeiten hinterher, in denen sie selber noch derart engagiert waren. Und so mischt sich oft eine gehörige Portion Neid in ihr Verhalten, vor allem, wenn Schüler gegenüber Kollegen und Schulleitern äußern, dass der Unterricht bei Referendarin M. so viel Spaß mache.

Vielen Schulen eilt der Ruf voraus, jahrein, jahraus dasselbe zu machen. Selbst die Eltern der Schüler erkennen in den Stundenplänen ihre eigenen von damals wieder. Da wird Jahr für Jahr die gleiche hässliche Makramee-Eule geknüpft, in Deutsch dasselbe Gedicht analysiert und in Französisch derselbe Dialog geübt – es ist ja auch so schön einfach. Kein Wunder, dass da die «Neuen» mit ihren Ideen an solchen Schulen eher unerwünscht sind.

Den Referendar katapultiert das in einen unangenehmen Zwiespalt: Einerseits wäre es Unsinn, schlechteren Unterricht abzuliefern, damit der Lehrerkollege nicht beleidigt ist oder sich in seinem Selbstbild angegriffen fühlt, andererseits muss er im schlimmsten Fall mit Anfeindungen des gekränkten Lehrers rechnen, was ihm schlechte Bewertungen in seinen Prüfungsstunden einbringen kann, wenn der Anleitungslehrer sein Urteil abgeben muss. Ich habe eine Referendarin erlebt, die ihre Schüler gebeten hat, sie nicht immer vor der Kollegin Walter zu loben, da die schon beleidigt sei und sich ihr gegenüber schnippisch verhalten würde.

So versucht sich der Referendar also in einem anstrengenden Dauerspagat: Einerseits soll er zeigen, was er kann, andererseits muss er sein Licht unter den Scheffel stellen, um nicht in Ungnade zu fallen.

Es gibt zahlreiche Referendare, die Stoßgebete sprechen, um nicht an eine dieser Schulen zu kommen, die bekannt dafür sind, Referendare unfair zu behandeln oder ihnen das Gefühl zu vermitteln, eine unerwünschte Zusatzbelastung zu sein. Die Erklärung einer Referendarin auf meine Frage, warum sie ihr zweites Staatsexamen bewusst fernab ihres Studienortes machen wollte: «Alles, nur nicht hier in XY. Wer hier Referendariat macht, der ist nur noch am Heulen, so schrecklich werden die behandelt.»

Oft sind Referendare Demütigungen von Seiten der Lehrerschaft, aber auch der Schulleiter ausgesetzt. Ich habe es selber erlebt, dass vier junge Referendarinnen nach der Besprechung ihres Unterrichts durch die Hospitationsgruppe, sprich Fachseminarleiter, Klassen- und Schulleiter, sich auf Geheiß des Schulleiters vor das gesamte Kollegium, vor Beginn einer Konferenz, aufgereiht hinstellen mussten. Der Schulleiter erklärte, dass die beste Note der vier Damen eine Drei sei und er als Schulleiter sie nur als «Schande» für die Schule bezeichnen könne. Die jungen Frauen waren ein Bild des Jammers, ihre aus dieser Situation resultierende Resignation war für mich überaus verständlich.

Ein anderer Referendar klagte mir ebenfalls sein Leid: Er würde wahnsinnig mies behandelt vom Kollegium, mit einer «beispiellosen Arroganz», die sich mit seinem Wertesystem nicht vereinbaren ließe. Der junge Mann entschied sich schließlich gegen die Ausbildung.

Denke ich an meine anleitende Lehrerin zurück, Frau H., kriege ich noch heute eine Gänsehaut. Sie beachtete mich kaum, gab mir fast keine Hilfestellung und zeigte mir jeden Tag genervt, dass sie mich als Zusatzbelastung empfand. Sie war außerdem eine überzeugte Vertreterin der antiautoritären Erziehung, dementsprechend ging es auch in ihrer Klasse zu. Keine Regeln und keine Disziplin. Ich bin auch nicht gerade eine Freundin von Strafen, aber wenn sich fast eine gesamte Klasse benimmt, als würde sie die einfachsten Verhaltensweisen menschlichen Miteinanders nicht kennen, dann ist es an der Zeit, mit Sanktionen zu arbeiten.

Eines Tages wurde es mir zu bunt, und ich sagte zur Strafe für das flegelhafte Benehmen der Schüler ein angesetztes englisches Frühstück ab. Protestierend gingen sie zu meiner Anleiterin und beschwerten sich über mich. In der folgenden Stunde saßen sie dann alle mit einem Eis in der Hand im Unterricht. Auf meine Frage, was das solle, grinsten sie nur und sagten: «Frau H. hat uns das Eis ausgegeben, als Entschuldigung dafür, dass das Frühstück ausgefallen ist.»

In der nächsten Pause kam sie tatsächlich auf mich zu, um mir zu erklären, dass sie von mir noch 25 Mark für das Eis bekäme, das sie den Schülern in meinem Namen ausgegeben hätte. Spätestens an dieser Stelle wurde mir klar, dass derlei Machtspielchen an der Tagesordnung sein würden. Und tatsächlich, Sätze wie «Alles schön und gut mit deinen Unterrichtsstunden, den Kindern scheinen die ja zu gefallen, aber ich brauche Noten, da ist mir der Spaßfaktor egal» hörte ich in der Folgezeit regelmäßig.

Meine Abschlussprüfung fand in der oben beschriebenen achten Klasse statt, und nach den anfänglichen Schwierigkeiten hatten die Schüler und ich ein gutes Verhältnis entwickelt. Sie lernten zu akzeptieren, dass Disziplin für mich eine Eigenschaft ist, die ich ihnen zu vermitteln versuchte, um ihnen ihr Lernen und Leben zu erleichtern. Sie akzeptierten auch, dass ihre Klassenlehrerin und ich in diesem Leben keine Freundinnen mehr werden würden. Aber da wir einen gewissen Burgfrieden geschlossen hatten, kamen wir zurecht.

Nun sollte sie kommen, die letzte große Prüfung, die Stunde der Stunden. Das für Referendare übliche Procedere war schon Tage zuvor abgelaufen: «Bitte benehmt euch und macht schön mit, dann gibt es hinterher auch eine kleine Belohnung für euch.» Nebenbei bemerkt, und auch wenn ich selbst wie so viele andere davon profitierte: Ob diese Prüfungsstunde angesichts der «Bestechung» im Vorfeld wirklich das angemessene Mittel zur Bewertung der Fähigkeiten des Referendars ist, sei einmal dahingestellt. Unter realen Bedingungen findet sie jedenfalls nicht statt. Andererseits können die Schüler, sind sie dem Referendar nicht wohlgesinnt, die Stunde für ihn zur Hölle werden lassen: indem sie stören oder den Unterricht sogar ganz sabotieren. Hier kann der zukünftige Lehrer dann immerhin noch beweisen, wie er mit Extremsituationen umgeht. So war es, wenn auch auf etwas andere Weise, in meinem Fall:

Der Prüfungsleiter begrüßte alle freundlich, anschließend setzten sich die Herrschaften auf die bereitgestellten Stühle in die letzte Reihe.

Natürlich ist diese Prüfungssituation nicht nur für den Prüfling, sondern auch für die Schüler mit Anspannung verbunden. Die Schüler waren nicht mit dem Stoff vertraut, denn einstudierte Stunden sind in meinen Augen wenig sinnvoll, auch wenn manche Referendare versuchen, sich auf diese Art und Weise durchzumogeln. Doch das Prüfungskomitee ist ja nicht dumm, meist merkt es an der Reaktion der Schüler, ob der Stoff bekannt ist.

Meine Unterlagen befanden sich alle in Reichweite, nichts hatte ich dem Zufall überlassen, selbst eine neue Packung farbiger Kreide hatte ich dabei. Zunächst begann ich mit der Überprüfung der Anwesenheit: «Wer fehlt denn heute?» Manche murmelten Unverständliches, andere kicherten leise, bis ich meine Frage lauter wiederholte und währenddessen schon selber mitbekommen hatte, dass Verena nicht auf ihrem Platz saß. Schon wollte ich sie als fehlend eintragen, als Eva aus der ersten Reihe mir zutuschelte: «Sie fehlt nicht wirklich, sie sitzt da draußen auf der Bank mit diesem Typen.» Karsten brüllte daraufhin in die Klasse: «Das ist ihr Zuhälter, der ist schon über dreißig.» Mir wurde ganz anders, ich ging zum Fenster. Tatsächlich, da saß meine minderjährige Schülerin auf dem Schulgelände auf einer Bank und knutschte mit einem erwachsenen Mann, der, wie sich später herausstellte, tatsächlich ein Zuhälter war. Ich brüllte sie aus dem Fenster an, sie möge sofort hochkommen, sie rührte sich nicht und verharrte bei dem brutal aussehenden Typen. Ich bat den Schulleiter, er möge sofort die Polizei anrufen, woraufhin er sich langsam ins Sekretariat trollte, während mein Hauptseminarleiter vor sich hin feixte und alle meine Handgriffe und Aktionen genauestens beobachtete. Die Konrektorin bat ich die Klasse zu übernehmen, damit ich mir Verena und ihren Zuhälter vorknöpfen könnte. Gott sei Dank war die Polizei schnell zur Stelle, und der Typ ging in Richtung Polizeiwagen, als wäre nichts geschehen. Die inzwischen heulende Verena nahm ich mit ins Sekretariat, um ihre Mutter anzurufen, erreichte sie aber nicht. Da stand ich nun mit der schluchzenden Verena und versuchte, die Situation und die sich daraus ergebenden Folgen mit ihr zu besprechen. Mein Prüfungskomitee hatte sich inzwischen ebenfalls zur Besprechung zurückgezogen und aß dabei ein paar belegte Brötchen, die die Hauswirtschaftskollegin vorbereitet hatte. Der Sekt für eine eventuell bestandene Lehrprobe stand bereits kalt, aber daraus sollte ja wohl nichts werden, dachte ich. Innerlich verzweifelt, aber nach außen gleichmütig fragte ich Verena, was sie sich denn dabei gedacht hatte, mit diesem Typen auf dem Schulhof rumzuknutschen. Ihre Antwort: «Der hat so schöne braune Augen.» Ich rang um Fassung. Die braunen Augen eines Vollidioten sollten mir meine Lehrprobe versaut haben, na super! Während sie weiter vor sich hin schluchzte, versuchte ich zwischendurch immer wieder ihre Mutter zu erreichen, erfolglos. Nach ein paar Minuten klopfte es an der Tür, und der Schulleiter bat mich, zur zweiten Stunde der Lehrprobe zu kommen. Ich konnte es kaum glauben, dass jetzt einfach alles weiter seinen Gang gehen sollte. Aber was blieb mir übrig? Also ließ ich Verena im Sekretariat und versuchte, die zweite Stunde irgendwie hinter mich zu bringen, in dem festen Glauben, dass es das jetzt wohl gewesen war mit meiner Karriere als Lehrerin.

Am Ende der Stunde zog sich die Kommission zur Besprechung zurück und rief mich wenig später zu sich. Noch bevor ich in den Blicken der Prüfer irgendeine positive oder negative Tendenz ablesen konnte, sagte mein Seminarleiter: «Herzlichen Glückwunsch, Sie haben bestanden.» Sie begründeten ihren Entschluss damit, dass ich zwar in der ersten Klasse nicht hatte zeigen können, wie ich unterrichte, aber die Folgestunde habe sie überzeugt. Mein Verhalten in dieser Extremsituation hätten sie in ihre Bewertung mit hineingenommen, schließlich gehörten auch solche Vorkommnisse zum Schulalltag.

Überwältigt nahm ich die Glückwünsche entgegen. Zu Hause angekommen, legte ich mich auf mein Bett und ergab mich einem ausgedehnten Weinkrampf.

Ob und wie gut Referendare die Prüfung schaffen, hat häufig damit zu tun, wie sympathisch der Prüfer den angehenden Kollegen findet. Für mich war meine Schwangerschaft beispielsweise ein Umstand, der von den Seminarleitern sehr unterschiedlich behandelt wurde. Eine Fachseminarleiterin, die mich ganz offensichtlich nicht mochte, reagierte dann auch entsprechend, als ich sie über meine Schwangerschaft informierte: «Dazu brauche ich ja wohl nichts zu sagen, Sie brauchen auch gar nicht denken, dass Sie von mir irgendwelche Erleichterungen zu erwarten haben.»

Ich habe Seminarleiter erlebt, die auf männlichen Referendaren herumhackten, weil die lange Haare hatten – das passte nicht in ihr Weltbild. Ich hörte von Kollegen, dass Referendare durch Prüfungen gefallen sind, weil sie auf eine Kipptafel geschrieben hatten und dann, als sie die Tafel zu den Schülern umdrehten, plötzlich alles auf dem Kopf stand. Andere berichteten von abgebrochenen Prüfungen, weil im Textilkundeunterricht bei einer Brandprobe von Textilfasern mit Teelichtern nur ein Feuerlöscher und nicht zusätzlich ein Eimer mit Wasser, einer mit Sand und eine Löschdecke parat gestanden hätten. Solche Geschichten kann ich mir nicht anders erklären als mit persönlichen Animositäten der Prüfer gegenüber den Referendaren.

Auch die Untersuchung für die gesundheitliche Eignung beim Amtsarzt ist oft von Sympathie beziehungsweise Antipathie geprägt. Eine Seminarkollegin aus meinem Hauptseminar wurde nicht als «Beamtin auf Widerruf» vereidigt, weil der Amtsarzt Schwangerschaftsstreifen bemerkte und daraus die absurde Schlussfolgerung zog, sie würde sich nicht genügend bewegen und sei deshalb für den Schuldienst ungeeignet. Eine Behauptung, die einen Prozess nach sich zog, den die Referendarin natürlich gewann. Erschreckend ist allerdings, dass eigentlich jeder Referendar solche haarsträubenden Geschichten zu erzählen weiß.

So sieht es also in Deutschland aus mit der Lehrerausbildung: Oft werden demnach diejenigen Lehrer, denen der schlechte Notenschnitt andere Studiengänge verwehrt, die die Verbeamtung lockt, die immer noch denken, sie hätten so viele Wochen Ferien und könnten sich einen schönen Lenz machen, und die sich dann einfach so durchwurschteln.

Die engagierten und talentierten Studenten und Referendare bemängeln immer noch den geringen Praxisbezug, die mangelhafte und realitätsfremde Ausbildung an Universitäten, Pädagogischen Hochschulen und Studienseminaren – und dass sie von den Schulleitern und Lehrerkollegen in ihrem Engagement gebremst und kleingehalten werden.

Andere Länder, andere Lehrer – ein Blick über den Tellerrand

Nun wurden ja im Zusammenhang mit den PISA-Studien immer Länder hervorgehoben, bei denen die Ausbildung der Lehrer offenbar besser funktioniert als bei uns. Schauen wir deshalb einmal nach Japan und Finnland, die auf den vorderen Plätzen rangieren.

Mit dem Blick über den Tellerrand ist das allerdings so eine Sache in deutschen Schulen, zumal man ja mit einer Überheblichkeit in Sachen Bildung daherkommt, die eigentlich durch nichts gerechtfertigt ist. Mir ist es jedenfalls ein Rätsel, warum die Lehrerschaft in unserem Lande hartnäckig daran festhält, eines der besten Schulsysteme weltweit zu haben. Woher sie dieses Selbstverständnis nehmen, kann ich nur vermuten. Vielleicht, weil man meint, der Drill preußischer Erziehung und Pädagogik, der noch tief in ihrem Bewusstsein verwurzelt ist, macht aus unserem Schulsystem ein gutes? In unserem Bildungssystem steht meiner Meinung nach immer noch zu sehr das «Einbläuen» von Wissen nach preußischem Vorbild im Fokus. Dem liegt die abstruse Vorstellung zugrunde, dass unser Gehirn einfach nur mit Informationen «aufgefüllt» werden muss, damit ein gebildeter Mensch entsteht. In dem Zusammenhang muss ich immer an einen meiner Schulleiter denken, der mit Sprüchen wie «Der frühe Vogel fängt den Wurm», «Zehn Minuten vor der Zeit ist des Soldaten Pünktlichkeit» Schüler und Lehrerschaft zu disziplinieren versuchte, sich aber allem Neuen verschloss. Das Erschreckende: Dieser Mann stand nicht kurz vor der Pensionierung, nein, er war Anfang vierzig.

Die Zahlen und Fakten der PISA-Studien sprechen jedenfalls eine deutliche Sprache: Zwar haben sich deutsche Schüler nach dem Schock des Ergebnisses der ersten Studie aus dem Jahre 2000 zunächst stetig verbessert. Damals bescheinigte die Studie unseren Schülern in den Wissensgebieten Mathematik, Naturwissenschaften und Lesekompetenz große Schwächen im internationalen Vergleich. Seit 2015 ist jedoch eine Stagnation eingetreten, ja sogar eine Rückläufigkeit der Leistungen ist zu beobachten. Um ein Bild zu bekommen: Singapur, Japan, Estland, China, Taiwan und Finnland rangieren auf den Plätzen 1 bis 5, Deutschland ist auf Platz 16 wiederzufinden.

Natürlich bergen solche Studien immer eine Reihe von Angriffspunkten. Kritiker wie der Bildungsforscher Professor Heinz-Dieter Meyer monieren zum Beispiel, dass die Tests lediglich nach ökonomischen Gesichtspunkten gestaltet sind, sie Lehren und Lernen normieren und nur noch testrelevantes Unterrichten stattfindet *(Offener Brief an die Macher der PISA-Studien, «The Guardian» vom 6.5.2014)*.

Dennoch kommt man nicht umhin festzustellen, dass immer dieselben Länder die oberen Spitzenplätze belegen. Was mich überhaupt nicht wundert, sind die Plätze 1 und 2, sprich Singapur und Japan. Vor einigen Jahren war ich in Japan und habe dort u.a. eine Schule besucht. Ich staunte nicht schlecht, in welcher Atmosphäre von Disziplin und freundlichem Respekt sich Schüler und Lehrer begegneten. Der höfliche Umgang hat mich tief beeindruckt. Bemerkenswert fand ich, dass in den ersten drei Schuljahren das Hauptaugenmerk auf der Erziehung liegt: Es wird also in erster Linie angemessenes und gutes Sozialverhalten gelernt. Der sprichwörtlichen Höflichkeit der Japaner liegt also nicht zwingend, wie viele von uns annehmen, ein oberflächlicher, übertriebener Drill zugrunde. Selbst auf dem Pausenhof standen in Tokio Schüler und Schülerinnen in kleinen Gruppen mit ihren Lehrern zusammen und unterhielten sich amüsiert. Ich empfand diese Atmosphäre als ausgesprochen angenehm und entspannt.

Liest man Berichte über Schulen und Schulsysteme, die im Leistungsvergleich und der Zufriedenheit von Schülern und Eltern besser abschneiden als Deutschland, dann wird eines sofort offensichtlich: Es ist vor allem die Persönlichkeit des Lehrers, die in diesen Schulsystemen im Fokus steht. Das hohe Anspruchsdenken wird zum Beispiel in Äußerungen des finnischen Pädagogik-Professors Matti Meri deutlich: Auf die Interviewfrage, worin die Besonderheit des finnischen Ausbildungssystems bestehe, antwortete er: «In Finnland darf niemand Lehrer werden, weil ihm nichts Besseres eingefallen ist oder weil er sich für etwas Besseres hält.» (*«Wo die Lehrer sitzenbleiben», «Die Zeit» vom 19. 4. 2007.*)

Und auch Dr. Meike Kricke vom Modellkolleg Bildungswissenschaften der Hochschule Köln hebt in ihrer Präsentation über das Ausbildungssystem in Finnland einen Satz von Meri hervor: «Wir unterrichten Menschen, nicht Fächer.» (*«school is open», Modellkolleg Bildungswissenschaften vom 17. 11. 2010.*)

Eigentlich sagen diese beiden Sätze des finnischen Pädagogen schon alles über den wesentlichen Unterschied zwischen deutschen und finnischen Ausbildungszielen für Lehrer. Anders als bei uns werden in Finnland nicht diejenigen Studenten Lehrer, die ansonsten nicht wissen, was sie studieren sollen, oder die sich durch die Verbeamtung ködern lassen, sondern vielmehr diejenigen, die neben ihrer Fachkompetenz den Wunsch besitzen, alles zu tun, um die Kinder in den Schulen auf die Zukunft vorzubereiten. Da dieses allgegenwärtig propagierte Ziel in Finnlands Gesellschaft höchste Priorität besitzt, ist der Beruf des Lehrers angesehen und genießt Respekt in der Bevölkerung.

Natürlich ist der Erfolg den finnischen Pädagogen nicht einfach zugeflogen. Nein, sie haben ein wissenschaftlich begleitetes System von Entwicklung, Erprobung, Beobachtung und Auswertung geschaffen, das evaluiert und immer wieder aufs Neue den Gegebenheiten angepasst wird. Dies erreichen sie nur mit Lehramtsstudenten, die bewiesen haben, dass sie nicht nur imstande sind, wissenschaftlich zu arbeiten, sondern die auch das Handwerk des Unterrichtens verstehen und vor allem menschlich gefestigt sind.

Die finnischen Eignungstests sind knallhart: Es gibt schriftliche Test, es gilt, interaktive Gruppensituationen zu bewältigen und nicht zuletzt das persönliche Interview zu bestehen, in dem der Kandidat sich als Persönlichkeit zu bewähren hat. Im Vordergrund der Ausbildung steht die Pädagogik und nicht wie bei uns die jeweilige Fachkompetenz des einzelnen Lehramtsanwärters. Oder, wie Professor Meri es ausdrückt: «Wir brauchen niemanden, der wunderbar Flöte spielt, wir brauchen Menschen, die sich fragen: Wie erreiche ich, dass die Kinder gerne Flöte spielen?» *(Zit. nach Meike Kricke, «school is open», Modellkolleg Bildungswissenschaften vom 17. 11. 2010.)*

Deshalb müssen die zukünftigen Lehrer auch bereits während des Studiums an öffentlichen Schulen, sogenannten Teacher Training Schools, Praxiserfahrung sammeln – so können die Studierenden schnell feststellen, ob sie für den Beruf geeignet sind, wo ihre Stärken und Schwächen liegen, wie sie die Kinder am besten fördern und fordern, und vor allem, wie sich das im Schulalltag umsetzen lässt. Das böse Erwachen, das deutsche Lehramtsanwärter dann in der Praxis oft erleben, bleibt ihnen so erspart.

Auch in Deutschland gibt es in einzelnen Bundesländern erste Versuche, Kooperationen mit Schulen zu bilden, um

Lehramtsstudenten früher an die Praxis heranzuführen – ich habe schon im Vorfeld auf die Schulpraktika hingewiesen. Die übliche zögerliche Halbherzigkeit im deutschen Bildungssystem, als richtig erkannte Reformen flächendeckend einzuführen, gepaart mit der Angst, die spezifischen Hoheitsrechte des eigenen Bundeslands einzubüßen, stehen aber auch hier jeglichem Fortschritt in Sachen Bildung im Wege.

Für die Finnen gehört also das, was ich bei uns in Deutschland in der Breite vermisse, zum Ausbildungsalltag: Sie fokussieren sich auf Fähigkeit der zukünftigen Lehrer, mit Schülern erfolgreich zu interagieren, sich selbstkritisch zu reflektieren und kontinuierlich ihren Unterricht zu verbessern.

Nicht umsonst lautet eines der Ziele der finnischen Schulbildung: «Erziehung zu Menschlichkeit und die Fähigkeit, als Mitglied der Gesellschaft zu leben. Die Schüler/innen sollen zu ausgeglichenen Menschen erzogen werden, die über ein ausgeprägtes Selbstbewusstsein verfügen und ihre Umwelt kritisch einschätzen.» *(Zit. nach Meike Kricke, «school is open», Modellkolleg Bildungswissenschaften vom 17.11.2010.)*

Es soll und kann nicht darum gehen, andere Länder in Gänze nachzuahmen. Vielmehr geht es darum, zunächst einmal seine eigenen Schwächen auszumachen und sich dann frei von persönlichen Eitelkeiten und Neid zu fragen, welche nachweislich erfolgreichen Bestandteile man für sich übernehmen kann und welche Zeiträume wir für Veränderungen ins Auge fassen. Streben wir sukzessive Veränderungen an, oder brauchen wir sofort einen radikalen Schnitt und Neuanfang in unserem Schulsystem, wie ich sie befürworte?

Autark vor sich hin zu wurschteln, so wie es in den Bundesländern betrieben wird, ist jedenfalls in meinen Augen wenig sinnvoll. Vielmehr müssen wir bereit sein, von den Besten zu lernen – dazu sind wir unseren Kindern gegenüber verpflichtet.

Diese Bereitschaft sollte im Übrigen nicht nur in Hinblick darauf gefördert werden, was wir von anderen Ländern übernehmen können. Vielmehr sollte bei den angehenden Lehrern das Bewusstsein dafür geschaffen werden, dass dies auch für den ganz konkreten Kreis des Kollegiums, der Schule selbst und ihres Umfelds gilt.

Erfahrungen und Wissen müssen geteilt werden, und zwar großzügig, ohne Arroganz oder Neid auf die Fähigkeiten des anderen. Auf seinen Materialien zu hocken wie eine Glucke oder erfolgreiche Methoden nicht an Kollegen weiterzugeben – aus welchen Gründen auch immer –, muss der Vergangenheit angehören. Wir müssen funktionierende Netzwerke schaffen, die jeder Lehrer nutzen und in die jeder seinen Beitrag zum Gelingen des Unterrichts einbringen kann.

Kaum ein Lehrer wird es in absehbarer Zeit noch schaffen, alleine vor der Klasse zu stehen, denn die Anforderungen an den Lehrerberuf sind vielschichtiger geworden. Routineaufgaben rauben ihm häufig wichtige Zeit vom Unterricht, und das wird im Zuge der Inklusion noch zunehmen. Ich habe Kollegen erlebt, die in Klassen unterrichteten, in denen sie morgens erst einmal eine Viertelstunde vom Unterricht abzweigen mussten, um die benötigten Medikamente an chronisch kranke Schüler zu verteilen. Dabei waren sie dann auch noch mit einem Fuß im Gerichtssaal, wenn die Eltern keine schriftliche Erlaubnis zur Verteilung hinterlegt hatten, das Kind aber unbedingt das Medikament brauchte, weil es krampfte oder einen allergischen Anfall hatte. Heute darf man ja nicht einmal mehr Wunddesinfektionsspray für Schüler verwenden, wenn sie sich in der Turnhalle beim Sport das Knie aufgeschlagen haben.

Auch hier muss ein Umdenken stattfinden. Die Schulen müssen sich generell öffnen für helfende Hände von außen. Es gilt, die dafür nötigen (finanziellen) Rahmenbedingungen zu schaffen. Warum sollen zum Beispiel nicht Eltern, Studenten oder aber auch Senioren assistierende Arbeiten übernehmen können? Warum sollte nicht der Vater, der Bäcker ist, den Schülern etwas über Backen, Brot und Brötchen beibringen? Warum nicht die Mutter, die als Gärtnerin arbeitet, ihnen etwas über die unterschiedlichen Pflanzen erzählen? Wieso nicht Eltern, die in der IT-Branche arbeiten, über Datensicherheit referieren lassen?

In vielen anderen Ländern ist das schon lange übliche Praxis, beispielsweise in Amerika. Dafür müsste die Lehrerschaft aber in viel größerem Ausmaß als bisher bereit sein, Hilfe entgegenzunehmen – und das fällt ihr ja schon bei den eigenen Kollegen schwer.

Ich möchte nicht unerwähnt lassen, dass es durchaus Projekte gibt, die u. a. die Elternbeteiligung vorantreiben, so zum Beispiel das Projekt «Rucksack Schule» im Primarbereich der Schulen in Nordrhein-Westfalen. Eltern mit Migrationshintergrund, die sowohl Muttersprache als auch Deutsch gut beherrschen, werden zu Elternbegleitern ausgebildet, um u. a. die Sprachkompetenzen in den Familien zu verbessern und damit die Bildungschancen der Kinder zu erhöhen. Dafür muss sich die jeweilige Schule natürlich erst mal bereiterklären, die dazugehörigen Rahmenbedingungen, sprich Fortbildungen, zu akzeptieren. Hier wird noch sehr viel Überzeugungsarbeit bei unseren Lehrern zu leisten sein.

Einstellungskriterium: Humor

Es ist schon mehrfach angeklungen in diesem Buch: Ich halte es für eine große Schwäche, dass in der Schule zu wenig gelacht wird. Und damit meine ich nicht, dass jede Stunde mit Witzen garniert werden soll, aber eine heitere, humorvolle und auch selbstironische Haltung kann selbst einer ansonsten eher trockenen Mathe- oder Physikstunde zu einer angenehmen Atmosphäre verhelfen. Und die kann durch Kleinigkeiten hergestellt werden: So hat der amerikanische Lehrer Barry White Jr. zum Beispiel das übliche «Guten Morgen, Mr. White»-Geleier durch einen individuellen Begrüßungshandshake ersetzt (zu finden bei YouTube – sehr empfehlenswert!). White empfängt seine Schüler mit diesem ganz speziellen, fast tänzerischen Ritual, damit sie schon vor dem Betreten des Klassenzimmers gute Laune haben. Gute Laune, die jedes Kind verdient hat, wie er sagt. Inzwischen gibt es immer mehr Pädagogen, die sich daran ein Beispiel nehmen: Unlängst machte das Video des schwedischen Lehrers Rickard Nordström auf Facebook die Runde, der ein ähnliches Begrüßungsritual mit seinem Schülern vollzieht. Es gehe darum, so Nordström, Wissen, Freude und Liebe an die Schüler weiterzugeben – und das Ritual sei ein erster Schritt dazu, noch bevor der eigentliche Unterricht angefangen hätte.

Da muss ich gleich an die pädagogischen Sauertöpfe unseres Schulsystems denken, die morgens schon mit einer Körperhaltung wie ein geprügelter Hund in die Schule schleichen. Begriffe wie Fröhlichkeit oder Freude hört man in deutschen Schulen nicht so gern. Schließlich geht es um den «Ernst des Lebens», nicht wahr? Und da ist Heiterkeit ja nun wirklich nicht angebracht.

Einer meiner Schulleiter mokierte sich dementsprechend, nachdem er mir bei einer Hospitationsstunde zugesehen hatte: «Sie machen ja Unterricht wie Thomas Gottschalk, das haben wir hier nicht so gerne.» Ich empfand den ersten Teil des Satzes als Kompliment und den zweiten einfach nur traurig.

Kein Wunder, dass viele, die mit Humor ausgestattet sind, den Schuldienst aufgeben: Thomas Gottschalk, Otto, Jürgen von der Lippe, Dieter Nuhr oder der wunderbare Comedian Johannes Schröder, um nur einige zu nennen. Sie alle haben den Schuldienst quittiert oder gar nicht erst angetreten. Johannes Schröder kehrte nach zwölf Jahren als Gymnasiallehrer für Deutsch und Englisch dem Schuldienst den Rücken und ließ sich vorerst beurlauben: Er habe diesen Beruf nur mit «Bauchschmerzen» ausgeübt und die Nase voll von der ernsten Schule.

Humor ist so wichtig – und wird dennoch ständig in seiner Wirkung unterschätzt. Und ihn gar als wichtigen Charakterzug für die Lehrerpersönlichkeit zu sehen und darauf auch in der Ausbildung hinzuweisen, ist für die meisten undenkbar. Dabei ist es doch so: Lacht ein Kind im Unterricht herzlich und möglichst noch mit dem Lehrer zusammen, dann entsteht Gemeinsamkeit, eine Verbundenheit, ein kurzer gemeinsamer Moment des Verständnisses, der signalisiert: Ja, wir schwimmen auf einer Welle.

In dem Film «Club der Cäsaren» wird dieser Effekt sehr geschickt in Szene gesetzt, als der Hauptprotagonist Mr. William Hundert, seines Zeichens Geschichtslehrer in einem amerikanischen Eliteinternat in Neuengland Anfang der 1970er, in einer Szene von seinen Schülern gebeten wird, beim Baseballspielen vor dem Schulgebäude doch mal einen Schlag «aus der alten Schule» zu zeigen. Er lässt sich nicht lange bitten, zieht sein Sakko aus, krempelt die Ärmel hoch, setzt zu einem gewaltigen Schlag an – und trifft mit dem Ball die Autoscheibe des Internatsleiters, die natürlich sofort zerspringt. Sofort rennen alle Schüler ins Gebäude, um nicht zur Rechenschaft gezogen zu werden – in der Mitte der verschworenen Gemeinschaft läuft Mr. Hundert, der wie ein Schüler über alles hinwegspringt, was sich ihm in den Weg stellt, um gemeinsam mit den Jungs vor der Wut des Internatsleiters zu fliehen und vom Klassenzimmerfenster die Reaktion seines Vorgesetzten abzuwarten. In dieser Szene ist er einer von ihnen, lacht mit ihnen über das entsetzte, fassungslose Gesicht des Schulleiters und ist froh, nicht erwischt worden zu sein.

Nun soll man das nicht als Aufforderung verstanden wissen, Schulfenster einzuschießen oder mit den Schülern Streiche auszuhecken. Man ist nicht einer von ihnen und soll sich auch nicht so verhalten. Aber: Humor baut eine Brücke. Mit Humor gebe ich den Schülern eine Leichtigkeit und Unbeschwertheit, die viele von ihnen nur selten in der Schule (und leider oft auch nicht zu Hause) erleben dürfen. Humor schafft eine Atmosphäre der Offenheit und Aufgeschlossenheit, in der man als Lehrer Informationen anschließen lassen kann: Der Schüler ist dann ganz bei mir und meinen Ausführungen, Neues wird mit bereits Gelerntem verknüpft. Es sind diese Momente, die dem Schüler in Erinnerung bleiben. Noch heute erinnere ich mich zum Beispiel an den Unterricht von Herrn L. Eigentlich habe er Opernsänger oder Schauspieler werden wollen, dann habe es aber doch nur zum Deutschlehrer gereicht, erzählte er uns grinsend, als er sich zum ersten Mal der Klasse vorstellte. Also erkor er kurzerhand uns als sein «Publikum» aus: Er sprang manchmal unvermittelt auf die Tische, kickte alles runter, was darauf lag, und schmetterte los, dass sich die Balken bogen. Dann forderte er uns zum Polka-Tanzen durch den

Schulflur auf. Wir kreischten vor Vergnügen, wenn dann der Schulleiter aus seinem Zimmer kam und entrüstet fragte, was denn hier los sei. Oft gab es kein Halten mehr, alles rannte kichernd durch das Schulgebäude. Minuten später, wenn Herr L. uns alle wieder eingefangen hatte, lernten wir in kürzester Zeit und gutgelaunt die sonst so drögen Grammatikregeln. Noch heute kann ich sie herunterbeten.

Und so habe ich es Jahrzehnte später, als Lehrerin, selbst immer wieder erlebt: Schüler konnten mir oft genau sagen, wann wir über etwas gesprochen haben oder wann sie etwas gelernt hatten. Wenn ich fragte, warum sie sich so genau an etwas erinnern konnten, kamen Antworten wie diese: «Sie wissen doch bestimmt noch, als der Henrik sich so kaputtgelacht hat über Ihre lustige Geschichte mit Ihren Hunden, und wie Sie uns daran dann xy erklärt haben.»

Finnlands Vorzeigepädagoge Matti Meri hat die Bedeutung von Humor erkannt, ansonsten hätte er die Fähigkeit, mit anderen Menschen lachen zu können, nicht in seinen Forderungskatalog für gute Lehrer mitaufgenommen: «Wer die ganze Prüfung über nicht einmal lacht, den nehmen wir nicht.»

Ein klares Einstellungskriterium, dessen Gültigkeit ich mir auch für unsere Lehrer wünschen würde.

Nach dem Studium ist vor dem Studium – Fortbildung!

Nun haben wir viel über die Lehrerausbildung gesprochen, das Chaos durch die Länderregelungen, die mangelnde Praxis während des Studiums, die falschen Ausbildungsschwerpunkte, die unzureichende Einbeziehung der Persönlichkeit des Lehrers, seine oftmals mangelnde Fähigkeit, sich auf Neues einzulassen und dem Unterricht durch Humor eine gewisse Leichtigkeit zu geben. Doch hier nur das Studium selbst zu betrachten, greift zu kurz. Es ist schon mehrfach angeklungen: Um mit den Veränderungen in der Gesellschaft mithalten zu können, bedarf es auch einer kontinuierlichen Weiterbildung.

Doch die nimmt immer weiter ab. Schon 2011 belegten Lehrer den letzten Platz beim Hochschulbildungs-Index, und ihr prozentualer Anteil ist seitdem noch kleiner geworden. (*«Deutschland hat die falschen Lehrer»*, *«Wirtschaftswoche»* vom *20. 8. 2014.*)

Eine Studie zur Lehrerfortbildung hat ergeben, dass sich nur 1,5 Prozent der Mathelehrer innerhalb eines bestimmten Zeitraumes fortgebildet haben, wie sie digitale Technik in den Unterricht integrieren können. (*«Überforderte Lehrer unterfordern ihre Schüler»*, *«Die Welt Kompakt»*, vom *30. 11. 2016.*)

1,5 Prozent! Ein in meinen Augen fatales Versäumnis, denn die Arbeit und vor allem der versierte Umgang mit digitalen Medien ist essenziell für unsere Kinder. Dass uns Länder wie die Türkei mit einer Quote von 8,6 Prozent und Litauen von sage und schreibe 60,1 Prozent in Sachen Fortbildung abhängen, sollte zu denken geben.

Meine Erfahrungen decken sich mit diesen Zahlen. Die Reaktionen zu Fortbildungsangeboten an den Schulen, an denen ich beschäftigt war, waren in der Regel erschreckend zurückhaltend. Außerdem waren es immer dieselben Lehrer, die interessiert waren (nämlich meist die, die es meiner Ansicht nach am wenigsten gebraucht hätten). Der Rest versuchte sich vor Fortbildungen zu drücken und begründete das mit den lächerlichsten Behauptungen: «Ich bin jetzt schon so lange im Schuldienst, ich kenne alle Themen, die wiederholen sich doch nur.»

Oder: «Die Seminarleiter sind mir nicht kompetent genug.» Oder auch mal ganz banal: «Die Aula der Schule, in der die Seminare stattfinden, ist immer derart kalt, da gehe ich nicht mehr hin, da bin ich jedes Mal danach erkältet.» Oder: «Ach, das ist doch nur eine neue pädagogische Sau, die durchs Dorf getrieben und dann doch wieder geschlachtet wird.»

Wollen Schulleiter dieser Verweigerungshaltung aus dem Weg gehen und laden Referenten direkt in die Schule ein, beispielsweise zu einer zweitägigen Veranstaltung nach dem Unterricht, dann hagelt es sonderbarerweise zahlreiche «spontane» Arzttermine, die auf keinen Fall verschoben werden können. Was steckt hinter dieser Verweigerungshaltung? Ist es Faulheit oder Bequemlichkeit, ist es die Arroganz und die damit verbundene Meinung, man wisse ja eigentlich schon alles, was in Verbindung mit Schule steht? Ist es die Angst vor Neuem und damit einhergehend die Angst, Dinge verändern zu müssen, um einen guten Job zu machen? An dieser Stelle höre ich sie schon, die empörten Stimmen der Lehrerkollegen: Die Fortbildungen seien nicht gut genug, nicht kompatibel mit dem Lehrplan, und vor allem habe man sowieso schon viel zu viel um die Ohren. Dem möchte ich entgegenhalten: Niemand kann es sich heutzutage leisten, jahrelang im eigenen Saft zu schmoren, ohne sich weiterzuentwickeln und sich selbst immer mal wieder auf den Prüfstand zu stellen. Das gilt besonders für Lehrer, denn die Kinder sind die Leidtragenden einer solchen Verweigerungshaltung.

Wozu sie führen kann, zeigte eine Abiturprüfungspanne im Fach Mathematik in Brandenburg im Sommer 2017. Was war passiert? Der Stoff einer bestimmten Prüfungsaufgabe war in zahlreichen Schulen zuvor überhaupt nicht behandelt worden; die Abiturienten konnten daher nichts mit den Aufgaben anfangen. Nach zahlreichen eingegangenen Beschwerden an das Bildungsministerium spielte dieses den Ball zurück an die Schulen: Diese wären selber schuld an der Misere, wären doch rund 30 Prozent der Mathematiklehrer nicht zu vorgeschriebenen Fortbildungen geschickt worden, bei denen die Inhalte des Rahmenlehrplans und damit eventuelle Abituraufgaben bearbeitet worden sind. Schuldzuweisungen hin und her, die 2600 betroffenen Schüler nahmen das Angebot an, die Prüfung erneut abzulegen. Auch wenn man zu bedenken geben muss, dass es nicht gerade klug ist, den Abiturstoff nicht mit bindenden Lehrplänen zu verknüpfen, sondern von einer Fortbildung abhängig zu machen: Hier haben wieder einmal Theorie und Praxis im Bildungssystem versagt, und wie so oft waren die Schüler die Leidtragenden.

Und was ist mit der Fortbildungspflicht, die in Deutschland im Schulgesetz verankert ist (Paragraph 57 Abs. 3)? Sagen wir es mal so: Wo kein Richter, da kein Kläger. In der Realität wird reichlich gemauschelt, was die Erfüllung dieser Verpflichtung anbelangt. Ich habe nur eine Schule erlebt, die auf einer Dokumentation der absolvierten Fortbildung bestanden hat.

Wenn der Schulleiter es also nicht so ganz genau nimmt, wer sollte es dann überprüfen? Oft genug werden Fortbildungen von Schulleitern sogar verhindert oder blockiert. Finden diese nämlich während der Unterrichtszeit statt, ist die Unterrichtsversorgung gefährdet, dann müsste man Vertretungslehrer finden – viel zu viel Stress…

Mal ganz abgesehen davon, dass die Anzahl der Fortbildungstage von Bundesland zu Bundesland variiert und meist Ermessenssache des jeweiligen Schulleiters ist: Im Schulgesetz gibt es keine genauen Vorgaben zu Dauer und Anzahl der Fortbildungen, noch nicht mal darüber, was eigentlich als Fortbil-

dung gilt. Im Grunde genommen kann für einen Geschichtslehrer eine «Arte»-Dokumentation über den Zweiten Weltkrieg
eine Fortbildung sein.

Zu viele Lehrer isolieren sich freiwillig in der Schule, ver-
schanzen sich im Althergebrachten und prägen eine Schul-
kultur geistiger «Quarantäne» – aus Angst, ausgetretene Pfade
zu verlassen. Wird man dann noch gezwungen, sich durch die
Fortbildung mit den eigenen Schwächen auseinanderzusetzen,
wird es richtig prekär.

Ich muss in diesem Zusammenhang an eine Fortbildung
denken, bei der u. a. mittels Videoanalyse die Art und Weise des
Unterrichtens evaluiert werden sollte, sprich: Wie stehe ich vor
der Klasse, wie rede ich, wie wirke ich? Ehrlich gesagt war ich
anfangs sehr aufgeregt und etwas verunsichert. Aber wie bei
fast allen Dingen: Übung hilft. Hieß es beim ersten Video noch,
dass ich viel zu viel herumzappele, war die Kamera irgendwann vergessen, und ich wurde ruhiger. Mir hat es ziemlich
viel gebracht, mich selbst bei der Arbeit beobachten zu können,
und ich habe einige wichtige Tipps bekommen, wie ich an
meiner Präsenz in der Klasse arbeiten kann. Leider sträubten
sich viele der teilnehmenden Kollegen und Kolleginnen massiv,
diese Chance wahrzunehmen. Einige verließen die Fortbildung
komplett, andere sagten, dass sie sich aus diesem Teil der Fortbildung ausklinken würden. Die Idee, eine solche Analyse mal
in der Schule, unter realen Bedingungen, zu testen, wurde im
Keim erstickt: zu aufwendig, und erst die Persönlichkeitsrechte
der Schüler, und dann müsste man ja alle Eltern befragen, und
überhaupt…

Als besonders groß habe ich den Widerstand in puncto Fortbildung erlebt, wenn sie etwas mit den Herausforderungen des
digitalen Zeitalters zu tun hatte. Fiel dann sogar die Forderung,

«Digitalkunde» als Unterrichtsfach zu etablieren, geriet das Kollegium vollends in einen Ablehnungsmodus: «Das gehört nicht in die Schule», «Da sollen sich gefälligst die Eltern drum kümmern», «Das können wir nicht auch noch leisten», «Das ist Privatsache», «Das ist alles viel zu kompliziert», «Bis jetzt sind wir mit unseren herkömmlichen Methoden doch gut gefahren.»

Vor kurzem erzählte mir ein junger Lehrer die folgende Episode: Er war gerade nach einer Stunde Autofahrt zu Hause angekommen, als er einen Anruf von seiner Schulleiterin bekam, er möge doch noch mal zur Schule zurückfahren: Sie habe ihm zwei sehr wichtige Zettel ins Fach gelegt, die er dringend bearbeiten möge. Auf seine Bitte, sie ihm doch per E-Mail zu schicken, antwortete sie, dass sie den Kontakt und Informationsfluss per E-Mail «nicht möge».

Es ist kaum zu glauben, dass in einer Schule des 21. Jahrhunderts derart argumentiert wird. Aber leider ist das die bittere Realität.

Ich kann diese Abwehrhaltung jedenfalls nicht nachvollziehen, und das, obwohl mir als älteres Semester die digitale Welt alles andere als vertraut ist: Meine eigenen Kinder bezeichnen mich immer scherzhaft als «digitalen Analphabeten». Ich war aber nie zu eitel, mir von meinen Schülern Nachhilfe geben zu lassen. Dabei ist mir kein Zacken aus der Krone gebrochen, und wir hatten eine wunderbare Win-win-Situation: Ich lerne von euch, und ihr übt euch im genauen Erklären.

Erstaunlicherweise stoßen diese Themen gerade bei den jüngeren Kollegen auf Ablehnung, wobei ihnen das Digitale doch viel näher sein müsste. Über die Gründe kann ich nur spekulieren. Liegt es daran, dass sie sowieso schon so viel Neues integrieren müssen?

Dabei ist doch Digitalkunde eines der wichtigsten, wenn nicht das wichtigste Thema in der Schule überhaupt. Wir können uns nicht mehr vor der Verantwortung drücken und annehmen, dass wir mit unseren bisherigen Methoden die Herausforderungen der Zukunft bewältigen können, nach dem Motto: Da kommt zwar ein Tsunami auf uns zu, aber Gott sei Dank haben wir ja alle das «Seepferdchen» gemacht.

Ich finde es beschämend, wenn sich Lehrer querstellen und um Fortbildungen drücken, sei es in Sachen Digitales oder in anderen Bereichen – wo doch gerade sie in Sachen Bildung und Innovation als Vorbild fungieren sollten. Wie soll ich Kreativität, kritisches Denken oder den konstruktiven Umgang mit Gefühlen bei Schülern fördern (und bewerten), wenn ich diese Kompetenzen bei mir selbst nicht fördere und vom Einerlei des Schulalltags so abgestumpft bin, dass ich sie im Zweifelsfall gar nicht mehr als solche wahrnehmen kann?

«Inklusion? Was denn noch alles?»

Noch prekärer wird es, wenn dem Kollegium mitgeteilt wird, dass die Schule demnächst neben den Integrationsschülern auch noch drei Inklusionsschüler zugeteilt bekäme. Helle Aufregung im Kollegium!

Nun muss man der Lehrerschaft tatsächlich zugute halten, dass sie auf die neuen Herausforderungen entweder gar nicht oder nur sehr schlecht vorbereitet ist, und zwar in jeglicher Hinsicht. Die besonderen Herausforderungen der Inklusion den Lehrern en passant unterzujubeln, ist unfair und überfordert die meisten, weil sie schlicht und ergreifend nicht ausgebildet wurden für Kinder mit besonderen Bedürfnissen. Auch die

Integration von psychisch oder emotional auffälligen Kindern in den Regelschulunterricht ist alles andere als einfach, von Kindern mit Migrationshintergrund und ohne Deutschkenntnisse mal ganz zu schweigen. So haben Lehrer in der Regel, anders als dafür ausgebildete Förderschullehrer, keine Ahnung, weder theoretisch noch praktisch, wie sie mit den Schülern mit besonderem Förderbedarf umgehen sollen.

Wen wundert es also, wenn Lehrer immer häufiger Brandbriefe an die zuständigen Ministerien schicken, in denen sie die Missstände an ihren Schulen auf dramatische Art und Weise beschreiben. Einer von ihnen ist Julian Stratenschulte, Lehrer im Saarland: «Durch die radikale Umsetzung der Inklusion ohne die Schaffung der notwendigen Voraussetzungen in personeller, materieller, sächlicher und räumlicher Hinsicht sind wir Lehrer / innen zunehmend belastet», heißt es in dem Brief (*«Lehrer schlagen Alarm», «Focus» vom 13. 12. 2017*). Tiefste Verunsicherung und Überforderung seien die Folge.

Aber, und diese Seite kommt in der öffentlichen Debatte oft zu kurz: Es fehlt auf der Lehrerseite auch oft an der nötigen Offenheit und der Fortbildungsbereitschaft.

Zusammen mit einem Kollegen besuchte ich eine Lehrerfortbildung zur Inklusion, damals arbeitete ich an einer Förderschule. Die anderen Kollegen waren in großer Zahl Gymnasiallehrer. Sie rückten in dem Stuhlkreis zwar wohl unbewusst, aber dennoch deutlich ein Stück von uns weg, als wollten sie uns dafür verantwortlich machen, dass wir ihnen nun «unsere» Schüler «aufbürden». Einige fragten schnippisch und mit der vielen Gymnasiallehrern eigenen Arroganz, was sie denn mit «solchen Kindern» anfangen sollen, die würden doch sowieso nur den Unterricht stören. Außerdem sei es eine Zumutung, ihnen zur ohnehin schwierigen Vermittlung des Gymnasial-

Lernstoffes bei immer schwieriger werdender Schülerklientel jetzt noch mehr «Problemfälle» aufzuhalsen.

Auch im Alltag erlebte ich diese Arroganz gepaart mit Ignoranz: Ich erinnere mich an die Lehrerin, die einem autistischen Schüler in der Abiturprüfung die Interpretation eines Liebesgedichtes abverlangte. Wer sich nur ansatzweise mit Autismus beschäftigt hat, weiß, wie schwer es vielen Betroffenen fällt, sich in andere hineinzuversetzen. Entsprechend schwierig bis unmöglich war es für den autistischen Schüler, die Aufgabe zu meistern. War es böser Wille der Lehrerin? Wollte sie ihn schlicht und ergreifend «absägen»? Hatte sie keinerlei Ahnung vom Asperger-Syndrom? In jedem Fall hatte sie wohl noch nichts von dem «Nachteilsausgleich» gehört, der diesem Schüler zugestanden hätte. Das Mindeste an Entgegenkommen wäre gewesen, ihm eine längere Einlesezeit zu gewähren. Die Lehrerin argumentierte, der Lehrplan sehe nun mal ein Liebesgedicht in der mündlichen Abiturprüfung vor, und daran müsse sie sich halten. An diesem Beispiel sieht man wieder, dass die bildungspolitischen Schnellschüsse mit der Realität kollidieren.

Auch die Förderlehrer, die die Inklusionsschüler begleiten, haben leider häufig kein gutes Standing bei den Kollegen. O-Ton zweier Junglehrerinnen aus einem Gymnasium: «Ich habe jetzt 'ne Deutschstunde in der 12, da habe ich wieder die Inklusionstussi mit im Raum. Mann, die nervt!» Für manchen ist es eben schwer, dazuzulernen und sich mitunter Kritik am eigenen Verhalten anhören zu müssen…

Auch hier würde es helfen, über den eigenen Tellerrand zu schauen und bei anderen Schulformen zu gucken, was dort vielleicht besser gemacht wird. Meiner Ansicht nach verkommen nämlich vor allem die Realschulen und Gymnasien zu unpersönlichen Unterweisungsanstalten, in denen die Lehrer von Klasse zu Klasse hetzen und ihren Unterricht nur noch durchpeitschen (müssen). Von vertrauter Atmosphäre oder sogar Geborgenheit ist selten etwas zu spüren. Meine beiden jüngeren Kinder haben immer die Lieblosigkeit in ihrer Schule beklagt und die Förderschulkinder beneidet, wenn ich nach Schulschluss erzählte, wie es an der Förderschule zuging, an der ich arbeitete.

Da ich ja nahezu alle Schulformen kennenlernen durfte, ist mir der überaus zugewandte Unterricht der Förderlehrer immer wieder positiv aufgefallen. Das soll natürlich nicht heißen, dass es nicht auch unter den Förderlehrern schwarze Schafe gibt, natürlich gibt es die. Solange aber die Lehrerschaft außerhalb der Förderschulen Inklusionsschüler lediglich als unerwünschte Zusatzbelastung empfindet und nur in vereinzelten Schulen die Bereitschaft zu erkennen ist, diese hohen Standards persönlichen Engagements und pädagogischer Kompetenz von Förderlehrern zu übernehmen, halte ich das Projekt Inklusion, wie es derzeit läuft, für gescheitert.

Wenn Inklusion, dann bitte richtig, und vorher die Besonderheiten der Inklusionsschüler und damit verbundene Bedürfnisse recherchieren, damit man diese Kinder nicht vor die Wand fahren lässt.

Man möge sich einmal vorstellen, wie groß die Enttäuschung bei den betroffenen Kindern und vor allem auch deren Eltern ist, wenn sie im guten Glauben waren, dass Inklusion eine riesige Chance in Richtung Teilhabe für ihr Kind bedeutet und sich das Ganze dann als bunt schillernde Seifenblase entpuppt.

Diese Einsicht ist inzwischen bei – zumindest bei einigen – Bildungspolitikern angekommen: In Nordrhein-Westfalen hat die neue Regierung unter Armin Laschet den Schließungen der

Förderschulen Einhalt geboten, weil sie die zunehmende Unzufriedenheit über die Auswirkungen schlecht durchgeführter Inklusion erkannt haben.

Lassen Sie mich mit einem Positiv-Beispiel enden, weil es zeigt, dass Inklusion durchaus gelingen kann. Ich erinnere mich gerne an eine Chor- und Orchester-Reise nach Finnland. Alle Sänger und Musiker wurden in einer Schule untergebracht, und der Schulleiter begrüßte unsere 60 Personen zählende Gruppe mit einer Vorstellung der besonderen Art. Neben ihm stand ein junges Mädchen, dessen Alter schwierig zu schätzen war. Auf den ersten Blick schien sie ein Mädchen wie jedes andere zu sein. Der Schulleiter fragte uns Chormitglieder, ob wir die deutsche Nationalhymne vorsingen könnten. Wir ließen uns nicht lange bitten und schmetterten drauflos. Als der letzte Ton verklungen war, bat er die Schülerin, die Hymne nachzusingen. Tatsächlich gelang ihr dies musikalisch und sprachlich zu hundert Prozent. Und das, wie uns der Schulleiter versicherte, obwohl das Mädchen die Hymne zuvor weder gehört geschweige denn jemals gesungen habe. Bevor wir die Zeit gefunden hatten, unsere Kinnladen wieder hoch zu schieben, forderte er ein Chormitglied auf, sich ein paar Minuten still der Schülerin gegenüberzustellen: Sie würde im Anschluss sein Gesicht aus der Erinnerung heraus nachzeichnen. Wir wurden auf unsere Zimmer verteilt und trafen dann wie verabredet nach einiger Zeit wieder mit der Schülerin zusammen. Sie zeigte uns das Bild, das sie in der Zwischenzeit gemalt hatte. Es war ein so exaktes Porträt unseres Chorkameraden, dass man es fast mit einer Fotografie hätte verwechseln können. Dann klärte uns der Schulleiter auf: Das junge Mädchen war eine autistische Schülerin mit dem sogenannten Savant-Syndrom, auch Inselbegabung genannt. In ihrem Fall führte das zu einem phänomenalen musikalischen, optischen und sprachlichen Gedächtnis, brachte allerdings auch tiefgreifende Entwicklungsstörungen mit sich.

Es war nicht das Mathematikgenie, ein Forschungspreisträger oder der gesamte Schulchor der Schule, der die Begrüßung der ausländischen Gäste übernahm, nein, es war eine autistische Schülerin und ihr Schulleiter, die uns empfingen. Ganz selbstverständlich. Mit Stolz demonstrierte der Schulleiter, wie Inklusion funktioniert.

Der Beamtenstatus – macht der Sinn, oder kann der weg?

Kommen wir am Ende des Ausbildungsteils zur Frage aller Fragen: Beamtenstatus für Lehrer – ja oder nein? Es ist im Verlauf des Buches immer wieder angeklungen, dass der Beamtenstatus immer noch einer der wichtigsten Beweggründe ist, Lehrer zu werden. Wohl kaum ein Thema wird neben der Notenvergabe im Zusammenhang mit Schule öfter und kontroverser diskutiert. Und, um es vorwegzunehmen: Ich bin dagegen, ihn zu erhalten.

Werfen wir zunächst einen Blick in die Vergangenheit. Die Ursprünge des Beamtentums gehen bis in das alte Ägypten zurück, die Staaten des Orients, in das Indien des Altertums, in das alte China und das Römische Reich. Die Lehrer schworen ihrem Dienstherrn die unbedingte Treue und bekamen im Gegenzug dafür lebenslangen Unterhalt. Unsere verbeamteten Lehrer genießen also die Vorzüge eines Systems, das seinen Ursprung bereits im 3. Jahrtausend v. Chr. hat. Verblüffend, wie die Welt sich seitdem verändert hat, aber das Beamtentum immer noch besteht, auch wenn verbeamtete Lehrer nicht mehr einem persönlichen Dienstherrn verpflichtet sind, sondern dem Staat.

Das Bewusstsein, als verbeamteter Lehrer im Gegenzug zu den Privilegien, die man genießt, auch gute Arbeit leisten zu müssen, ist bei vielen Lehrern leider nicht vorhanden – allein wenn man sich die Pensionszahlen anschaut und mit den Rentenansprüchen ähnlicher Jobs vergleicht, könnte man weinen.

Ich habe allerdings viel zu oft Lehrer erleben müssen, denen es irgendwann vollkommen egal war, wie viele ihrer Schüler fehlerfrei lesen können, den Dreisatz begreifen oder beim Abitur durchfallen. Ihr Job war ja sicher, das Gehalt stand fest – was also soll die ganze Aufregung? Hatten sie den Beamtenstatus erreicht, konnten sie «endlich den Ball flach halten, das Geld kommt ja ab jetzt auf dem Fließband», wie es einmal einer meiner Lehrerkollegen ausdrückte.

Ob Menschen allerdings, die ihr Geld unabhängig von ihrer Leistung bekommen und die eine lebenslange Beschäftigung in ein und demselben «Unternehmen», also der Schule, anstreben, wirklich die richtigen sind, um die Kinder auf eine Arbeitswelt vorzubereiten, in der Flexibilität und Mobilität essenziell sind – die Frage kann sich jeder selbst beantworten. Natürlich ist es nicht verwerflich, sich Gedanken um seine berufliche Zukunft und die Jobsicherheit zu machen. Wer die Job-Wahl nur aus Sicherheitskalkül trifft, der gehört in meinen Augen nicht in den Schuldienst.

Und mangelndes Engagement ist leider nicht das Ende der Fahnenstange. Unhaltbar wird es, wenn Lehrer wirklich schlechten Unterricht machen oder sich tatsächlich etwas zuschulden kommen lassen und sie wegen ihres Beamtenstatus nicht oder nur schwer entlassen werden können bzw. weich fallen, indem sie in den vorzeitigen Ruhestand versetzt werden – bei vollen Bezügen, versteht sich. Nicht nur einmal musste ich bei Gesprächen in Schulen wegen gravierender Verfehlungen von Lehrern den Satz der Schulleiter hören: «Tja, wenn wir das an die große Glocke hängen, könnte der Kollege unter Umständen seinen Beamtenstatus verlieren. Das können wir ja nicht machen.»

Im Gegenteil! Das können wir nicht nur, das müssen wir sogar! Wenn ein Lehrer zum Beispiel nachweislich der sexuellen Nötigung überführt wurde, dann hat sein Beamtenstatus überhaupt nichts bei der Betrachtung der Konsequenzen für diesen Lehrer verloren. Äußert sich ein Schulleiter dennoch in diese Richtung, dann gehört er meiner Ansicht nach sofort zusammen mit besagtem Lehrer vor das Schultor gesetzt.

In Finnland können Lehrer jederzeit nicht nur bei grobem Fehlverhalten, sondern allein schon bei schlechten Leistungen aus dem Schuldienst entlassen werden. In Deutschland ist es anders. Leisten Lehrer schlechte Arbeit, werden sie durch das System der Verbeamtung im Schuldienst gehalten und bis zum bitteren Ende ihrer Dienstzeit mit durchgeschleppt, ohne dass jemand einen Nutzen davon hätte· Weder die Schüler und deren Eltern noch die Kollegen, ja noch nicht einmal die Lehrer selbst – außer in Hinblick auf finanzielle Absicherung vielleicht. Denn wer mit Unzufriedenheit am Arbeitsplatz zu kämpfen hat, kann ernsthaft an den Folgen steter Überforderung erkranken. Und so hangelt sich der ungeeignete Lehrer zwischen Alltagsfrust und Krankschreibungen wegen Burnout durch bis zur Pension, der Verbeamtung sei Dank.

Fällt sie weg, nimmt auch das Interesse am Job ab, wie einige Bundesländer schmerzhaft erfahren haben und die Möglichkeit zur Verbeamtung wieder einführen mussten. Warum sucht denn zum Beispiel Berlin händeringend Lehrer? Lehrer werden dort nicht mehr verbeamtet, und die Bezahlung ist dort schlechter als in anderen Bundesländern. Ein Indiz, dass meine These, die Verbeamtung sei einer der Hauptgründe, Lehrer zu werden, stimmt.

In Berlin und anderen Großstädten, in denen Lehrermangel herrscht, kämpft man inzwischen um jeden Seiten- oder Quereinsteiger. (Zur Erläuterung: Quereinsteiger müssen einen zweijährigen Vorbereitungsdienst absolvieren und werden pädagogisch berufsbegleitend qualifiziert. Die Qualifikation schließt mit dem zweiten Staatsexamen respektive Master of Education ab, je nach Bundesland. Seiteneinsteiger werden direkt in den Schuldienst eingestellt, allerdings nur in befristetem Arbeitsverhältnis. Im Zuge der Direkteinstellung werden sie berufsbegleitend pädagogisch nachqualifiziert.) Auch sollen immer mehr Erziehungsurlauber in den Schuldienst zurückkommen, außerdem werden Vertretungslehrer und altgediente Pensionäre angesprochen, es ihnen gleichzutun. Aber was kann man ihnen bieten? Na klar, den Beamtenstatus! Wer sich derzeit als Referendar nach bestandener Prüfung für zwei Jahre in das unterversorgte Mönchengladbach begibt, bekommt als Bonbon die Verbeamtung dazu. Was sagte neulich ein junger Mann zu mir, der sich beruflich neu orientiert und dem ich eher scherzhaft von der Möglichkeit der sofortigen Verbeamtung im Schuldienst erzählte: «Wie cool ist das denn, die werden dann alle Beamte, und sollten sie irgendwann doch einen Burnout kriegen, bekommen sie volle Bezüge – was Besseres kann einem in dem Fall ja gar nicht passieren. Schade, dass ich nicht studiert habe.»

Aber sollte der Beamtenstatus tatsächlich nur aus diesem Grund erhalten bleiben? Weil man sonst keine Lehrer findet?

Wie wäre es denn, an den richtigen Stellschrauben zu drehen? Zum Beispiel an der Attraktivität des Arbeitsplatzes und der Praxisnähe der Ausbildung, an Anerkennung und Wertschätzung, an der Förderung durch den Schulleiter, an der Entlastung durch zusätzliche Lehrer sowie durch pädagogisch und psychologisch geschultes Personal, um nur einige zu nennen?

Die Befürworter argumentieren an dieser Stelle immer wieder, dass sich der einzelne verbeamtete Lehrer durch seinen Sonderstatus dazu verpflichtet fühle, ein getreuer Staatsdiener zu sein. Darüber kann ich nur lachen. Ich habe in all den langen Jahren meiner Lehrertätigkeit nicht einen verbeamteten Lehrer erlebt, der sich, beseelt von seinem Beamtenstatus, als «Diener» unseres Schulsystems verstanden hat. Nicht umsonst hatte ich in meinem Artikel «Der große Frust» gefordert, dass deutsche Lehrer wieder lernen müssten zu dienen – denn das haben sie bei ihrem Amtseid geschworen.

Darüber hinaus ist es eine durch nichts zu rechtfertigende Ungerechtigkeit, dass angestellte und verbeamtete Lehrer für dieselbe Arbeit unterschiedlich hohes Gehalt bekommen: Verbeamtete Lehrer bekommen in vergleichbarer Position und mit ähnlicher Berufserfahrung bis zu 800 Euro netto mehr im Monat als Angestellte. Außerdem erhalten sie ihr Gehalt zu Beginn des Monats, während der angestellte Lehrer erst am Ende des Monats entlohnt wird. Letztere müssen im Gegensatz zu ihren Beamtenkollegen auch in die Rentenkasse einzahlen und haben kein Anrecht auf privatärztliche Behandlung. Da bekommt der Beamte als Privatpatient ohne Probleme Arzttermine beim Spezialisten, während der Angestellte als gesetzlich Versicherter weder den Arzttermin noch eine Gehaltsfortzahlung erhält.

Der Unmut darüber ist groß in den Lehrerkollegien. Arne Ulbricht hat aus diesen Ungerechtigkeiten eine persönliche

Konsequenz gezogen: Der Lehrer verzichtete auf seinen Beamtenstatus. Er habe, so Ulbricht, nicht von einem System profitieren wollen, in dem Beamte und Angestellte für dieselbe Arbeit unterschiedlich viel Geld erhielten und lediglich die Dienstjahre, nicht aber die Leistung entscheidend für die Besoldung sei. (*«Lehrer verzichtet auf Beamtenstatus», «Abendzeitung» vom 20. 1. 2013.*)

Tatsächlich gibt es keine Zulagen für besonderes Engagement. Es liegt schon eine gewisse Komik darin, wenn verbeamtete Lehrer ihren Schülern die Vorzüge der Leistungsgesellschaft predigen und selbst das Gegenteil leben. Daher meine klare und eindeutige Forderung: Schluss mit dem Beamtenstatus im Schuldienst! Meine Hoffnung wäre, dass dann diejenigen Menschen von dem Beruf angezogen werden, die wirklich etwas bewegen, wirklich unterrichten, Kinder wirklich auf ihrem Lebensweg begleiten wollen.

Arne Ulbricht hebt übrigens noch einen weiteren wichtigen Aspekt für seine Entscheidung hervor: Er empfand die Verbeamtung als eine Art «faustischen Pakt», mit dem er sein freies Handeln und vor allem Denken aufgeben und in die Hand anderer gelegt habe. Das kann ich gut nachvollziehen. Wer freiheitsliebend ist, kann eigentlich nur nein zur Verbeamtung sagen. Wenn ich ehrlich bin, muss ich mir eingestehen, dass ich immer ganz froh war, nach maximal zwei bis drei Jahren die jeweilige Schule verlassen zu können. Teilweise habe ich zwischen zwei Anstellungen als Lehrerin sogar in völlig berufsfremden Branchen wie im Gesundheits- und Fitnessbereich gearbeitet. Auch der Job als Verkäuferin in einem Feinkostgeschäft machte mir sehr viel Spaß. Diese Anstellungen haben meinen Horizont erweitert. Ich kam mit neuen Erfahrungen und geerdet an die nächste Schule und konnte mit frischem

Blick und neuem Elan wieder meine Arbeit aufnehmen, ohne diese unsäglichen Lehrermarotten angenommen zu haben, die sich meiner Ansicht nach durch den täglichen Kontakt mit Lehrern und Schülern ergeben. Es sind u. a. eine gehörige Portion Infantilität und andererseits ein belehrender Tonfall, die der schulische Kommunikationsstil einem aufdrückt, ohne dass man sich dagegen wehren kann. Wenn ich meine Familie sagen hörte: «Boah, hör auf mit diesen Lehrersprüchen und diesem Slang von deinen Schülern», dann spätestens merkte ich: Es ist an der Zeit, mich wieder unter «normale» Menschen zu begeben. Und dafür muss es in den Schulen die Freiheit geben.

Ein Leben wie mein verbeamteter Vater zu führen, der vierzig Jahre in ein und demselben Job verbracht hat, entsprach nie meinem Lebensgefühl. Ich denke auch, dass solche statischen Lebensplanungen der Vergangenheit angehören und sich junge Menschen die Option offenhalten möchten, den Arbeitsplatz zu wechseln, in andere Städte oder gar Länder zu ziehen, sich privat wie beruflich auszuprobieren. Dieses Lebensmodell steht in solch einem starken Kontrast zum Beamtentum, wie er stärker nicht sein kann. Ich erinnere mich in dem Zusammenhang immer noch gerne an die Junglehrerin, die überlegte, ihren Beamtenstatus aufzugeben, um in Neuseeland Schafe zu züchten. Warum nicht?!

Wie sieht es nun aus mit der Aus- und Weiterbildung unserer Lehrer? Wir haben gesehen, dass das Studium nicht die richtigen Menschen anzieht und es darüber hinaus die falschen Schwerpunkte setzt. Auch später im Berufsleben fehlt vielen Lehrern die Bereitschaft, den Blick über den Tellerrand Schule zu wagen, der es ermöglichen würde, kreativen, angemessenen und modernen Unterricht zu machen. Stattdessen schmort man im eigenen Saft und verwendet jedes Jahr dieselben Unterlagen für dasselbe Thema. Lehrer kennen nur Schule und Uni – und sollen jungen Menschen für eine Berufswelt fit machen, die sie selbst nicht mal ansatzweise erlebt haben.

IN DER ZUKUNFT

Bisher habe ich hier im Buch viel kritisiert und, wie ich hoffe, bei aller Zuspitzung auch zum Nachdenken angeregt. Bevor ich jetzt jedem Lehrer, der frustriert ist und / oder ungeeignet für seinen Beruf, rate, in Neuseeland Schafe zu züchten, will ich hier im letzten Teil noch einmal mögliche Stellschrauben aufzeigen. Denn: Wir müssen die Ärmel hochkrempeln! Für die Zukunft unserer Kinder! Und zwar schnell, denn die Zeit drängt.

Ärmel hochkrempeln!

Bis 2025 wird es in Deutschland eine Million Schüler mehr geben als von der Politik in ihren Personal- und Budgetplanungen für Schulen und Lehrer vorgesehen. Die Folgen, die sich bereits jetzt abzeichnen: eine mangelhafte Unterrichtsversorgung durch fehlende Lehrkräfte. Tendenziell rechnen Demoskopen allein mit 300 000 Flüchtlingskindern, die in die Schulen drängen werden, zusammen mit einer großen Anzahl von Mitschülern, die der seit 2012 steigenden Geburtenrate zuzurechnen sind. All diese Kinder werden das System Schule auf das Äußerste herausfordern. Und genau das ist es, was unsere Schule braucht. Denn was passiert bei extremen Herausforderungen? Idealerweise besinnen sich die Menschen auf das Wesentliche.

Dieses Schulsystem wird keine trägen Lehrer mehr aushalten, keine Schönredner und Dummschwätzer, erst recht keine Misanthropen. Gefragt sind vielmehr gutgelaunte, positive Macher. Die Richtschnur allen Handelns muss lauten: «Wir fördern Kinder und Jugendliche und geben ihnen das Rüstzeug für eine glückliche Zukunft mit.»

Dafür brauchen wir Lehrer, die sich selbst nicht so wichtig nehmen und die akzeptieren, dass nicht sie im Mittelpunkt stehen, sondern das Wohl der Kinder. Lehrer, die ihren Schützlingen deshalb die Zeit geben, die sie brauchen, um ein bestimmtes Lernziel zu erreichen, auch wenn der Kollege in der Parallelklasse schon zwanzig Seiten weiter ist im Buch.

Lehrer, die den Schülern Anerkennung für ihre Lernversuche schenken, die den Unterricht spannend wie gute Verkäufer gestalten. Es schadet auch nicht, wenn sie sich dabei das Credo der amerikanischen Topverkäufer zu eigen machen: «Make the person feel good and *then* point at product!» Denn wie ein guter Verkäufer kann ich das, was mir wichtig ist, nur an den Mann oder die Frau bringen, wenn die Person emotional offen ist. Das heißt im Fall des Unterrichtens, ich muss herausfinden, was die Schüler berührt; dann sind sie bei mir, und ich kann ihnen mein Wissen «verkaufen». Das muss ohne Demütigung, Ausgrenzung und vorurteilsgeprägte Haltung geschehen. Denn Angstszenarien sind genau das, was die Schule der Zukunft nicht mehr ausstrahlen und leben darf. Darüber hinaus müssen die Lehrer Fähigkeiten und Kompetenzen vermitteln, die den Schülern nicht nur das Bestehen der nächsten Klassenarbeit ermöglichen, sondern die ihnen auch langfristig im Leben weiterhelfen: Standing, Respekt, Disziplin, Neugierde, Kreativität, Offenheit für Neues. Solche Lehrer können Schüler begeistern, indem sie bildhaft sprechen, Analogien zur Lebenswelt ihrer Schüler herstellen und positive Zukunftsbilder vor ihrem geistigen Auge entstehen lassen.

Fit müssen sie sein, die Lehrer, die eine Million Schüler mehr zu bilden und zu erziehen haben, fit und gesund und zugewandt.

Die Lehrer müssen einsehen, dass auch Menschen außerhalb des Schulsystems dem Unterricht Leben einflößen können – denn sie werden zukünftig auf jede helfende Hand angewiesen sein. Sie werden Fehler machen und daraus lernen und sich verbessern.

Das Allerwichtigste wird aber sein, sich im Team zusammenzufinden, sich um ein gutes, nicht von Animositäten, Neid und Missgunst geprägtes Kollegium zu bemühen. Das unbedachte, selbstgefällige und institutionalisierte Mobben von Kollegen wird sich in Zukunft keiner mehr erlauben können.

Lehrer müssen bereit sein, Toleranz zu entwickeln und offen gegenüber anderen Denk- und Arbeitsweisen zu sein. Dabei gilt es, nicht nur die Expertise anderer Klassen- und Fachlehrer hinzuzuziehen, sondern auch die von Integrationskräften, Psychologen und externen Spezialisten.

Es muss Schluss sein mit der kaum zu ertragenden Arroganz vieler Lehrerkollegen gegenüber Seiten- und Quereinsteigern. Bislang sieht es nämlich so aus, dass man diesen, wenn sie zum Beispiel aus einem Handwerksberuf kommen, ihre pädagogischen Fähigkeiten gerne mal komplett abspricht. Kommentar eines Kollegen: «Seit der da ist, geht nichts mehr den gewohnten Gang, er hat ja fachlich vielleicht was drauf, aber pädagogisch ist der eine absolute Niete.» Das sind häufig vorgeschützte Argumente, die aus dem Impuls resultieren, alles Neue erst mal abzulehnen (erst recht, wenn das Neue in Konkurrenz zu einem selbst steht).

Wobei ich natürlich zugeben muss, dass ein promovierter Physiker nicht automatisch auch ein guter Physiklehrer ist. Der Präsident des Deutschen Lehrerverbandes Heinz-Peter Meidinger warnt dann auch entsprechend, man wisse «spätestens seit den PISA-Studien, dass die Ergebnisse umso schlechter ausfallen, je höher der Anteil von Nichtfachlehrern liegt.» (*«In den Schulen unterrichten immer mehr unqualifizierte Lehrer – mit dramatischen Folgen für die Schüler», Huffington Post vom 31.7.2017.*)

Dem möchte ich zweierlei entgegenhalten. Erstens: Das Problem ist hausgemacht. Durch die restriktive Einstellungspolitik der Bildungsministerien ist diese Versorgungslücke im Schulsystem erst entstanden und macht das Zurückgreifen auf die Seiten- und Quereinsteiger überhaupt notwendig. Auf sie in dieser Situation zu verzichten hieße bildlich gesprochen, die OP-Wunde einfach offen zu lassen und in Kauf zu nehmen, dass der Patient verblutet, da kein spezielles Nahtmaterial für Wundverschlüsse greifbar ist. Dann doch lieber den reißfesten Zwirn benutzen, den der Nähkorb hergibt. Man möge mir das etwas bildhafte Beispiel verzeihen. Doch entweder wir erklären den pädagogischen Bankrott oder wir akzeptieren Notlösungen, die erst einmal das Schlimmste verhindern. Denn, zweitens: Eine mögliche Reaktion wäre ja auch, sich nicht über die angeblichen oder tatsächlichen pädagogischen Unzulänglichkeiten der Neuen zu echauffieren, sondern sie zu unterstützen, die Ärmel hochkrempeln, zu gucken, was man voneinander lernen kann, um die Lasten des Schulalltags auf viele Schultern zu verteilen.

Ich für meinen Teil habe jedenfalls oft beobachten können, dass viele der Seiten- und Quereinsteiger durch ihre Lebens- und Berufserfahrung einen interessanten, praxisbezogenen Unterricht machen. Außerdem wissen sie aus eigener Anschauung, was man heute braucht, um im Berufsalltag zu bestehen. Wie sagte ein Hauptseminarleiter einmal zu mir, als wir uns darüber unterhielten? «Ich habe schon manch einen Hausmeister besseren Unterricht machen sehen als altgediente Oberstudienräte.» Auch die Schüler sind oft begeistert vom Unterricht der Seiteneinsteiger, weil er nicht nach den üblichen, unreflektierten Verhaltensmustern der meisten Lehrer funktioniert, sondern dabei eine gehörige Portion normalen Menschenverstands einfließt, der unserem verkopften, bürokratischen Bildungssystem an allen Ecken und Enden fehlt.

Wissen und Kompetenzen in einem Pool zu sammeln und allen Lehrenden zur Verfügung zu stellen, ist in meinen Augen eine zentrale Säule effektiven Unterrichtens. Theoretisch weiß das jeder Lehrer. Hat er jedoch mit Hilfe einer besonderen Methode der Lernstoff erfolgreich an den Schüler gebracht, behält er sie schön für sich. Abgeben und den Erfolg teilen, das ist nicht gerade die Stärke von Lehrern, da steht man gerne alleine und sonnt sich in seinem Erfolg, am besten noch mit einer abfälligen Bemerkung einigen Kollegen gegenüber.

Engagierte Lehrer hätten so eine reelle Chance, ihren guten Unterricht beizubehalten – denn sie sind es, die die Schule nicht nur überlebensfähig halten, sondern sie in eine neue Ära führen werden. Wir brauchen sie, die taffen und mutigen Lehrer, die die Herausforderung lieben.

Meine Hoffnung ist es, dass endlich die guten, bislang noch viel zu häufig kleingehaltenen Lehrer selbstbewusst auftreten und ggf. auch den Mut finden, zu kündigen und an einer anderen Schule anzuheuern. So wie die junge, erfolgreiche und bei den Schülern beliebte Lehrerin an einer Schule in Nordrhein-Westfalen. Sie hat gekündigt, weil sie die Leitung einer schwierigen Klasse übernehmen sollte mit der Begründung, dass sie ja so überaus engagiert sei und ihr die zusätzliche Arbeit, für die sich ansonsten niemand aus dem Kollegium fände, sicherlich nichts ausmachen würde. Die zweifache junge Mutter wurde nicht einmal richtig angehört, war man doch gewohnt, dass sie immer kritiklos alles tat, damit die Schüler nicht unter der Fehlplanung des Schulleiters litten. Doch diesmal nicht. Sie besaß den Mut, dagegen zu opponieren und das Angebot abzulehnen. Eine neue Schule zu finden dürfte für sie zum jetzigen Zeitpunkt kein Problem darstellen. Das wird dem Schulleiter eine Lehre sein, denn Schulleiter werden in Zukunft, um gute Lehrer zu halten, eine Kultur der Wertschätzung entwickeln müssen.

Apropos: An der Spitze der Schulen müssen Menschen mit gesundem Menschenverstand stehen, die das Herz am richtigen Fleck haben und Visionen für eine moderne, zukunftsfähige Schule entwickeln können. Führungspersönlichkeiten, die imstande sind, Kollegen, Schüler und Eltern zu begeistern, und denen es gelingt, eine Atmosphäre zu schaffen, die von Respekt, Neugierde und Offenheit geprägt ist. Sie müssen außerdem verstärkt darauf achten, ob es den engagierten Kräften gutgeht an ihrer Schule und es ihnen an nichts fehlt, vor allem nicht an Anerkennung. Dann heißt es für die Selbstgefälligen, entweder mithalten oder gehen, denn das Karussell Schule wird Fahrt aufnehmen, und wer nicht begriffen hat, was die Stunde schlägt und zu spät «aufspringt», den wird es gnadenlos herunterschleudern.

Ich würde mir Schulleiter wünschen, die die Kraft und den Mut haben, an der richtigen Stelle mal ein Auge oder vielleicht sogar beide zuzudrücken, wenn es der Sache, also dem Wohl der Schüler, dient – muss man beispielsweise auf das «Minus» hinter einer Vier bei der mündlichen (!) Prüfung bestehen, wenn der betreffende Schüler dadurch durch das Abitur fällt?

Verkrustete Hierarchien müssen aufgelöst, lange Verwaltungswege müssen verkürzt werden. Was wir brauchen, ist ein Schulsystem, das schnell, unbürokratisch und zum Wohle des Kindes ausgerichtet sein muss.

Ich fordere zu viel? Ich skizziere hier den Superlehrer, der superheldengleich voller Elan und Expertise durch die Schulflure schwebt? Nein. Mit dem Begriff «Superlehrer», wie er gerne in Fernsehproduktionen benutzt wird, habe ich so meine Probleme. Suggeriert er doch vermeintlich übermenschliche Kräfte, Resistenz gegen alle Angriffe von außen, selbst unter schwersten Bedingungen. Das gibt es für mich weder im Lehrer- noch in irgendeinem anderen Beruf. Niemand ist perfekt. Kinder sollen sich mit ihren Lehrern auseinandersetzen, sich an ihnen reiben, ihnen widersprechen, sich streiten können. Eckige, kantige, ihnen zuweilen seltsam erscheinende Charaktere müssen sie akzeptieren lernen und sich mit ihnen auseinandersetzen – aber das verlange ich umgekehrt auch von den Lehrern.

Schule braucht das pralle Leben, mit allem, was dazugehört. Doch worin Schule sich vom Leben da draußen unterscheiden muss: Die Lehrer müssen die Lebenswege der ihnen anvertrauten Schüler unbedingt zum Guten führen, das Beste aus ihnen herausholen, ihre Potenziale heben wollen. Ohne Wenn und Aber. Darauf müssen sie all ihr Handeln richten, all ihr Wissen, ihren Verstand – und ihr Herz.

Wenn wir allerdings so weitermachen wie bisher, dann kann es in der Tat nichts werden mit der professionellen pädagogischen Betreuung und der Bildung der aktuellen und zukünftigen Schüler. Die ängstlichen Kommentare in der Presse zu diesem Thema deuten darauf hin, dass man dem deutschen Schulsystem den personellen, strategischen und inhaltlichen

Wandel in der Kürze der Zeit nicht zutraut. Die große Angst der Überforderung und des totalen bildungspolitischen Kollapses geht um, auch bei meinen Gesprächen und Interviews mit Lehrern und Schulleitern spielt sie eine große Rolle. Doch Angst lähmt. Wir können es uns nicht leisten, erstarrt vor den Herausforderungen sitzen zu bleiben wie das sprichwörtliche Kaninchen vor der Schlange. Krempeln wir also die Ärmel hoch!

Abschließen möchte ich das Buch mit einem Dank an einen über 90 Jahre alten ehemaligen Lehrer. Sein Name ist Ludwig Richter. Ich nenne seinen Klarnamen als einzigen in diesem Buch, denn nur so kann ich meine Wertschätzung wirklich zum Ausdruck bringen. Ludwig Richter musste mit 20 Jahren, aus der Kriegsgefangenschaft kommend, sofort in die Schule zum Unterrichten. Er hatte keine große Wahl, es waren kaum überlebende Lehrer da. Und obwohl er ursprünglich einen Handwerksberuf gelernt hatte, kniete er sich in die Arbeit mit Schülern, quasi als Autodidakt.

Sein oberstes Credo lautete: Er wollte gerecht sein und jedes Kind so fördern, wie es ihm möglich war. Er entwickelte daraufhin im Laufe der Jahre ein Beobachtungssystem für Lernfortschritte und Fördermöglichkeiten und ein differenziertes Bewertungssystem für jeden einzelnen Schüler. Er sagte mir: «Das Beste für mich ist, dass alle diejenigen, die durch meine Finger gingen, das, was ich für sie und mit ihnen tat, als bedeutungsvoll für ihr Leben halten und mir das ungefragt sagen. Mehr kann man nach einem Lehrerleben nicht erwarten.»

Ich würde mir wünschen, dass mehr Lehrer das von sich sagen könnten, wenn sie einmal auf ihre Schullaufbahn zurückblicken.

Danksagung

Es bedurfte vieler Gespräche und Ermutigungen, damit dieses Buch entstehen konnte. Für mich war es eine Herzensangelegenheit und für die am Entstehungsprozess Beteiligten zuweilen eine große Herausforderung.

Deshalb gilt hier zunächst mein ganz großer Dank meiner Lektorin Julia Vorrath und dem Rowohlt Verlag. Julia Vorrath hat mich in einer Weise begleitet, die weit über das Maß normalen Engagements hinausgegangen ist. Mit Geduld, Vertrauen und Behutsamkeit hat sie es verstanden, mein zuweilen etwas ungezügeltes Temperament wieder einzufangen. Dafür bedanke ich mich bei ihr von ganzem Herzen.

Dem Rowohlt Verlag danke ich, dass er mir die Möglichkeit gegeben hat, meine Erfahrungen und die zahlloser anderer Kollegen einer breiten Öffentlichkeit zugänglich zu machen.

Den Anstoß zu diesem Buch gab Gila Keplin von der Literarischen Agentur Simon in Berlin. Sie rief mich eines Morgens an und schlug mir vor, aus meinem «Spiegel»-Artikel «Der große Frust» ein Buch entstehen zu lassen. Da ich den zahlreichen Leserzuschriften entnehmen konnte, dass hier tatsächlich ein großer Bedarf nach offenen Worten bezüglich unserer Lehrerschaft bestand, sagte ich zu. Gila Keplin hat mir Mut gemacht – und ihre Professionalität, gepaart mit ihrer Zuverlässigkeit und ihrem Engagement, war mir eine große, konstante Hilfe. Danke dafür.

Nicht zuletzt möchte ich dem «Spiegel»-Redakteur Hauke Goos danken, der ein offenes Ohr für meine Anliegen hatte und den Artikel «Der große Frust» ermöglichte. Seine Ermunterung, dieses Buch zu schreiben, hat mir gutgetan.

Mein großer Dank gilt allen Leserbriefschreibern, darunter

vor allem den Lehrerkollegen. Zu vielen von ihnen ist über die Zeit ein freundschaftlicher Kontakt entstanden. Ihnen gebührt mein Dank für den offenen Umgang mit ihren Erfahrungen und die Bereitstellung von Materialien.

Vielen Dank an zahlreiche Eltern und Schüler, die ihre Erlebnisse mit mir geteilt haben. Sie haben maßgeblich zum Gelingen des Buches beigetragen.

Ich danke meinen Schülern des Jahrgangs 10 von 2014, meiner letzten Wirkungsstätte. Sie waren sich immer sicher, dass ich ein Buch schreiben müsste – «your wish is my command».

Natürlich gebührt auch meiner Familie und meinen Freunden ein großer Dank. Sie haben mir den Rücken freigehalten, damit ich schreiben konnte. Ich umarme euch dafür.